陕西出版资金资助项目

中国汉传佛教八大宗派及其祖庭丛书

李利安 主编

以戒为师——律宗及其祖庭

李继武 著

西安电子科技大学出版社

图书在版编目(CIP)数据

以戒为师：律宗及其祖庭/李继武著.

—西安：西安电子科技大学出版社，2016.11(2017.5 重印)

中国汉传佛教八大宗派及其祖庭丛书

ISBN 978-7-5606-4346-5

Ⅰ. ① 以⋯　Ⅱ. ① 李⋯　Ⅲ. ① 律宗—研究　Ⅳ. ① B946.7

中国版本图书馆 CIP 数据核字(2016)第 268749 号

策　　划　高 樱

责任编辑　张 玮

出版发行　西安电子科技大学出版社(西安市太白南路 2 号)

电　　话　(029)88242885　88201467　　邮　　编　710071

网　　址　www.xduph.com　　　　　电子邮箱　xdupfxb001@163.com

经　　销　新华书店

印刷单位　陕西天意印务有限责任公司

版　　次　2016 年 11 月第 1 版　　2017 年 5 月第 2 次印刷

开　　本　710 毫米×1000 毫米　1/16　印　张　15.375

字　　数　185 千字

印　　数　4001～7000 册

定　　价　33.00 元

ISBN 978-7-5606-4346-5/B

XDUP 4638001-2

如有印装问题可调换

中国汉传佛教八大宗派及其祖庭丛书
编委会名单

序 一

佛教创立于公元前六至五世纪的古印度。释迦牟尼时代，佛教基本上是在印度的恒河流域传播，当时信仰佛教的人并不是特别多。到公元前三世纪，古印度阿育王在位的时候，佛教才广泛传播开来，其中向北传入大夏、安息和大月氏，并越过葱岭传入中国西北地区。

从考古材料和一些文献中可以看到，在西汉末年，佛教已经在长安、四川和东部沿海的部分地区流传，但是影响力比较小。《后汉书》中记载，东汉明帝在位的时候，就知道西域有佛，所以明帝就派使者到大月氏求取佛经，这标志着佛教正式传入中国，也就是在这个时期，有一些上层的贵族开始信仰佛教。在东汉末年以前，中国内地流行的佛教经典就只有一本《四十二章经》。当时的人们把佛教看做与黄老方技相类似的一种方术。东汉末年，佛教的基本特征已经开始被人们所了解。在三国初期，有一位名叫牟子的佛教信徒写了一部《理惑论》，用自问自答的形式来反驳人们对佛教的质疑。在这本书中，他介绍了释迦牟尼成佛的整个过程，然后介绍了佛教的轮回学说，包括天堂和地狱的学说，以及佛教的一些独特的修行方式。特别重要的是，这本书讨论了佛教与儒家、道教的区别，它说儒家主要是讲一些治国的道理，尤其是政治上的道理，但佛教讲的是精神上的道理。佛教与道教的区别是，道教主要是讲人的肉体生命，佛教所追求的不是长生不死，而是涅槃境界。这表明佛教独特的信仰特征已经为中国人所熟知。

魏晋南北朝是中国佛教发展史上的一个非常重要的时期。这个时期，中国人主动了解佛教经典的愿望更加强烈，精通佛教经典的域外高僧也被请到中原从事佛经的翻译事业，于是更多的佛教经典传到中国并得到翻译。曹魏时期，洛阳有一个出家人，叫朱士行，他在钻研传入的佛教经典时，感到这些经典特别是《小品般若经》有些地方讲不通，就认为肯定是翻译有问题。当他听说在西域有大量佛教经典的原典时，就下决心去西域寻找更周全的佛经。公元260

年，他从雍州（今陕西西安）出发，越过流沙到达于阗(即现在的新疆和田一带)，终于找到了佛教《小品般若经》的升级版，即《大品般若经》。他就在那里抄写，自己没有回来，但是他托人把这本经送回洛阳。朱士行是中国有史记载的第一个去西天取经的人，这是中国佛教发展史上一个非常重要的事件。到东晋时期，又有一位僧人法显于公元399年从长安出发，与多位同伴一起，经过千辛万苦到达了于阗，但是他跟朱士行是不同的，他没有在这里停止，他又与部分同伴继续西行，越过葱岭，到了天竺(即现在的印度)，后来又到了尼泊尔，然后一直在那一带寻找佛经并学习了很多年。之后他乘商船到了今天的斯里兰卡，又经过苏门答腊岛，回到了山东的崂山，然后从崂山再经陆路，于413年到了建康（今南京）。这个人是历史上记载的真正去西天取经的第一人，他在那边生活和学习了很多年，是深刻了解佛教原典的一个中国人。这么一批人，他们西行取经，带回了很多经典，对佛教发展具有很大的促进作用。在这个时期，也有一些域外的高僧被请到中原来从事佛经的翻译事业，这中间最有影响的是鸠摩罗什。鸠摩罗什是西域人，他出生在今天的新疆，但是他长期在古印度跟他的母亲一起修习佛教，对佛教非常了解，而且又懂汉语。他在后秦弘始三年（401年）被迎到长安。后秦出物资出人才，让他在长安的逍遥园等地翻译佛教经典。当时他有八百多个弟子，译出了《妙法莲华经》《佛说阿弥陀经》《金刚经》，还有《中论》《百论》《十二门论》《大智度论》等大量的经典，一共七十四部、三百八十四卷，这些经典对佛教的发展作出了很大的贡献。因为鸠摩罗什对佛教非常了解，他的汉语水平也很高，弟子又很多，所以他译的这些佛典文辞优美，而且又契合佛教的原始含义。可以说，到了鸠摩罗什这个时候，中国佛教的面目焕然一新，突出表现在中国人已经开始接触到佛教原典的基本品质。因为有这样的基础，随着对佛教了解的深入，中国佛教徒就能够准确地把握佛教义理的精髓。鸠摩罗什的弟子僧肇(384—414年)对鸠摩罗什所翻译的这些经典，特别是对《中论》《百论》《大智度论》十分了解。他在与同学们一起讨论老师的这些佛教教义的时候非常有见解，连他的老师鸠摩罗什也认为在汉地真正了解佛教"空"义的第一个人就是僧肇。僧肇写了四篇文章，即《物不迁论》《不真空论》《般若无知论》《涅槃无名论》，这四篇论文后来被收集起来，一般叫做《肇论》。它非常明晰地介绍了当时大乘佛教的"中道论"，也就是所谓的"中道缘起论"。这个理论非常契合佛教的真正本质,对于廓清中国佛教理论界的迷惑及引导中国佛教根据佛教的根本精神发展,产生了非常重要的作用。僧肇在这几篇文章中,一方面接受了佛教的基本理论,另一方面对他之前中国佛教中所出现的各种各样的理解都进行了批评。由此,中国佛教的发展就有了非常坚实的理论基础。

大约到六世纪的中叶,中国佛教就开始出现用自己的理解对整个佛教体系进行一种理论构架的尝试。这个时候,中国佛教已经不满足于追求原汁原味的佛教了,而是要发表自己对于佛教的见解,尝试对所有这些佛教体系提出自己的一种统一的认识。最先明确表示这一意图的是南朝的梁武帝萧衍。他对佛教作了一些研究,为此写了一篇《立神明成佛义》,认为要把庞大的佛教体系统一起来,关键是要有一个心识的神明,他认为这是统一佛教理论的基点。因为心识有神明、无明两个方面,所以心识也就是成佛之本:神明的方面是显示佛教(无为法的)光明的一面;心识的无明则是显示佛教有为法的黑暗的一面。皇帝提出了这个见解,当时梁朝的知识分子和大臣们就开始讨论,很多人说皇帝提出的这个见解实在高明,因为通过这种见解,佛教理论体系就能够很好地把握了。这虽然也有一些吹捧,但这一见解也确实代表了中国佛教开始要用自己的理解来统摄佛教的理论体系。这是中国佛教的一个重要变化。

隋唐是中国佛教创宗立派的重要时期,在这个时期产生了很多中国化的佛教理解,比如吉藏创立了三论宗。这个宗派就是依据《中论》《百论》《十二门论》这三部佛教的"论"创立的宗派,主要研习和传播佛教中的道学说。到了隋代,还有一个高僧叫智顗,他创立了天台宗,其主要是依据《妙法莲华经》,也就是通过对《妙法莲华经》的贯通性认识,来建构对佛教的理解,从而形成一个宗派。进入唐代以后,又有玄奘创立了法相唯识宗。玄奘在研究中国佛教的过程中,发现中国佛教中有些理论问题不能解决,所以留学印度十七年。他回国前夕,印度举行了无遮大会。玄奘提出了自己的理论,欢迎所有佛教界和非佛教界的人提出批评,整个印度的佛教界和非佛教界都提不出反驳意见。他回国以后和弟子们一起创立了法相唯识宗。此外,在武则天时期,法藏依据《大方广佛华严经》创立了华严宗,华严宗是以关中的华严思想为基础的一个宗派。还有唐中叶慧能创立的禅宗、唐代道绰和善导正式创建的净土宗等。这个时期出现了这么多宗派，它们不仅仅是解释原汁原味的佛教是什么，而是要对佛教提出自己的理论建构。这些宗派的共有特征，就是根据自己的理解，建立持之有据、言之成理及反映佛教根本精神、各具特色的佛教理论体系。这是它们的一个共同特点。

二十世纪，我国佛教研究专家汤用彤先生写过《汉魏两晋南北朝佛教史》，又写过《隋唐佛教史稿》，他认为佛教在中国传播的历史可以分为三个阶段：第一个是格义的阶段，第二个是得意忘言的阶段，第三个是明心见性的阶段。所谓格义，就是拿中国的概念去套印度佛教的概念。这相当于僧肇以前中国佛教的传播阶段。那个时候就是看佛教的这个词相当于中国的哪一个概念，通过比较，慢慢地对佛教有所了解。但是僧肇以后，魏晋南北朝一直到隋唐之际，这阶段的最大特点是"得意忘言"，人们认为佛教讲了什么东西并不太重要，重要的是抓住它最关键的思想。"明心见性"是什么意思呢？就是不仅仅抓住了它的意思，而且还能够用我们自己的语言表达我们自己的理解，把佛教的道理讲得更加透彻。我觉得汤用彤所说的佛教传入的三个阶段是符合中国佛教实际情况的。

释迦牟尼生活的时代大约与孔子、老子同时，中国和古印度的地理距离又不是十分遥远，而且交通从来也没有中断过，那时候从西域可以到古印度，从海路也可以到古印度，但是为什么佛教产生六百多年以后才与中国文化发生联系，而到了一千年以后，它能够在中国生根发芽呢？我认为关键的原因就是：春秋战国到秦汉时期，我们中国传统的思想资源能够有效地解决社会的现实问题，而到了魏晋时期，传统思想资源在解决新时代的问题时却出现了困难。春秋时期，夏商周的礼制文明出现了问题，于是出现了孔子、老子及诸子百家，他们使我们的文明渡过了难关。到了秦汉时期，传统的思想文化也能够解决当时中国的政治问题及社会问题。但是到了魏晋南北朝时期，对于所出现的一些问题，当时中国的思想家仍然希望利用中国传统的思想资源来解决，所以他们就又回到了老子、庄子及《周易》，重新解读中国传统的文化，看能不能探讨一条中国文化的新出路，而且他们也认识到这是一个非常大的时代问题。但是因为民族矛盾或社会矛盾的恶化，这一思潮根本就找不到现实的出路。佛教就是在这一背景之下，在中国的文化中开始生根发芽的。也就是说，中国文化无法有效解决中国的问题，而佛教刚好应对了这些问题，这是佛教扎根中国的一个根本性的原因。

那么，佛教到底给中国提供了什么稀珍之法而得以扎根中国呢？

第一，佛教提出了对世界的一种全新认识，更加深刻而巧妙地解释了世界的根源与未来趋向。在佛教传入中国之前，我们当时流行的是以董仲舒为代表的天人感应式的世界观，这种世界观认为有一个客观存在的宇宙秩序，这个秩序的基本模式是阴阳五行，核心是阴阳二气的流转变化。按照董仲舒的解释，它也就是我们现实生活中的伦理秩序，尤其是"君为臣纲、夫为妻纲、父为子纲"，即"三纲六纪"。董仲舒反复论证，这是一个非常稳定的秩序，显示出宇宙的真理。但是，佛教的缘起理论传入中国后，它告诉人们，我们生活的世界不是一个阴阳变化的客观结果，而是我们的思想、言语、行为所产生的结果的一个集合体。这与董仲舒的解释是完全不一样的。若问谁发现了宇宙中的真理，董仲舒的回答就是圣人和帝王。帝王因为是天的儿子，圣人因为耳聪目明，他们先知先觉，所以能够发现宇宙中的真理，于是他们在宇宙的真理中起到了中介的作用，他们是整个宇宙中的担当者。但是按照佛教缘起论的解释，那就不是这样了，我们众生中的任何一个个体都是平等的，每个人都是他所生活的世界的一个作用者，一个始作俑者，也是这个世界发展到哪里去的担当者。这是很不相同的一种解释，是一种全新的世界观。

第二，佛教高扬了个人的伦理责任和社会责任。按照中国传统的认识，我们有帝王，有将相，有圣人，他们是担当者。每一个个体的人主要依托于家庭与家族而存在，没有独立的个人意识。但是佛教认为，我们每个人的业报结果都不是由家庭与家族决定的，哪怕是夫妻关系、父子关系或最亲密的朋友关系，对自己都不产生任何实质性的影响。我们所有的存在状态与未来结果，都是自作自受。如果自己真正要担当起来，就要有另外一种纯粹的生活，首先要做的是离开这个家庭，甚至离开这个现实的社会生活。这种思想确实对中国这种以农业为主、以家庭为基础的社会构成了一定程度的冲击，对中国传统的政治秩序、家庭秩序带来了一定的破坏，软化了古代家族牢固的堡垒，某种程度上动摇了中国古代社会的根基。为什么当时中国有很多统治者对佛教比较排斥，就是出于这个原因。但是，它同时使个体在家庭以外的社会关系中得以更宽阔地展开。个体可以离开这个家族去思考更广泛的问题，使自己在社会中的主体性真正地凸显出来，这是佛教第二个很关键的学说。

第三，佛教宣扬众生平等的思想，为当时解决民族冲突打开了思路。在汉代的思想体系中，"华夷之辨""夷夏之辨"非常严格，但是佛教主张众生平等，对中国人影响很大，所以到唐太宗时，"自古皆贵中华贱夷狄，朕独爱之如一"。如果没有佛教思想的熏陶，这样的认识恐怕是不容易出现的。佛教为解决魏晋南北朝时期非常复杂的民族矛盾提供了思想上的空间，弥补了当时中国文化的不足，为民族大融合与文化统一提供了理论依据。

第四，佛教扩展了人的精神世界。在佛教的世界观中，众生的生命个体肯定是有生成和灭亡的，但是有一个东西是不会灭亡的，就是人的言语、意识、行为所产生的后果，它会凝聚到精神"识"体，就是阿赖耶识之中，人虽然不存在了，但它会在宇宙中流转。这个流转的图景是什么呢？佛教有一个非常通俗化的解释，即这个世界是由六个大的层面构成的，既有上天的层面，也有人的层面，既有畜生的层面，也有阿修罗的层面，甚至还有鬼的层面和地狱的层面，这叫做六道轮回。在六道轮回中的生命个体都是众生的生命现象。每个众生的业力决定它的轮回，轮回就是生命不停地生灭变化，业力就是众生的行为、语言和心念产生的一种力量，它凝聚着个体过往的生命信息，并在将来演化成各种不同的生命现象。只要个体没有最后解脱，就会不停地轮回。这是对佛教精神世界的一种很世俗化的解释，它实际上就是告诉我们，人的生命空间无限辽阔，无穷无尽，每个人所面对的生命都是一个非常辽阔而恒久的存在。这种学说有助于化解个体对现实境遇的不满和愤懑，也有助于唤醒个体对现实境遇的麻木不仁，还有助于促进个体对众生平等的高度自觉。因此我们可以说，佛教为魏晋南北朝时期思想家所关注的生命、灾难与文化发展方向等问题提出了一种全新的思考，也提出了一套全新的解决办法。

当然，佛教的世界观也有一些难以回避的矛盾。第一，它对客观世界没有足够的重视。传说有一个人见到释迦牟尼，问他这个客观世界是从哪里来的，会到哪里去。释迦牟尼把他训斥了一顿，说你这个人，就像一个挨了一支毒箭的病人，你现在不赶快治疗，却要研究这支箭是从哪里来，还没研究清楚你就已经毒发身亡了。所以，佛教主张不要研究这些世界本原性、规律性、终极性的问题。但是这个客观世界的确存在着这些问题，它确实对我们产生了作用。虽然佛教的缘起理论也分析了这些问题，但是它没有触及深层次的规律以及它在我们现实生活中到底能产生什么影响，这是其理论上的盲点。第二，它很容易滑向真理相对论。按照佛教的解释，整个世界确实是会朝着一个非常美好的前景发展的，如果我们所有人都按佛教所说的真理去实践，按照真理的本来面目去观察世界并指导我们的心念与行为，这世界当然就比较和谐，比较安详，会成为一个美好的世界。但是要做到这一点是很难的。佛教认为就是因为很难，所以必须要有"我不入地狱，谁入地狱"的决心。另外，即使自己看到另外一个人在痛苦着，哪怕自己掌握了真理，也不能使那个人接受自己的方式，而必须要跟他一起痛苦，一起悲欢离合。佛教的这种功夫是非常困难的，很容易成为一种空想。同时，禅宗认为行住坐卧都是禅，真理不能够离开现实生活，只有在现实生活中掌握的真理才是真正的真理。由此影响到儒家也在对生活背后的真理进行追寻。儒家所讲的父亲慈祥一点儿，儿子孝顺一点儿，君主包容一点儿，臣子忠诚一点儿，丈夫对妻子恩爱一点儿，妻子对丈夫温顺一点儿，它们的真理体现在哪里呢？这些新的问题的出现恰恰是中国文化发展的一个新挑战。所以到了唐宋之际，中国文化就发生了一种转折，重新回到了中国的原典，把佛教的许多理论思考与中国传统的儒家经典、道家经典结合在一起，由此发明了宋代的新儒学和新道教。中国的文化又走向另外一个高峰。

从佛教在中国的发展历程中我们可以看出：

第一，外来文化的输入与传播，肯定是在本土文化遇到自身难以克服的矛盾的背景下才出现的，佛教就证明了这么一个基本的道理。

第二，外来文化最核心的冲击力必定是它的世界观及其所衍生的人生观。佛教传进了很多的方式，既有它的生活方式，也有它的艺术形式，这些东西确实影响了中国的文化，但是它们背后的精神才是最关键的。如果没有背后的世界观和它引申的人生思考，这些东西是不可能在中国文化中产生深远影响的。这个后面的东西是它真正的核心竞争力，是它核心的穿透力。

第三，面对外来文化的传播，最好的办法就是消化吸收。就像我们吃饭一样，不仅要把一个外来的东西吃到嘴里去，而且必须要把它咀嚼消化，成为我们血液中的一个有机组成部分，只有这样，外来文化才能被我们真正地理解并真正成为我们自己的文化。

李利安教授是我很敬重的学者，他在佛教研究方面取得了突出的成就，特别是他关于佛教菩萨信仰的研究，有相当的系统性和深度，我时常从他的研究中得到启发。他和一些青年朋友共同撰写的"中国汉传佛教八大宗派及其祖庭丛书"即将出版，约我写几句话，我感到这项工作对于今天我们全面理解佛教文化，从而更加深入地把握中国传统文化有重要意义，于是不辞浅陋，把自己关于佛教的一点体会写出来，希望增添读者朋友们阅读该丛书的兴趣。衷心希望该丛书能够得到读者朋友们的喜爱。

方光华

2016 年 10 月 11 日

序　二

习近平总书记在建党九十五周年庆祝大会的重要讲话中指出，"文化自信是更基础、更广泛、更深厚的自信"。文化自信由此上升到民族自信的高度，并与中华民族的伟大复兴联系在一起。也就是说，没有文化自信，就没有巨龙腾飞的内在动力，也不可能有一个稳定而深厚的精神纽带和广泛认同的精神家园，更没有进入世界民族之林的资格。

而在文化自信当中，中华传统文化具有根基性的地位。因为中华传统文化塑成了中华民族的精神气质，凝聚着中华民族代代相续的情感，包含着中华民族的智慧，形成了绵延五千年的文脉，成为一种宝贵的文化资源，至今散发着迷人的魅力。

中华传统文化是由儒、佛、道三家支撑起来的一种多元一体的文化。儒家主要协调人与人之间的关系，是一种以治世为主的文化；道教特别强调自然的价值和意义，在协调人与自然的关系方面有其独到的作用，在治身方面显示出明显的优势；佛教主要协调人的身心关系，具有极为丰富的精神修养智慧，是一种以治心为主的文化。三家各有其长，各有其用，自魏晋以后，逐渐形成并立互补、相互圆融的文化格局。没有佛教的进入，就不可能形成这种多元一体的文化发展机制和三教呼应的文化生态。

作为中华传统文化一支的佛教文化最早源于印度，但正像习主席 2014 年3 月 27 日在联合国教科文组织总部的演讲中所说的，"佛教产生于古代印度，但传入中国后，经过长期演化，佛教同中国儒家文化和道家文化融合发展，最终形成了具有中国特色的佛教文化"。也就是说，佛教虽然产生于印度，但传入中国的佛教最终已经成为中国文化的有机组成部分。这一历史转型的完成就是中国化。

学术界一般认为，在外来宗教中，佛教的中国化是最彻底的。佛教中国化经历了漫长的岁月，并在义理、信仰、仪轨、修行以及寺院和僧团等各个方面全面展开，但最具理论深刻性和实践持久性的还是宗派的形成。中国汉传佛教主要有八大宗派，自从隋唐时期正式诞生以后，始终是中国佛教理论体系和实践体系的第一支撑。

习近平主席在 2015 年中央统战工作会议上提出，积极引导宗教与社会主义社会相适应，必须坚持中国化方向。在今年的全国宗教工作会议上，习主席再次强调，积极引导宗教与社会主义社会相适应，一个重要的任务就是支持我国宗教坚持中国化方向。全国政协主席俞正声在总结讲话中要求深刻理解坚持我国宗教中国化方向，不断提高宗教与社会主义社会相适应的广度和深度。在这种背景下，汉传佛教宗派文化的深入挖掘与系统整理便具有了非常强烈的现实借鉴意义。

宗派是印度佛教传入中国后形成的。每个宗派的形成都是中外高僧集体智慧的结晶。所以，每个宗派不但各有其所依据的经典支撑，还各有其祖师的理论建树与实践的开展，而每个祖师的理论建树与实践开展又总是在各自的传承谱系中进行的，并落实在一定的空间之内，于是每个宗派在形成祖师传承谱系的同时，又形成各自特有的祖庭。每个宗派一般都会有多位创宗祖师，祖师们又会驻锡不同的寺院，所以，每个宗派总是有多个祖庭。

八大宗派的历史已经有一千多年，祖庭与此相同，一般也具有千年以上的历史。祖庭的文化底蕴总是与这个宗派直接相关。如果说祖师谱系体现了宗派的传承，那么祖庭沿革则是宗派变迁的一种反映。祖师们贡献了自己的智慧，祖庭则见证和承载了祖师的智慧，并由此塑造了自己的文化特色，不断丰富着自己的底蕴。所以，在中国，祖庭一直是佛教神圣性资源的重要组成部分。过去，我们佛教界一直很重视宗派，但我们往往比较忽视祖庭的价值。另外，我们也疏于对宗派历史与思想进行通俗化传播，于是，宗派及其祖庭这种文化资源的价值并未得到充分的发挥。

改革开放以来，特别是进入二十一世纪以来，陕西省政府有关部门开始重视佛教祖庭文化。2005 年陕西省政府组成宗派祖庭调研领导小组，时任副省长的张伟担任组长，对陕西境内六大宗派之祖庭进行了全面的调研，形成画册、专著、电视专题片和专项规划等四项成果，叶小文、释学诚、黄心川等名家担任顾问，陈忠实、魏道儒等各界名流出席了成果发布会，影响曾盛一时。这次调研激发了很多人对祖庭的兴趣，并引起有关部门对祖庭文化资源的重视。

2014 年 6 月，大慈恩寺、兴教寺、大荐福寺、大佛寺等四处陕西境内的佛教寺院成功进入联合国世界文化遗产名录，其中三处都属于佛教宗派的祖庭，佛教祖庭的名声由此大振，并因此引起了很多人对佛教宗派及其祖庭的关注。与此同时，陕西省政府也更加重视祖庭文化资源的保护和利用。2014 年 6 月 17 日，时任陕西省省长的娄勤俭在时任副省长白阿莹、西安市委书记魏民洲、时任陕西省宗教局局长徐自立、时任陕西省宗教局党组书记张宁岗、时任西安市常务副市长岳华峰陪同下，对律宗、华严宗等宗派的祖庭进行了调研，并在密宗祖庭大兴善寺召开了汉传佛教六大祖庭住持座谈会。我也参加了调研和座谈会，并在会上就祖庭文化资源的价值和保护利用现状等问题发了言。娄勤俭省长在会上要求，坚持弘扬优秀传统文化，把各宗派在佛教发展中的独特贡献继承好、发扬好、展示好。2014 年 8 月，陕西省委常委、省委统战部部长陈强走访了三论宗祖庭草堂寺、净土宗祖庭香积寺、唯识宗祖庭兴教寺等佛教祖庭，其他时间还走访了华严宗祖庭华严寺及密宗祖庭大兴善寺。

紧接着，陕西省又相继启动了一些新的有关佛教祖庭的项目，其中反响比较热烈的是陕西省文物局负责的六大祖庭打包申遗。据报道，2015 年已进入计划申请列入中国世界文化遗产预备名单的阶段，等待国家文物局对全国的世界文化遗产预备名单调整和审定，将确定最后能否继续申请成为世界文化遗产。

2016 年 11 月份，将在西安召开由中国佛教协会、中华宗教文化交流协会联合主办，陕西省组委会承办的"汉传佛教祖庭文化国际学术研讨会"，会议主题为"祖德流芳，共续胜缘"，分议题为"汉传佛教祖庭与文化弘扬""汉传佛教祖庭与中国实践""汉传佛教祖庭与国际交流"。届时，将有来自海内外的两百多名著名法师、学者和文化名流参会，以期深入挖掘汉传佛教祖庭的文化内涵，探索汉传佛教的现代化道路，总结汉传佛教的文化积淀和发展经验。

除了学术研究之外，中国汉传佛教宗派与祖庭文化始终存在一个通俗化推广的问题。前些年江苏古籍出版社出版了中国佛教宗派通史丛书，但至今没有一套通俗化的宗派及其祖庭丛书。不进行通俗化的传播，宗派的理论建树与祖庭的文化底蕴都难以为社会所理解，佛教中国化的历史经验和博大精深的智慧资源也就难以得到有效的借鉴。

　　李利安教授主编的这套"中国汉传佛教八大宗派及其祖庭丛书"是第一套通俗介绍八大宗派及其祖庭的著作。丛书由八本专著组成，每个宗派一本，系统全面地阐述了八大宗派及其祖庭的历史与现状，尤其是通过祖师谱系的勾勒和理论体系的阐释，揭示了汉传佛教八大宗派的内在结构与基本特性，为读者展现了宗派与祖庭文化的无穷魅力，具有重要的学术意义和现实价值。李利安教授是我多年的朋友，他长期从事佛教文化的研究和教学工作，取得了很大的成就，受到学术界和教育界的一致好评。更为可贵的是，李教授不但是佛教的资深研究者，也是虔诚信仰者，更是佛法的弘扬者。他以担当精神和正信理念护持佛教，堪称智护尊者！相信他这次组织撰写的宗派及其祖庭丛书也一定能得到读者的欢迎。同时，我也希望借助这套丛书的出版，各界进一步密切合作，在佛教宗派与祖庭文化资源的挖掘、整理、保护、利用等方面继续努力，以充分发挥佛教文化在净化人心、提升道德、庄严国土等方面的积极作用。

　　　　　　　　　　　　中国佛教协会副会长
　　　　　　　　　　　　陕西省佛教协会会长　　　　　增勤
　　　　　　　　　　　　唯识宗祖庭大慈恩寺方丈
　　　　　　　　　　　　　　　2016 年 10 月 8 日

浩浩宗风传法脉　巍巍祖庭蕴哲思

一

佛教文化方面的丛书已经出版很多了，但既全面系统又通俗易懂地阐释中国汉传佛教八大宗派及其祖庭的丛书这还是第一部。

大家都知道，佛教是中华文化的有机组成部分，不了解佛教就不可能对中华文化有透彻而准确的理解。而一提起佛教，大家往往都会说，中国佛教有三论宗、唯识宗、净土宗、律宗、华严宗、密宗、禅宗、天台宗等八大宗派，不懂这八大宗派就难以理解中国佛教。此言不虚，八大宗派是中国人选择和理解印度佛教的结晶，不但代表着佛教的中国化，而且形成了中国佛教最深厚的理论支撑，是塑成中国特色佛教文化的灵魂。直到今天，任何人学习佛教，只要稍微一深入，无论是探讨《金刚》《法华》《坛经》《华严》《楞严》《圆觉》《深密》《大日》《阿弥陀》及三论等经典，还是领会慈悲、智慧、中道、不二、止观、圆融、唯识、净土、三密等理念，都绕不开八大宗派。

与宗派相伴生的则是祖庭，因为宗派是由祖师创立的，而祖师创宗立派都是在某个寺院之内完成的，于是这个寺院便被奉为该宗的祖庭。一旦被奉为祖庭，便在该宗之中具有神圣的意义，源于儒家的寻根问祖也逐渐成为烘托祖庭地位、拓展祖庭内涵、激励祖庭发展的一种重要文化现象，从而既留下很多美丽的传说，也成为当代各祖庭激发文化自觉、确立文化自信和实现文化自强的重要因素。如果说宗派塑成了中国佛教理论体系与实践体系的灵魂，成就了中国佛教历史的第一精华，那么祖庭就是中国佛教空间载体中文化积淀最为深厚的圣地，与五大名山、三大石窟等具有同样的地位。对所有想深入了解佛教文化的人士来说，宗派与祖庭都是他们不能逾越的思想城池。拿下这座城池，才有机会进入佛教思想的王宫。

前些年江苏古籍出版社出版了一套中国佛教宗派丛书，八大宗派每宗一部通史，堪称宗派研究的里程碑，不过除了纯学术而不利于其价值的社会转化外，也没有对祖庭进行系统研究。近年来陕西省相继就祖庭文化的宣传推广做了很多工作，但始终只限于六大宗派，缺少了最为流行的禅宗和唯一完全由中国人创立的天台宗，而且呈现出注重祖庭而忽视宗派的倾向。将宗派与祖庭统合在一起进行考察，并进行全面、系统、准确、通俗的解读，这一工作一直未能取得重大进展，宗派与祖庭文化在激发智慧、净化灵魂、匡扶道德、提升人文等方面的现实价值也就不可能得到真正的发挥。

改革开放以来，尤其是进入二十一世纪以来，中国经济迅速腾飞，综合国力不断增强，而国人的精神不但没有获得相应的提升，反倒出现了更多的空虚、焦虑、疲惫，信仰缺失，理想迷茫，道德滑坡，内心的紧张与现实的冲突不断增多，精神净化与伦理重塑的呼声日益高涨，从佛教文化中挖掘智慧的借鉴成为对治当代中国精神危机的重要途径。当然，我们也清楚地看到，目前大众接触和吸收佛教智慧的途径还仅仅局限于"鸡汤型"传播路径，尽管实现了生活化和通俗化，但在理论的深刻性、完整性、逻辑性、神圣性等方面都远远不能与博大精深的佛教智慧相呼应，这也是很多有识之士深感可惜的现象。随着文化的昌盛与佛教传播的逐渐普及和日趋深入，告别文化凋敝时代饥不择食的"鸡汤"慰藉，突破浅显单薄的表层说教，为佛教信仰寻求更加厚重的精神给养，为文化交流与传播增添更多精深高雅的元素，为生活实践提供更加丰沛的智慧滋润，这将成为越来越多的中国人的选择，也将成为中华文化发展的必然趋势。所以，具有精湛而深刻的理论情趣的宗派以及诞生了宗派思想并不断走向复兴的祖庭将日益受到世人的青睐，这将是一个不可阻挡的历史潮流。深入宗派，走进祖庭，回味历史，反观人生，在八宗理论的鉴赏中理解中国佛教的微妙旨趣，在八宗修持的体验中领会佛教应对人生困惑的奇特方法，相信你的思维会得到训练，智慧会得到滋养，精神会得到重塑，心灵会得到净化，生命的品质也会获得提升。

二

说起宗派，在中国它总是和学派联系在一起的。中国佛教的学派主要出现在魏晋南北朝时期，而宗派则出现于隋唐时期。学派是对印度佛教的学习与筛选，宗派则是对印度佛教的筛选与改造，从学而后选，到选而后改，完成了从学派到宗派的转换，也从理论与实践两个方面完成了印度佛教的输入与域外佛教中国化的基本进程。相对于学派来说，佛教宗派主要有以下六个特点。

一是通过对传入中国的域外佛教的学习与理解，既完成了经典的鉴别与学说的筛选，也完成了理论的融会与修法的创新，不但形成了独具一格的理论解读，也形成了契理契机的总体改造，代表着佛教中国化在文化深层的最终实现。

二是在筛选、改造的基础上，形成本派内部公认的、完整而相对定型的理论体系和修行体系，并依赖这种相对统一的理论体系和实践体系，划清宗派的界限，形成固定的信奉人群，铸造生存与发展的基本框架，沉淀各自不同的宗风。

三是师徒相承，恪守理论与实践体系的代代相传，形成相对完整的传法体系，确保宗派理论与实践的正统性和权威性，并以这种传法体系为核心，形成文化的认同与情感的亲近，进而凝聚师徒人心，链接同修同道，在传法谱系的延伸中，尽力维系宗派的代际传播。

四是通过判教对在中华大地上生根的外来佛教的各个不同学说进行次第与关系的安顿，在协调宗派关系的同时，完成对自身学说正统性和崇高性的论证，把自己宗奉的学说和其他学说区别开来，并确定为佛法的最高境界。这种判教思想与实践是世界宗教史上的创举，不但带来了佛教派系直接和平友好的相处，而且激发了相互之间的互补呼应与圆融统一，更重要的是确立了自身的文化自信，并不断激发出文化自强，奠定了八大宗派分立共处的基本格局。

五是因为传法体系的建立和师徒关系的维系，以及同门同修之群体的相对稳定，各宗派均形成自己的传法、修持和弘教中心，一般表现为一处或多处相对稳定的道场，有些寺院因为创宗祖师或中兴祖师的驻锡而形成被后世追奉为祖庭的寺院。

六是具有相对明确的派别意识，主要表现为对不与他同的教义和修持的热爱与宗奉，对创宗和传承祖师的认定与崇拜，对道统的认可与维系等。这种派别意识与判教思想相互联系，判教重在处理与其他宗派的关系，而派别意识则重在自我爱护与自我维系。

当然，不同宗派在以上六个方面的表现是有所不同的，有的宗派在学理与修行方面的个性极强，信仰认同性也非常突出，但在传承体系等方面很弱，如净土宗；有的宗派虽有建立在理论认同性基础上的僧团与学说的纵向传承，但在学理的普适性方面极强，以致缺乏个性，很快如雪融化，普润了大地，促使了新的生命诞生并茁壮成长，但不断地消解了自己，如三论宗；有的宗派尽管学理传承明晰，个性也很浓郁，但为整个中国佛教尤其是出家群体所吸收，成为规范性极强的基础性文化体系，从而减弱了独立存在的意义，如律宗；有的宗派理论个性分明，宗奉的群体也相对稳定，但仅仅在极少数精英分子中有短暂的流传，哲学性超过了宗教性，高雅性超过了通俗性，文人性超过了民众性，虽然魅力无穷，但影响面很小，如唯识宗；有的宗派尽管体系严密完整，理论独具特色，但信仰的神圣性与修行的复杂性使其局限于上层，难以在民众中完整推行，后来常规的传承谱系中断，在被迫转型后以另外一种弥散的形态大面积地延续着自己的顽强生命，如密宗。另外，天台宗、华严宗即使在隋唐时代也缺乏强烈的宗派意识。因为学理的认同而形成的相对固定的群体以及相对明确的师徒传承是隋唐时代中国佛教宗派的重要特征，寺院财产与管理的专属性继承、学修群体的组织性排他意识、传法谱系的宗法性沿袭，所有这些严格意义的宗派特性，除了晚唐之后的禅宗之外，隋唐时代的其他宗派都不太明显。

可以这么说，中国汉传佛教的宗派有三大类：第一类是传承认同性的宗派，传法谱系清晰，师徒关系严明，具有宗法性的特色，成为一种综合性的社会存在，属于严格意义的宗派，其中以禅宗为典型，密宗也基本可以划归此类；第二类是法脉认同性的宗派，对学说的领会与传承，对思想的认同与坚守，对方法的推崇与遵行，呈现出思想文化的代际传播，以三论宗、天台宗、华严宗、唯识宗为代表；第三类是信仰认同性宗派，建立在个性分明、心理趋同、修法统一的基础上，可以超越师徒直接传承的限制，属于松散意义的宗派，以净土宗为代表，律宗也基本可以划归此类。当然，这仅仅是一个大略的分类，细究起来，各个宗派的特性识别及其相互关系的划分其实也是一件很难的事情。而且，对宗派划分的方法是很多的。不同的研究宗旨会选择不同的划分方法，不同的划分方法自然会有不同的分类结果。按照我们这种分类方法进行观察，在中国佛教诸宗派中，只有禅宗的宗派传承意识最强，并有长久的延续，且成为宋代以后中国佛教宗派传承体系的主要代表。

宗派曾经是隋唐时代中国佛教走向鼎盛的象征。两宋以后，八大宗派的原有光环逐渐暗淡，以致很多人认为宗派的地位已经让位于菩萨信仰、因果报应、地狱净土、行善积福、经忏法事等信仰性佛教和静避山林的禅修传统。其实，两宋之后的中国佛教远非这么简单，佛教的信仰化、生活化、简易化、功利化、神秘化、民众化成为这个时期佛教发展与存在的基本态势，但在佛教文化的深层存在中，源于宗派、成于宗派、基于宗派的文化主脉始终肩负着滋养佛教思想、框范佛教修行、塑造佛教形态的重任。宗派就像一条暗藏着的轴线，决定着中国佛教的生存与发展走向。可以这么说，宗派不但象征着隋唐时代的佛教繁荣，也支撑着隋唐之后中国佛教的基本体系并始终引领着中国佛教的发展变化，直至今天并将继续下去。总体上看，宗派在中国佛教中的地位主要体现在以下六个方面。

　　第一，汉传佛教的宗派是中国人引进、筛选、理解、吸收印度佛教的最大成果，是中国佛教理论探索与创新的结晶，既反映了印度佛教中国化的归宿，也代表着中国佛教最辉煌的理论成就，其不但使印度佛教的思想得以继承和延续，实现了续佛慧命、保存文明的伟大使命，而且极大地丰富了中华文化的宝库，彰显了中国人的理论勇气与卓越智慧，为后世中国佛教奠定了雄厚的理论基础和修行实践的基本依据，是中国佛教至今无法逾越的历史荣耀。

　　第二，中国佛教八宗并存，相互呼应，共成一体，造就了独具特色的中国佛教文化。这些宗派各有其据，各显其长，各传其法，各守其道，因其强烈的个性而形成彼此的分立与呼应，相互的激发与补充，并最终形成多元一体的格局，由此也决定了整个中国佛教的基本体系。在这个多元一体的文化命运共同体内部，各宗派通过判教来解释彼此的分立，形成次第有序、相互包容、圆融会通的宗派关系，这既与中世纪天主教的异端裁判行为相异，也与伊斯兰教分派过程中的激烈对抗不同，中国佛教的宗派并立创造了一种彼此认同、和谐呼应、圆融一体的佛教文化生存与发展机制。这种内在机制既是多元的，又是一体的，所以这种宗派并立是和平友好的，是彼此相成的，是充满活力的。这既是解释中国佛教理论体系和实践体系之特色的最大秘密，也是理解中华文化基本特性的一个前提。

　　第三，宋代以后的中国佛教，尽管以禅修和念佛为主体，并呈现出浓厚的通俗性、信仰性和生活性，但纵观这段历史，真正具有理论意义的史实依然可以从宗派中找到发展的线索，各个宗派的著作及其所宗奉的经典始终是中国佛教注释与研习的热点，尽管缺少了隋唐时代的理论创新，但佛教自古以来并不以理论创新为追求，而是以佛法的正统为前提，以理论的支撑为基础，以实践的引领为目的，也正是由于宗派经典与学说的持续流行，才足以框范中国佛教的发展趋向，保证中国佛教的理论与实践不致出现大的偏失与走形，中国汉传佛教的正统性才得以保持。

第四，从宏观来看，当代中国汉传佛教，不论是佛教寺院，还是僧团组织，不论是日常法事，还是个体归属，除了禅宗、净土宗、密宗之外，其他宗派均不再具有中国佛教存在形态的支撑性意义。但是，各个宗派的理论成就与修行方法为当今佛教提供了活水源头，而且是取之不尽，历久弥新，呈现出旺盛的生命力和强劲的影响力，这是当今任何一位初具佛教文化的人都知晓的事实，可以说，离开了八大宗派，当代中国佛教的理论形象与信仰魅力将大为降低，所谓佛教理论体系的博大精深也就成了无稽之谈。

第五，除了禅宗之外，其他宗派尽管已经退出了宗派原有的存在模式，但是，这些宗派的经典著述尤其是那些创宗祖师的学说在今天依然被很多人虔诚宗奉，从而形成具有宗派意义的法脉传承和特色僧团，如近代以来由月霞、应慈、真禅等人师徒相承的华严宗，由谛闲、倓虚、明哲等人师徒相承的天台宗，由杨文会、欧阳竟无、吕澄等人师徒相承的唯识宗，另外，弘一大师的律宗和印光大师的净土宗也有深远影响。而在当代，悟光、彻鸿师徒相承的密宗，普陀山妙湛大和尚弘扬的天台宗，台湾海云法师弘扬的华严宗，东林寺大安法师弘扬的净土宗，重庆惟贤长老弘扬的唯识宗，也均宗风鲜明，个性突出，堪称隋唐佛教宗派的当代延续，可见这些宗派的现实意义与影响力是不可忽视的。

第六，在当代国内与国际的学术研究以及佛教界的各级各类佛学院的教学体系中，汉传佛教的各个宗派依然具有指引性意义。很多学者都将研究的兴趣指向宗派，相继涌现出大量的研究成果，而且在未来相当长的时间内，宗派研究将依然是中国佛教学术研究不会轻视的领域。中国佛教与东亚各国尤其是日本佛教的交往，宗派依然是一个极为重要的桥梁。而中国目前各个佛学院的专业划分往往也以八大宗派为指南，并形成以宗派为特色的教学体系。所有这些都显示了宗派在当代佛教中的重要影响，说明宗派不是逝去的辉煌，而是现实的存在。

宗派总是和祖庭联系在一起的。祖庭是宗派的载体，宗派是祖庭的灵魂。祖庭认定的第一因素是祖师，而且专指那些创宗祖师或中兴祖师。所以，我们要先讨论一下什么样的人才能算作创宗祖师或中兴祖师。当然，祖师的认定主要是一个宗派内部根据公认原则的约定俗成，尽管政权、学术、文人、社会大众对祖师的认定也会产生重要的影响。在中国佛教历史上，一个宗派的祖师序列是不同时代逐渐形成的，凡是在该宗派孕育、萌芽、形成、转型的历史进程中做过重要贡献的人都可能被奉为创宗祖师。一般来说，这种重要贡献是指以下五个方面：第一，该宗派所奉经典的翻译者和最初的弘扬者，如三论宗中土初祖鸠摩罗什，唯识宗中土初祖玄奘，密宗中土前三代祖师善无畏、金刚智、不空；第二，该宗派所奉经典的最初和最主要的注释与弘传者，如天台宗的智顗、律宗的道宣、三论宗的吉藏、华严宗的前三代祖师等；第三，该宗派所宗奉的思想与信仰以及修行方法的最初倡导者或最重要的推广者，如净土宗的慧远和昙鸾、道绰、善导及其后的各位祖师；第四，与该宗派理论情趣与修行风格一致或因为具有孕育、萌芽、促成等关联性而被后世奉为祖师，如禅宗的初祖菩提达摩及二祖慧可、三祖僧璨和四祖道信；第五，为该宗派的转型发展做出巨大贡献，从而使该宗派取得巨大进展的，如华严宗的第四代祖师澄观，净土宗第十三代祖师印光等。

讨论了什么样的人才能算作创宗祖师或中兴祖师后，我们再来讨论什么寺院才能算作祖庭。根据我对中国佛教传统的理解，凡是符合以下任何一种条件的寺院，均可视之为祖庭：第一，在历史上被奉为一个宗派之创宗祖师的人，生前著书立说、译经弘教、收徒传法、依法修行的寺院；第二，在历史上被奉为一个宗派之创宗祖师的人圆寂后第一批舍利供奉之地；第三，被奉为创宗祖师的人诞生、出家和圆寂等重大事件发生地的寺院；第四，在该宗派形成之后发生的重大转型与发展过程中产生直接作用，并被奉为该宗祖师的人，其重塑该宗之事的主要发生地。一般所说的宗派复兴主要是指这种具有一定创新性与拓展性的发展，有变化，有转型，有提升，有发展，而不仅仅是一般意义的壮大，如该宗信众的增加，传播地域的扩大，实力的加强等。这样的标准，排除了以下几种情况：第一，虽然也被奉为祖师，但既非创宗也非中兴的祖师，这些人驻锡、著述、弘法、修持的寺院不在祖庭之列；第二，虽然被奉为创宗或中兴祖师，但所驻寺院不是成就该宗诞生或中兴之地（即不是著书立说、译经弘教、收徒传法、依法修行的寺院），也非这些祖师诞生、出家、圆寂之地，则不能算作祖庭；第三，创宗或中兴祖师圆寂后，舍利在第一次安奉供养之后，部分转移供奉之地，也不能作为祖庭。

祖庭在宗派发展乃至整个中国佛教发展中具有重要的地位，主要表现在以下四个方面。

第一，祖庭是祖师驻锡生活之地，养育了祖师生命，留下了祖师的足迹，辉映着祖师的身影；祖师舍利供奉地的祖庭则因为祖师真身常在而别有亲近温馨、神圣肃穆之气韵；同时，祖庭还是祖师灵感的迸发之地和祖师智慧的成就之地，见证了祖师的荣耀和思想的伟大，并因此印证了这块土地的神奇。所以，怀念祖师必然与崇敬祖庭相伴生，这也是与中国宗法制以及天人合一等理念最接近的一种祖庭情怀。

第二，祖庭是中国佛教理论创新的基地，佛教中国化的核心园地。佛教传入中国五百多年之后，一种全新的佛教思想在这里孕育扎根，一种全新的佛教修法在这里破土而出，一种全新的佛教文化体系在这里茁壮成长，从而在这里矗立了中国佛教发展历程中直到今天都堪称之最的里程碑，使这一空间在中华文化发展史上具有了神圣的意义。信仰和传承这种思想，必然对这种思想的诞生地产生情感的认同与精神的皈依。

第三，祖庭不但是宗派思想的诞生地，更是宗派思想传承与沉淀之地，蕴含着宗派的荣光，氤氲着宗派的气息，汇聚着宗派的底蕴。对学习和践行这些宗派理论与修法的人来说，回归祖庭，走进历史，犹如投身祖师的怀抱，沐浴宗派的慧光，在此氛围的感染下，体验祖庭的深厚文化积淀，感受古今贯通的滋味，必然会有意外的收获。

第四，祖庭是宗派的空间遗存，是宗派留存至今的最鲜明的物质载体，凝聚着宗派的历史记忆，是宗派魅力在当代彰显的大本营，是宗派现代复兴的第一阵地。正是由于这些祖庭的存在，宗派的历史才不断被激活，宗派的学说才不断被传扬，宗派的记忆才会转化成新的篇章。今天的各个祖庭都以各自的宗派而树立起文化的自信与自豪，并在文化自觉中努力实现文化的自强。祖庭在这一过程中给他们信心，给他们力量，给他们支撑。如果说在历史上是宗派成就了祖庭，那么在今天却要借助祖庭去成就宗派。

三

西安电子科技大学出版社于 2014 年获得陕西出版资金资助，出版了王宏涛著的《西安佛教祖庭》一书。王宏涛是我的博士研究生，应他的请求，我为该书作了一篇序言，从而与该书的策划编辑高樱及出版社相关人员也结下佛缘。

一次，我陪西北大学朱益平老师前往香积寺参访，高樱正好也要送刚刚出版的《西安佛教祖庭》一书给本昌法师，于是我们便一同前往。在这次交谈中，我提到翻阅该书的一些感受。我认为祖庭的灵魂在宗派，讲祖庭必须讲宗派。而要想把每个宗派及其祖庭讲清楚，一本书实在是太小了，很多问题只能一笔带过，无法深入。我们过去在祖庭文化方面做了很多工作，但不进行全面系统的祖庭文化解读，任何祖庭资源的保护与祖庭文化的宣传以及其他一些工作都是难以准确到位的。过了不久，高樱突然邀请我来出面组织学者重新编写一套有关祖庭的书，每个宗派及其祖庭一本，共八本，形成一套丛书。我开始比较犹豫，但鉴于她的鼓励与期待，当然也有我自己以及我的团队在宗派与祖庭研究方面长期积累所建立起来的自信，于是就答应了下来。我很快安排人力，以我指导的在校或业已毕业的博硕士研究生为主，共调集了十位青年才俊来承担这项任务。

写作过程中，每本书都遇到了很多问题。大家多次集中，一起讨论，每次讨论高樱都全程参加，每个人都激发出自己的智慧，在协同作战中表现了可贵的合作友爱精神。具体的撰写工作对每个人来说都是一次严峻的考验，好在这支队伍不但是有水平的，也是有担当意识的，更重要的是亲和而默契的。大家经历了艰辛的写作体验，也为自己的生命时光刻下了独特的记忆。九月中下旬，八本书稿相继定稿并交付出版社。在编辑过程中，西安电子科技大学出版社的胡方明社长、阔永红总编辑、陈宇光副总编辑等领导都给予了全力的支持，不但开启了绿色通道，特事特办，而且调集了出版社最强的编辑力量，节假日不休息，沉稳而快速地推进相关工作。其策其法，有胆有识；其情其义，令人感动。

从目前完成的书稿来看，本丛书总体上有以下七个特点。

一是八宗兼备，每宗一册。本丛书的主线是纵向勾勒，横向分类，体系清晰，结构完整。

二是时空落实，主要体现在宗派与祖庭兼备，既有对宗派的介绍，也有对祖庭的描述，有助于实现时空的定位。

三是古今贯通。从渊源讲起，在追溯历史的同时，关注当下的状况，实现了古今的呼应，避免了学术界常见的重古薄今。

四是史论结合。宗派的历史与宗派的学说同等重要，祖庭的沿革与祖庭的神韵均受到关注。

五是解行并重，也就是理论与实践的统一，既注重对宗派理论的解析，也注重宗派理论的当代价值，对于那些在现代生活中具有借鉴价值的学说给予重点介绍。

六是内外同观。佛学也称为内学，佛教以外的学说则被称为外学。从佛教信仰的视角观察，宗派的历史与宗派的信仰一般会更加丰满，而从佛教以外的视角观察，则可能更加客观。二者结合起来，才可能更加全面准确地再现宗派和祖庭的历史与文化底蕴。

七是雅俗共赏。本丛书不追求观点的创新，尽管也有很多创新，而重在追求通俗化的呈现。尽管在通俗化方面也并未达到我的期望，但总体上看，通俗易懂依然可算作是本丛书的一个亮点。

由于时间紧张，本人水平有限，本丛书中不可避免会存在一些问题，渴盼读者慈悲为怀，不吝赐教，帮助我们不断进步。

李利安

2016 年 10 月 5 日　于心苑书屋

目　录

一、印度佛教的戒律

（一）佛陀制戒的缘起

1. 最后的嘱托

公元前 6 世纪中期，印度大陆上迦毗罗卫国的王子乔达摩·悉达多，经过多年艰苦修行之后得道成佛，被尊称为释迦牟尼，简称佛陀或佛。释迦牟尼在世间说法四十九年，创立了佛教。佛教教义主要包括两个方面：一个是告诉我们世界和生命的本质是什么，另一个是教导人们如何通过修行使生命得到提升和解脱。对于信仰佛教的人来说，通过佛教了解生命的本质是什么只是初级目标，而通过修行佛法使生命得以解脱和升华才是最终的追求。

据《涅槃经》记载，佛陀在世说法四十九年后，在他终将离世时，带领弟子们来到了拘尸那罗城，给侍者阿难说：你去为我在娑罗双树之间敷座设床，头朝北面向西，那样我的教法最近就可以在北方弘传了，将来也会盛行于西方。我于今夜，将入涅槃。

阿难和大家听后泪流不止，后来大家觉得啼哭没有用，还是抓紧时间问一些紧要的问题。经过商量以后，大家公推由阿难代表大家向佛陀问了最后四个问题：

第一，佛陀住世的时候，我们大家依佛陀为师，佛陀涅槃以后，我们依谁为师？第二，佛陀住世的时候，我们依佛陀安住，佛陀涅槃以后，我们依什么而安住？第三，佛陀住世的时候，凶恶的人有佛陀调伏，佛陀涅槃以后，如何调伏凶恶的人？第四，佛陀住世时，佛陀的言教，大家容易生信解，佛陀涅槃后，如何结集经典，才能让人起信？

佛陀慈祥地回答说：阿难，你代表大家提出的四个问题非常重要。你们不要这么悲泣，要是舍利弗和目犍连还在世的话，一定不会像你们这样。大迦叶此刻还在赶回来的途中，我涅槃前他是来不及赶到了。你们要认识法性，佛陀如果以应身住世的话，这终是无常之相，唯有佛陀进入涅槃，你们依法而行，才是佛陀常住世间。

我现在回答你们的四个问题，你们好好记着：第一，我涅槃以后，应以戒为师；第二，我涅槃以后，应依四念处安住；第三，我涅槃以后，对于恶人应默摈置之；第四，我涅槃以后，应在一切经首安"如是我闻"之句。

"以戒为师"是佛陀在临终嘱托中的首要问题，因为这也是整个佛教教团在教主释迦牟尼圆寂后面临的最紧迫和最根本的问题。在历史上，很多宗教教主临终时，一般都会指定他最信任的人来接替他的教主权力，以掌管教团，延续发展，而佛陀却用"戒律"来替代教主管理僧众。"以戒为师"既符合佛教"诸恶莫作，众善奉行，自净其意，是诸佛教"的根本宗旨，同时也指出了在修行佛法的道路上，戒律才是修行者的根本导师。

2. 制定五戒的因缘

释迦牟尼成佛后开始转法轮讲经布道，最初的弟子不是很多，而且都能严格要求自己，按照佛陀的教导修持佛法，所以在佛陀传法的前十二年没有制定戒律。随着佛教影响的扩大，皈依佛教的弟子越来越多，并且形成了庞大的僧团，即佛经中常说听佛讲经的人是"千二百五十人俱"。而且由于佛教是一个追求平等的开放式宗教团体，对皈依佛教的人没有严格的限制，所以僧团成员的身份也越来越复杂，难免有些素质低下动机不纯的人混迹其中。有些人有时不能严格地按照佛陀的教诲修行，甚至会做出一些违背佛法的事情，这不仅影响自己的修行结果，而且在社会上给佛教团体带来了不良影响。因此，为了管理佛教僧众，制定佛教戒律以约束和限制佛教徒的不如法言行，就是一种必然了。

佛教戒律是由佛陀亲自制定并当众宣说的，但戒律并不是佛陀提前预定的，而是在弟子们犯了错误之后，佛陀根据他们所犯的具体错误作出判断，抉择是非，判别轻重，并规定相应的戒条和惩处方式，最后形成戒律条文。以后有人犯了同样的错误，只需按照已有的规定予以惩诫。

佛教戒律大大小小数百条，但最根本和最重要的戒律有五条，即戒杀、戒盗、戒淫、戒妄语、戒酒。这五条被称为佛教的五条根本大戒，尤其是前面的四条，决不允许触犯，如犯戒，则会被逐出僧团。在这五条戒律中，淫戒是最早制定出来的，这条戒律的制定开启了佛教戒律逐条制定的首例。

1) 须提那的妥协

据《五分律》记载了佛陀当年制定第一条戒律的起因。佛陀有一位弟子叫须提那，他的父亲叫迦兰陀，是一位富可敌国的贵族。须提那后来信奉佛教，想出家跟随佛陀修行佛法，他的父母极力反对，因为须提那是家中的独生子，虽然已婚，但还没有生孩子。须提那就用绝食来要挟父母，父母无奈只好允许他出家，须提那就随佛剃度出家，成为一位比丘。

有一年，印度很多地区遇到了饥馑，因为印度的僧侣是完全靠乞食化缘生活的，所以僧侣们的生活非常困难，经常挨饿。须提那想到自己的家乡比较富饶，可以到那里去乞食度日，便带着一些僧侣来到自己的家乡，住在一片树林中。须提那的父母听说儿子回来了，就带着儿媳妇来看望儿子，并劝儿子在家中修行，被须提那严辞拒绝。根据印度当时的法律规定，私人财产没有男性继承人，将来收归国家所有。须提那的父母后来就哭求儿子给他们生一个孙子，免得家中断了后，财产最终被官方没收。须提那在被逼无奈之下答应了父母的要求，就回家与妻子同房了。之后，他自己非常后悔，将这件事情告知了同行的比丘，比丘们又将这件事情报告给佛陀。佛陀当面呵责了须提那，并制定了佛教的第一条戒律："若诸比丘行淫法，得波罗夷，不共住。"[①]就是说如果比丘犯淫戒，就会被逐出佛门之外，这是佛教戒律中最严厉的处罚结果，这也是佛教历史上佛陀制定的第一条戒律。

在此之前，佛陀在法会中也说了一些指导性的行为规则，如诸恶莫作、诸善奉行等，但这些规则都不具有强制性，只是一般劝诫性的道德规则。自从须提那事件之后，佛陀每半个月就专门举行一次制定和宣说戒律的布

印度佛教的戒律

---

① 《五分律》，《大正藏》第 22 册，第 3 页下。

萨法会，并且强调佛陀制定的戒律具有一定的强制性，僧众必须遵守，否则就是犯戒，要承担犯戒的罪责。

2) 着魔后的相杀

不杀生是佛教的根本戒律，即要求佛弟子不能杀害一切有情识的众生。有情识的众生不仅包括人类，也包括各种其他动物。佛教以慈悲为基本的宗教情怀，而慈悲心最主要的表现就是悲悯众生的痛苦，给予众生欢乐，故奉行不杀生戒是佛教培养慈悲心最重要的修行内容。佛陀对不杀生戒律十分重视，将其置于五戒之首。

不杀生戒的制戒因缘，在《四分律》卷二中有记载，佛陀在金刚聚落跋求摩河侧萨罗梨林中，为各位比丘宣说了"不净观"的修行方法，就是通过观想每个人身体中所包含的各种肮脏东西，消除修行者对身体贪恋的一种观修方法。佛陀赞叹不净观的修行方法，并说道各位比丘要修不净观，修得好的人，就能得到很大福利。说完法后，佛陀就告诉这些比丘们，他最近去奢能伽罗树林中闭关坐禅两个月。在此期间，除了送饭的人和每半个月布萨的时候，其他时间都不要打搅他。所有的比丘都遵照佛陀的吩咐，半月内，除送饭给佛陀的比丘之外，没有人打扰佛陀的静修。

在佛陀静修期间，有的比丘在修不净观时，因为没有佛陀及时明确的指导，修行出了问题。他们观想到自己的身体是如此的肮脏无常，因此对自己的身体感到羞惭和厌恶，甚至觉得生不如死，再加上外道神魔的诱惑，他们便极其厌恶自己的身体，有的人用刀自杀，有的人服毒自杀，有的人投岩自杀，也有的人让其他比丘杀死自己。有一些比丘来到一个叫鹿林梵志的僧人的住处，对鹿林梵志说：好师兄，你能杀了我，我的衣钵就归你了。在魔神的鼓动下，鹿林梵志随即以刀杀害了那些比丘，先后杀掉的比丘有六十多人。等到佛陀从静修中出来，在十五日为众比丘说戒时，发现前来参加布萨的比丘明显减少了许多，便询问这些比丘的去处。阿难便告诉佛陀，在神魔的引诱下，众比丘因修不净观而引发了自杀他杀的事件。佛陀知道这一情况后，非常吃惊，为避免伤及众生性命的事件再次发生，因而制定了不杀生戒："若比丘手自杀，人断其命，是比丘得波罗夷罪，不共住。"①就是说，不管是自杀还是杀他人，都不是僧人，必须开除出僧团。

佛陀在戒条中规定，如果任何比丘故意自杀、杀害他人，或赞叹死亡之美、劝告别人自杀，都犯了波罗夷不共住之罪。

佛陀最初制定不杀生戒的对象是人，随着时间的推移，后世佛弟子又将不杀生戒的对象扩展到不杀害动物方面。不杀生戒的制定，对保护众生的生命、培养佛教徒的慈悲心起到了重要作用，因而被历朝历代的佛弟子信受奉行，这也是佛教区别于其他宗教的重要标志之一。

3) 爱造房子的僧人

所谓偷盗戒，又称不与取戒，就是不经过别人的同意或知晓，私自取走别人的财物；或者看到别人的财物虽然没有实施盗窃的行为，但对财物起了盗窃的念头。偷盗是容易引起公愤的丑恶行为，偷盗的人往往不从事正当的职业谋取生活资料，而是通过不法手段侵占别人的劳动成果，给他人的财产和人身安全构成了严重威胁，应当严厉禁止。

在佛教戒律中，不偷盗戒也有其制定缘起。据《四分律》卷一记载，佛陀游化罗阅城耆阇崛山时，比丘们遵照佛陀的教诲，在雨季开始之前于仙人山边用草木搭起一个个简陋的茅草屋。雨季开始后，比丘们在一人一间的茅草屋里闭关修行，这就是我们通常所说的结夏安居。结夏安居之后，比丘们都拆除了自己的茅草屋，然后又开始了居无定所、随处乞食的弘法生活。佛陀要求大家这样做主要是防止比丘因长期居住在一个固定的地方，会对衣食住所等身外之物产生贪爱与执着。

有一位名叫檀尼迦陶师子的长老，在结夏安居后，并没有依照佛陀的教导拆除茅草屋外出弘法，而是保留了自己的茅草屋并且一直住在里面。有一天，当他外出乞食归来时，发现自己的茅草屋已经被砍柴人拆除，搬回家中当柴火烧掉了。然后这位僧人就建造了一所精致的小泥房，为了使

① 《五分律》，《大正藏》第22册，第7页下。

泥房更加结实耐用，他还用柴草和牛粪火烧烤泥房，最后造成了一座色赤如火的漂亮瓦房。佛陀知道后，又令人把这个瓦房拆掉了，因为那不符合律制，不利于修行解脱。这位比丘并没有死心，还想造房子。正当他烦恼之际，突然想起了他出家前的一位老朋友，正管理着摩竭国瓶沙王的木材。檀尼迦陶师子便去找这位看守木材的人，说国王答应给他木材，看守木材的人信以为真，就让他随意取用。这位比丘就把国王储备的有重要用途的木材拿去盖了个木房子，这件事情被一位官员知道后报告给了国王，国王非常生气，按照当时国家的法律，这是要判死刑的。国王念及他是出家人，就饶了这位僧人的性命，但这件事在社会上的影响很大，人们议论纷纷，说僧人偷盗了国王的木材。佛陀知道此事之后，觉得这种行为有损出家人的形象，也违犯了国法，因而制定了不偷盗戒。

4）不能撒谎更不能吹牛

妄语就是通过隐瞒真相或编造虚假情况而对他人说虚妄不实的话语。佛教认为，一个佛教徒，必须对人诚实守信，这是学佛者必须具备的基本素养。如果一个人为了达到满足自己私欲的目的，经常以妄语骗人，他最终会失去别人的信任与尊重。因此，佛陀坚决反对弟子打妄语，并将不妄语戒作为佛教的基本戒条，要求所有佛教信徒都必须遵守。与其他戒条一样，佛教不妄语戒也是因为弟子中有人说了妄语，影响了僧团的声誉，佛陀才因此制定了这条戒律。

对于本戒的制戒因缘，在《四分律》卷二中有详细的记载，佛陀成道说法一段时间后，有五百位比丘跟随佛陀在毗舍离结夏安居。这时由于发生了大饥荒，导致无数人被饿死，以至于白骨遍地，无人收尸。在此安居的比丘生活也极端困苦，难以继续生存下去。佛陀因此召集比丘们说：乞食这么困难，我们不可能聚集在一处结夏安居了，大家分散到各地去安居，让当地居士的负担减少，各位也不至于受到饥饿的威胁。众比丘依教奉行，分散到各个乡镇结夏安居。三个月以后，僧众又回到了毗舍离一起见佛陀。大多数比丘都因为缺少食物而饿得面黄肌瘦，衣衫褴褛，但在婆裘河边结夏安居的比丘却容光焕发，腰肥体胖，衣着光鲜亮丽。佛陀一一询问弟子，你们安居托钵的情况如何？面黄肌瘦的比丘说，我们是托钵乞讨了，但是正值饥荒，居士们自己都没有东西吃，哪有多余的食物分给我们呢。而婆裘河边的比丘得意地说，我们刚开始也化不到食物，后来为了获得信众供养的食物，以度过难关，于是想出了一个好办法。我们在信徒面前相互赞叹，说这个比丘得上人法，是阿罗汉，那个比丘得禅定，有他心知的神通，等等。信徒们听说后心想，好不容易有证得圣果的比丘到我们村子里来，若供养他们，一定能得到无量的福德。于是便把仅有的食物拿出来，不但不供养父母、亲朋好友，连自己也舍不得吃，而是拿来供养自称证果的比丘们。日复一日，我们因得到充足的食物而容光润泽，气力充足。

佛陀听后问他们，你们说的是实话吗？这些比丘说，有些是实话，有些是骗人的。佛陀呵斥他们说：你们这些愚痴的比丘，实有证果都不应该对人讲，而况还有虚假。你们为了骗取衣食和口腹利养而谎称自己的修行境界如何高妙，这是盗人饮食的贼，是世上最最可恶的贼。为了防止以后有弟子再犯类似的错误，佛陀就给众比丘制定了不妄语戒，即作为佛弟子，不能说谎，尤其是不能欺骗别人说自己证得了什么样的圣果。

5) 酒后失态的善来长老

对于佛教徒来说，除了治病的需要外，是严格禁止饮酒的。佛陀之所以制定不饮酒戒，是因为佛弟子中有人因为饮酒而有损出家人的形象。关于佛陀制定不饮酒戒的缘由，在《根本说一切有部毗奈耶》中是这样记载的：

佛陀住世时，曾在某一年结夏安居结束后，带着弟子们游化各地。他们来到支提国中一村落，村民见到佛陀都很恭敬。当佛陀带着弟子们走出村外，正要朝着拔陀越村的方向走去时，这些敬重佛陀的民众担心地告诉佛陀说，那个拔陀越村去不得，因为村里有一所修道院，院里盘踞着一条毒龙，性极暴恶，时常危害我们的庄稼和村民，毒龙住在院内的一个水池边，天上的飞鸟、陆地上爬行的动物及水中的鱼等一靠近它就会被吃掉。佛陀微笑着表示谢意后，还是向修道院走去。

佛陀的随从弟子中有一位善来长老，他在皈依佛陀之前曾是外道教徒，具有降伏毒龙的神通本领。他自告奋勇要去修道院降伏毒龙，佛陀准许了他的请求。于是，善来长老独自一人前往修道院，在院内的某个角落静静地打坐。没多久，毒龙果真出现了，它口吐毒气要伤害善来长老，而善来长老则以权巧方便之法降伏了毒龙。因此，四面八方的人对善来长老都极为敬重，争先恐后前来供养他。

有一天，当善来长老游化到室罗筏城时，有一位信徒供养他可口的饭菜，但因饭菜较油腻，善来长老吃完一会儿便感到非常口渴。这位信徒想，我所供养的食物极为肥腻，如果供养他冷水，可能会导致生病，我反而会罪过无边，倒不如权巧方便，以酒代水，既止渴又有益健康。于是便拿来美酒供养这位圣僧。善来长老一点也不知晓，一饮而尽，然后拿起衣钵前往佛的住处。快要到达时，酒性大发，头晕目眩，倒在地上便失去了知觉，衣钵锡杖散落一地，一阵风吹来，全身坦露，极为狼狈，但善来长老全无知觉。佛陀和比丘们受供后返回精舍途中，看到善来长老躺在地上。比丘们赶紧将他扶到佛陀面前，让他躺在地上，头向着佛陀。酒醉中的善来长老躺在地上翻来覆去，后来变成了脚朝向佛陀。当他醒来发现自己的狼狈情形后，感到十分惭愧，赶紧起身顶礼佛陀，请求忏悔。佛陀便利用此机缘，告诫诸比丘，喝酒会让僧人的智能和毅力消失，失去自持的力量，也会破坏庄严端正的形象。所以，大家要洁身自爱，绝对不能喝酒。从此，佛教僧团中就有了不饮酒的戒律。

戒杀、戒盗、戒淫、戒妄语、戒酒是佛教的五条根本大戒，通过史料记载的各个故事可以看到，佛陀以他特有的智慧，根据僧团发展的需要，及时制定了相应的僧众行为规范，也正是这些行为规范，使佛教文化能够始终保持自身的个性而不被其他文化替代和淹没，使得佛教文化流传数千年而绵延不绝。

3. 佛教戒律的护持与执行

1) 护持戒律的布萨制度

布萨是佛教内部制定、学习和巩固戒律的一种制度。自从释迦牟尼制定第一条佛教戒律开始，就规定僧团大众每隔半个月就聚集在一起共同学习和修持一次戒律，一般是前半月在阴历的十四日或十五日，后半月在二十九日或三十日这一天。佛陀住世时，如果有不如法的事情发生，佛陀会在布萨时根据情况制定和宣布新的戒律；佛陀圆寂后，布萨时僧团就共同学习诵读戒律，犯戒僧人在布萨法会上可以当众忏悔犯戒行为；在家修行的居士，则在这一天受持八关斋戒。正因为有布萨制度的存在，才使得佛教戒律能够得到持续的重视和维护。从历史上来看，凡是佛教戒律护持和执行较好的时代，佛教必然兴盛，凡是佛教衰败之际，佛教戒律必然废弛不张。由此可知，布萨制度的执行情况与佛教的兴衰关系极为密切。

2) 民主议事的羯磨制度

羯磨是印度佛教组织内部重要的议事规程。早期的佛教僧团实行民主管理制度，佛教组织专门设计了一套严格的民主议事程序，叫羯磨。对于僧团各种事务的处理，只有符合严格的羯磨程序才合法有效，同时，对于经过羯磨程序的决定大家也要竭力拥护和执行。对于能够参与羯磨活动的僧众也有严格的要求，必须是"清净比丘"才能参与。羯磨的内容主要有"单白羯磨""白二羯磨"和"白四羯磨"三种。"单白羯磨"通俗地说就是对于不需要大家表决的事务，给大家报告一次，大家知道了就可以。"白二羯磨"是对于比较重要的事务需征求大家的同意，先给大家"白"一遍，让大家讨论，而后再"白"一遍，请大家表决。"白四羯磨"就是对于僧团内部特别重大的事务，在决定前，一共要"白"四遍，直到大家一致通过才算有效。而且，佛教的羯磨制度实行一票否决制，即只要一个人最后有异议都需要再议再表决。佛教传入中国后，因这种羯磨制度不太适合家长制文化传统的中国国情，后来并没有得到很好的发展，它的这些功能更多的是通过佛门清规制度来实现的。

3) 精进修行的安居制度

安居，用通俗的话说就是在某个固定时间段出家僧众聚居一处共同闭关修行。安居分为夏安居和冬安居两种。其中夏安居的时间段为每年的四月十五日至七月十五日，冬安居为每年的十月十六日至次年元月十五日。在印度，由于夏天的雨季长达三个月，佛陀规定每年的四月十五日至七月十五日为安居期。在安居期间，出家僧众禁止外出，聚居一处精进修行。一者因为雨季期间，草木、虫蚁繁殖最多，恐外出时误踩虫蚁，伤害生灵；二者，因夏季天气炎热，妇女穿衣不太庄严，僧众托钵乞食出入村庄，为防世人讥嫌，因此禁止外出。安居的地点可以是小屋、树下、山窟、聚落等处，在中国主要是在寺院中进行安居。据《五分律》规定，不可在无救护处、冢间、空树、露地处等安居，恐毒蛇、虎豹之类的侵袭。佛陀在世时，他的弟子主要有两类：一类是常随弟子，他们大多尚未出师，需要时常跟随佛陀学习教法；另一类是菩萨弟子，他们已经修学有成，在弘扬佛法方面能够住持一方，独当一面。但这些菩萨弟子毕竟没有成佛，仍需不断上求佛道，因此需要参加每年的夏安居，随佛陀共住三个月，听闻佛陀说法，与同道互相切磋，交换修行心得。在安居期间，僧众严禁无故外出，以防离心散乱。因此，夏安居是佛教僧团一种重要的集体修行方式，也是个人养深积厚、体悟大道的重要机缘。在北方有些地方冬天极为寒冷，不宜外出活动，就在冬天进行安居修行，叫冬安居。

4) 批评与忏悔的自恣制度

自恣是佛教每年举行的一次僧众自我批评与互相批评，进行反省和检讨的制度。僧众经过三个月的夏安居后，在僧众内部开展一次反省批评大会，鼓励僧众对自己的不如法行为进行坦白和忏悔，并鼓励互相检举揭发不如法的内容，叫"举罪"，策进每个人重新认识自己，改过自新。有人研究认为，毛泽东对佛教文化也很熟悉，因受佛教"自恣"的影响而创制了共产党的"批评与自我批评"的组织建设方式，这也是完全有可能的。试比较二者可知，"举罪"即"批评"的意思，"发露"与"坦白"同义，"忏悔"就是"自我批评"和"悔改"，由此可见二者极其相似。

佛教的自恣日是在夏安居结束后的第二天举行，为什么放在这一天呢？道宣律师在《行事钞》中这样解释："若论夏初创集，将同期款；九旬立要，齐修出离；若逆相举发，恐成怨诤，递相讼及，废道乱业。故制在夏末者，以三月策修，同住进业，时竟云别，各随方诣。必有恶业，自不独宣；障道过深，义无覆隐，故须请诲。良有兹焉。"[①]通俗地说，就是如果安居才开始便进行"自恣"，相互检举揭发，难免会引起大家的不愉快，甚至会影响整个夏安居的效果。但经过安居之后，大家经过三个月的共同相处之后必然更加熟悉融洽，而且在共处期间，大家各自的优缺点和犯了哪些错误也都很清楚。此外，在安居结束后，大家又马上各奔东西了，临行前大家互相检举揭发，砥砺交流一番效果应该更好。

（二）佛教戒律的结集

1. 律藏首次结集的因缘

佛陀圆寂后，他的弟子们将他在世时所说的各种戒律进行汇集整理，就形成了佛教的"律藏"。在佛教史上，曾进行过多次律藏的结集，但一般认为有四次重要的结集。根据《长阿含卷四·游行经》记载，佛陀入灭后，弟子们均极为悲伤，但有一名叫跋难陀的比丘兴奋地说："汝等勿忧，世尊灭度，我得自在。彼者常言，应当行是，不应行是。自今以后，随我所为。"[②]意思是说，你们不用那样忧伤了，世尊灭度了挺好，他在世的时候，经常拿戒律来约束我们，这也不能做，那也不能做，如今他去了，我们就可以

---

① （唐）道宣：《四分律删繁补阙行事钞》，《大正藏》第 40 册，第 42 页中。

② 《长阿含卷四·游行经》，《大正藏》第 1 册，第 28 页下。

印度佛教的戒律

自由自在、为所欲为了。佛陀的大弟子大迦叶听到后十分痛心，为了让后面的佛弟子知道佛陀宣说的戒律，因此发起结集律藏的活动。

第一次结集活动是在佛陀圆寂后的第一个夏天，大迦叶趁佛陀入灭后的第一个夏安居，在王舍城的七叶窟开始结集律藏。结集律藏时，由佛陀弟子中"持律第一"的优波离分八十次诵出根本律法，大家共同应证之后确定。这次结集严格按照羯磨程序完成，即优波离每诵出一条律文，在会的比丘们毫无争议地认可通过，才算有效。这次结集由优婆离分八十次诵出，所以结集的律藏称为《八十诵律》，这是佛教最早的一部律藏，由迦叶、阿难、末田地、商那和修、优婆鞠多等五位祖师代代相传。

在这次结集的过程中，有一件事情对后世影响很大，那就是在结集会上，阿难说，我曾经听佛在临终前说"小小戒可舍"。意思就是佛说原来针对某些非常具体的事情规定的无关宏旨的细小戒条可以舍弃或改变。之后佛陀的弟子们就针对哪些是可舍的"小小戒"展开了非常激烈的争论，争论的结果是谁也说服不了谁，于是大家就批评阿难当初为什么不向佛陀问清楚这个问题。阿难为了僧团的团结与和谐，就承认是自己当时不问明白的过失，以此来终结争论。最后由佛陀的大弟子迦叶裁定："若佛所不制，不应妄制，若已制，不得有违"。①这样就将佛教戒律彻底固定了下来，但这也为以后遇到新情况而戒律不能变通留下了巨大的隐患，甚至最后由此导致了僧团的分裂。

2．"十事非法"引起的第二次结集

佛陀寂灭一百年后，佛教内部因为戒律问题发生了激烈的争论，最后导致争论双方开始分裂，这就是佛教史上著名的"十事非法诤"。在现存律藏的各部广律中，大多记载了这段历史。有一位印度西部波旬国的佛教上座部长老名叫耶舍，有一次他巡游到东方毗舍离城，看到当地比丘在布萨日接受信众施舍的金钱。素来注重律法的耶舍认为，僧人接受金钱是不合

---

① 《五分律》，《大正藏》第 22 册，第 191 页下。

佛教戒律的。他一边批评接受金钱的比丘非法，一边向信众宣说如此施舍也属不如法。耶舍的做法得到了信众的赞扬，却惹怒了当地的比丘，他们把耶舍赶出了城外。被赶出来的耶舍心有不甘，回到西方便动员了多位硕望大德比丘，又带领大群徒众，再次到毗舍离城召集大会要与当地比丘辩论。当地的比丘们自然不甘示弱，也动员了大批人员应战，双方参加辩论的僧人达到了七百多人，所以这次活动又被称为"七百结集"。由于人数太多，双方只能各派几名代表进行辩论。

这次辩论的结果是确定东方比丘平时行为中有十件事情是非法的，即不符合佛教戒律的规定。这十件事情是：一、角盐净，就是把食盐贮存在角器中下次再用；二、二指净，是指依照佛制，僧众过午不食，南方僧众主张太阳的影子未过午后二指宽时，比丘仍可进食。三、他聚落净，指东方认为比丘在一处用餐后，仍可到另一聚落再用餐；四、住处净，指比丘可到别的教区集会；五、随意净，指对于会议的决议，虽然僧人未出席，但只要事后承诺，依然有效；六、习先所习净，做有先例的事为合法；七、生和合净，可饮未经搅拌去脂的牛乳；八、饮阇楼凝净，可以饮用未发酵或半发酵的椰子汁(含酒精)；九、无缘坐具净，即缝制坐具，可不必贴边，并可随意大小；十、金银钱净，可接受和储蓄金钱。这是东方僧众生活中存在的十种现象，被西方上座部的长老们判定为非法，所以叫"十事非法"。

现在看来，这十件事情都是非常小的事情，但是由于不符合佛在世时的规定，被上座部长老们规定为非法，而且在戒律条文中明确写出禁止这十种行为。南方的跋耆比丘们受此惨败，心中愤愤不平，不认可西方上座部长老们的规定，就自己又结集了属于自己的戒律，为两派以后的逐渐分裂埋下了种子。而当时南方的毗舍离国王，也不满意西方来的上座比丘们的做法，下令驱逐了他们。这就是因"小小戒"不能舍而导致的第二次结集和政治干涉。

3."大天五事"导致佛教部派形成

第二次结集或又过了一百多年，有一位叫大天的和尚，他在东方大众部出家，曾提出一种突破当时西方上座部佛教思想的主张，认为有"五事"并不妨碍修道人达到罗汉的果位。他把这"五事"编成一首偈子："余所诱无知，犹豫他令入，道因声故起，是名真佛教。"①其大意是：阿罗汉虽已无淫欲烦恼，但仍有漏失不净之物，如遗精、便利、涕唾等，这是由于恶魔憎嫉佛法，对修行者诱惑破坏所致；阿罗汉虽然依无漏道而修，断尽三界烦恼，但还未断尽不染污的无知，尚有疑惑存在，故虽为无学圣者，仍有惑相现前；阿罗汉不知道自己是阿罗汉，须依他人之记别，方知自己为罗汉；阿罗汉虽已有解脱之乐，但只有至诚唱念"苦哉"，圣道方可现起，这是因四圣谛的观苦、空、无常、无我等，这才是圣道。

大天和尚的这种代表大众部有关阿罗汉义理境界的主张，在大众部很受欢迎，但却受到保守派上座部的极力排斥，他们指责大天是外道，对他的观点进行了无情的批驳。后来大众部与上座部也因"大天五事"而公开分裂了。佛教分裂为"大众部"与"上座部"之后，又各自再行分裂下去，一共分为二十个派别。自此之后，印度佛教由"原始佛教"进入了"部派佛教"时期。

4.广律与戒本

广律是佛教内部结集的律藏，是记载佛陀制定戒律的全部过程和内容的文献资料汇编。如前所述，第一广律文本是《八十诵律》，经过历代祖师传到优波鞠多后，他门下的五位弟子分别传播《八十诵律》，各自传播几百年后，这些律藏就衍变成了五个不同的版本，后来形成了所谓的五部大律，它们分别是《四分律》《十诵律》《僧祇律》《五分律》《根有律》等。这五部大律的文本都传到了我国，外加五部论，就形成了"五律五论"的律藏

---

① 《阿毗达磨大毗婆沙论》卷九十九，《大正藏》第27册，第511页下。

经典，成为中国佛教律学依据和研习的重要典籍。

在广律中详细介绍了每一条戒律创制的缘起、戒条规定的戒相、构成犯戒的条件、排除犯戒的情况，此外还对犯戒行为的惩处和忏悔仪轨等都做了详细的记载。比如对于杀戒，在广律中详细介绍了当时发生了哪些事情，佛陀根据这些情况做出了哪些开示，最后做出了怎样的规定等。通过广律可以看到当时印度佛教生活的原始风貌，虽然戒律条文抽象而艰涩，但戒律条文的制定过程却是非常生动而有趣的。对照比较现在流传下来的各部广律可知，它们绝大部分的内容基本一致，只是记载文字的繁简和少部分内容略有差异，由此可以推定各部广律同出一源。

广律中的戒律是佛陀在传法过程中随机逐条制定的，但因佛陀传教经过了近半个世纪，所以积累的戒律内容非常繁多，戒律的内容几乎涵盖了佛教僧众宗教生活的各个方面，再经过结集时的归纳整理，各条戒律之间的内在的逻辑关系也就显现出来了，最终形成了一套体系完备、逻辑严密的戒律规范。

完整的佛教戒律制度包括"戒律"和"捷度"两个方面。戒律，音译为"波罗提木叉"，是为僧众制定的禁止性行为规范，僧众受持的全部戒律被称为"具足戒"。从具体内容来看，佛教戒律是通过一系列对僧众日常生活行为的禁止性规定，防止僧尼发生杀、盗、淫、妄、酒等行为，即"止持"。在各部广律中，戒律的条目略有出入，《四分律》中比丘戒共250条，比丘尼戒共348条。比丘戒分为四波罗夷、十三僧残、二不定法、三十舍堕、九十单提法、四提舍尼法、百众学法等七类[①]。比丘尼戒也是分为这七类，只是戒条规定的内容更为细致。

捷度，音译词，义为蕴、聚，也有翻译为"法""事"等，是佛陀制定的僧团事务管理制度。捷度要对僧团各个方面的事务进行调整和规范，因此其内容繁杂，体系庞大，在广律中占据一半以上的篇幅。各部广律中捷

① 《四分律》卷一至卷三十，《大正藏》第22册，第568—778页。

印度佛教的戒律

度的内容与编排体例略有出入，但总体上还是比较统一的。《四分律》中将
揵度分为二十个部类：受戒揵度、说戒揵度、安居揵度、自恣揵度、皮革
揵度、衣揵度、药揵度、迦希那衣揵度、拘睒弥揵度、瞻波揵度、呵责揵
度、人揵度、覆藏揵度、遮揵度、破僧揵度、灭诤揵度、比丘尼揵度、法
揵度、房舍揵度、杂揵度等[①]。从以上二十个部类可知，揵度是佛教僧团事
务管理制度的总汇，它的内容涉及了僧众集体宗教生活中的各个方面。

　　将戒律与揵度进行比较分析可知，它们虽然属于同一制度体系中的制
度性规范，但因戒律与揵度调整对象不同而使两种规范具有各自不同的特
性。首先，戒律是以规范僧尼个体的行为为对象而制定的"止持"要求，
而揵度则是以僧团事务管理为对象制定的"作持"要求。

　　其次，戒律主要是通过禁止僧尼的杀、盗、淫、妄、酒等行为来调服
修行者个体的贪、瞋、痴、慢、疑等习性，最后引导他们走上清净的涅槃
之道。从佛教戒定慧三学的基本原理来看，修行者只有通过严格地持守戒
律，培养出足够的定力和慈悲心，然后才能获得般若智慧，最终获得解脱的
涅槃境界。同时，通过戒律对个体的教导约束，也能达到促进僧众和合相处
的目的。揵度是通过对僧团事务的管理设置相应的制度，使僧团的运行和发
展进入有序的良性状态，最终为僧众修学佛法提供一个良好的集体环境。

　　再次，戒律是以佛教"人性论"的认识为基础，从有利于个体修行解
脱的角度制定的禁止性行为规范。因人性的相对普遍性和稳定性，使得佛
教戒律更加具有普世性和稳定性，比如佛教戒律中的杀、盗、淫、妄等戒
律制度是世界公认的黄金规则。揵度是以当时社会的物质文化条件为基础，
从有利于僧众管理的角度出发制定的组织管理制度。因社会物质文化处于
不断发展变化当中，使得佛教揵度具有很强的时代性和地域性，时代和地
域的变化，必然会引起揵度的相应变化。如《四分律》中记载，佛教揵度
规定，僧人受具足戒时需要十个如法的具戒比丘同时登坛才能授戒，但在

① 《四分律》卷三十一至卷五十三，《大正藏》第 22 册，第 779—945 页。

阿槃提国因僧人少而分散，举行授戒仪轨时难以凑足十位具戒比丘，于是佛陀开许在这些地方有五个具戒比丘即可举行授戒仪轨[①]。

由上可知，佛教律制度中的戒律和捷度是两种不同属性的制度规范，戒律主要是针对僧众个体的禁止性行为规范，具有更强的普世性和稳定性，而捷度是针对僧团集体事务的管理制度，具有很强的时代性和地域性。对于戒律和捷度之间的不同，其实在各部广律的分类结构中就已经很清楚了，尤其是《四分律》以"法"和"捷度"两种不同的名称来分别称呼这两种制度规范，即为此意。

戒本，又名"戒经"、"婆罗提木叉经"等，是从广律中把戒律条文抽出来编辑整理而成的便于诵读的戒律文本。戒本中既不包括捷度部分的内容，也不包含戒律中的制戒的缘起、构成犯戒的条件、排除犯戒的情况等，其内容只有戒律禁止的具体行为和犯戒的惩处结果。为了便于僧众读诵学习，戒本的内容比广律要简略很多，但其中包含了戒律的核心内容。小乘佛教戒律是针对出家二众而制定的，因此小乘戒本一般只有比丘戒本与比丘尼戒本两种。

5. 菩萨戒本

佛陀入灭后五百年左右，佛教内部发展出了批判部派佛教的大乘佛教，他们不满小乘部派佛教囿于繁琐理论和束缚于繁杂戒条的状态，从义理到戒律制度两个方面对部派佛教都有很大的突破和发展，尤其对部派佛教的小乘戒律制度基本上持批判和弃用的态度，并以大乘菩萨戒替代小乘佛教戒律制度。

当作为宗教文化核心内容的宗教义理有所发展或突破时，必然会引起宗教戒律制度与宗教生活方式的变化。大乘佛教不仅在教义方面有了巨大发展和突破，同时也导致了佛教戒律思想的突破和发展。大乘佛教指斥小乘佛教戒律思想的局限性，反对小乘佛教过于拘泥于各种具体戒律条文，

---

① 《四分律》卷三十六，《大正藏》第22册，第821—830页。

使佛教戒律变成僧人恐怖可畏的精神枷锁。如《维摩诘所说经》中讲，有两位比丘违反了戒律，不敢向佛陀述说，就找持戒第一的优波离来解决他们的问题。优波离依照小乘戒律的说法为他们做了开示，并告知他们忏悔之法。这时，代表大乘佛教的维摩诘出现，他直接笑斥优波离说："优波离，无重增此二比丘罪，当直除灭，勿扰其心。"然后说："诸法不相待，乃至一念不住，诸法皆妄见……其知此者，是名奉律。"①从中可以看到，大乘佛教对恪守戒律条文，拘泥于已有戒法的小乘佛教的批判。同时，大乘佛教在经典中重新塑造了其戒律精神和制度规范。

大乘菩萨戒主要来源于佛教大乘经典中节录而成的"菩萨戒本"。汉译的菩萨戒本主要有《梵网戒本》《璎珞戒本》《瑜伽戒品》《菩萨地持经》《菩萨善戒经》《优婆塞戒经》等六种。这六种戒本在表述形式上各不相同，但在主要内容上基本一致，如《地持经》与《善戒经》就是《瑜伽品》同一底本的不同翻译版本而已。菩萨戒应该是通用于在家和出家二众的，但是在家众与出家众毕竟有不同的生活环境，所以他们所受的菩萨戒还是略有不同的。因此不同的菩萨戒本具有不同的针对对象，如《优婆塞戒经》是专门针对在家修菩萨行的佛弟子所设立的菩萨戒；而《瑜伽戒品》就只能适用于出家修菩萨行的僧众。在中国佛教的长期发展过程中，最受重视的菩萨戒本是《梵网戒本》，主要是因为这个戒本的内容更具系统性和实用性。

（三）佛教戒律的主要内容

在中国，人们对佛教并不陌生，甚至有很多人还是佛教文化的爱好者，但是要成为一名具格的佛教信仰者，就必须经过象征性的皈依仪式，甚至还要遵守相应的戒律规定。下面我们简要介绍一下如何皈依以及皈依以后应当遵守哪些戒律，对于僧人的戒律这里只作一些总体性的说明，而不做具体的介绍。

---

① 《维摩诘所说经·弟子品第三》，《大正藏》第14册，第541页中。

1. 佛教入门——三皈依

1) 三皈依的含义

三皈依，简称三皈或三归。皈依是指因对某个对象产生信赖而回转投靠的意思。皈依一词并非佛教专用，凡是因信赖依靠某种对象而产生的安归属感都属于皈依，包括对其他宗教因信仰而加入，都可称为皈依。佛教的三皈依就是皈依佛、法、僧三宝。

严格地说，三皈依不能算是戒律，但它是一切戒律的前提和基础，是信仰佛教的入门程序，而且从皈依的内容来看，也有戒的实质，因此可以看做是最初级的戒。皈依三宝就是"皈依佛""皈依法""皈依僧"。关于三宝，有各种复杂的说法，我们采用最简单的说法。"佛"就是经过修持佛道而成就的各种佛，如释迦牟尼佛、阿弥陀佛、药师佛等。"法"就是佛法，简单地说就是佛说过的一切修持方法，具体地说就是各种佛经记载的内容。"僧"是指如法出家、专职弘扬佛教的僧侣。在三皈依方面，在家修行的居士和出家修行的僧人都是一样的。

2) 三皈依的意义与仪轨

有的人虽然相信佛教的教理，也诵读佛经，甚至按照佛教中的要求做人做事，但严格地来说他还是不算佛教徒。按照佛教的说法，只有皈依三宝之后，才能算是一个合格的佛教徒，就如学生只有在学校注册后，才是这个学校的学生。所以皈依三宝是进入佛门的必经程序，皈依了三宝，就算是一名佛弟子。不管是在家的佛教弟子还是出家的佛教弟子，都要经过三皈依的入门程序。信仰者皈依后，可以根据自己的持戒能力选择接受其中的部分戒律或全部戒律，比如居士在五戒中可以分受其中的某一戒或某几戒。但三皈依是不能分开几次皈依的，因为佛教认为佛宝、法宝、僧宝是三位一体的。对于哪些众生可以皈依三宝进入佛门，佛教基本上没有限制，不仅任何人可以不分高低贵贱而受三皈依，而且人道之外的其他五道，如天道、阿修罗道、饿鬼道、畜牲道的众生也可以受三皈依。

在佛教中，三皈依的仪轨有简洁的，也有繁杂的。据佛经记载，佛陀住世时的皈依仪轨比较简洁，皈依者只需在佛陀面前说自己愿意皈依佛、法、僧三宝，佛陀表示接受，就算完成了皈依礼。发展到后来，皈依礼稍微复杂一些。第一步，恭请师父升座，由师父讲解三皈依的义理；第二步，请十方一切诸佛证明皈依，并请护法神护戒；第三步，皈依者忏悔自己以往的业障；第四步，皈依者当众在佛前发誓皈依三宝，并发愿度一切众生，最后由师父做一个鼓励性的总结发言。不管皈依礼复杂或简单，只要举行了三皈依礼，皈依者就是一个佛弟子，要按照佛教的要求约束自己的思想和行为。皈依三宝后，除了礼敬三宝外，还要求遵守三项消极性的事项：第一，自皈依佛后，不得再皈依其他鬼神及一切天魔外道；第二，自皈依法后，不得再皈依其他外道的典籍；第三，自皈依僧后，不能皈依于其他不信奉佛教的人。

3) 受三皈依的功德

佛教认为，一个人即使按照佛教要求和方法来生活和修持，如果不三皈依，仍然属于佛教的门外汉，自然就不可能修得佛教中的各种果位，因为他本身就不属于佛教门中的人。此外，根据佛教的说法，如果皈依三宝就会获得很多种好处，首先将会得到三十六位善神以及他们眷属的守护，让人获得安乐，免遭各种恶鬼邪神的侵扰和祸害。其次，皈依三宝后，以前所做的恶业将会得到消减，业障的报应也将推迟甚至落空。再有，皈依三宝的人，死后不会变成畜牲、饿鬼和进入地狱等。总之，佛教认为皈依三宝功德无量。

有些人在皈依三宝后，还有可能又皈依了其他宗教，佛教称之为"失皈"。佛教对失皈的人态度很宽容，只要失皈者自己愿意重新皈依佛教仍然可以重新皈依三宝，基本上是来去自由，没有限制。

2. 修行的基础——五戒

1) 五戒的受戒、持戒与舍戒

佛教的五戒就是不杀生、不偷盗、不邪淫、不妄语、不饮酒。佛教中，在家的居士和出家的僧人受持的五戒的内容有所不同，下面只介绍在家居士在受持五戒中的问题，对于出家僧人的戒律暂不涉及。

在佛教中，一个人皈依三宝之后，只是一位形式上的"优婆塞(夷)"，即佛教居士。只有三皈依后再受持五戒，才是一位从形式到实质要件齐全的"优婆塞(夷)"，算是一位合格的在家佛弟子。

受戒，就是接收、承认戒律的内容。五戒的受戒仪式比较简洁，在古印度时受五戒只需向师父禀告即可。中国佛教信众受五戒的仪式与三皈依的仪式相类似，受戒人跪在佛前，由师父宣读五戒内容，师父每读一条就问受戒人"能持否？"，受戒人回答"能持"。最后师父给受戒人讲解一下五戒的内容和受持中注意的问题，仪式即算完成。佛教中受持五戒有几个限制条件：第一，只有受过三皈依的人才能受五戒，根据中国佛教律宗祖师道宣律师的说法，没有受过三皈依而直接受五戒是不许可的(见《四分律随机羯磨疏》)；第二，凡是曾经犯过"五逆罪"(杀父、杀母、杀阿罗汉、破和合僧、出佛身血)、"自破净戒"及"破他净戒"的人不得受五戒；第三，只有人才能受五戒，其他天道、畜牲道、阿修罗道、饿鬼道、地狱道众生都能受三皈依，但不能受五戒。

持戒，就是把所受的戒律应用于指导自己的日常言行。佛教认为，三皈依是一个整体，不能分受，但戒律可以分受。即受戒的人自信能够守住哪几条戒律，就可以分受哪几条。比如五戒，受戒的人可以根据自己的情况只受其中的一条、两条、三条或四条戒律的约束，当然五条戒律都能受持是最好的。因为受戒而不持戒就有犯戒的罪过，所以如果自己还做不到，最好只受自己能做到的那一部分戒律。根据受持五戒的情况，佛教把居士分为六种：受持一戒的叫一分居士；受持二戒的叫少分居士；受持三戒的叫半分居士；受持四戒的叫多分居士；受持五戒的叫满分居士，满分居士才是一个真正合格的居士。如果只受一戒而又破了戒的人叫无分居士。

舍戒，就是暂时舍弃自己守戒的誓言，不再持戒。佛教认为，受戒后不可破戒，破戒的罪业很大，但是受过的戒可以舍。舍戒的方式比较方便，只需给身边的人申明一下自己舍某个戒即可。经过舍戒的程序，以前持戒的功德仍在，以后的行为也不属破戒。这样受持五戒的人在发生特殊情况无法坚守时，可以随时表示舍戒。舍戒可以逐条舍，就是舍其中的一部分，也可以全舍。舍戒制度是佛教界律制度中的一种方便，一方面防止有些人受戒后在特殊情况下被迫破戒，另一方面也为打消有些人担心受戒后就成了紧箍咒而畏惧受戒的顾虑。

2) 不杀生戒

所谓的"不杀生"，就是除了不能杀人以外，对一切有形的、有生命力的、有灵性的生物(除植物)都不得杀害。

不杀生是佛教五戒中的第一条，五条戒律排列的前后次序中也蕴含着各条戒在五戒中的地位，所以不杀生戒在五戒中的重要性高于其他四戒。对于"生"的扩大性解释一方面体现了佛教众生平等、慈悲不杀的精神，另一方面也给不杀生戒的持戒带来了较大的困难。因为对于诸如人、动物等有形的生命体不杀容易做到，但世界上还有很多无形的、人类无法把握的生命体的存在，对它们无意的伤害致死确是人类难以掌控的。另外，即使杀死有形的人或者动物时，也有不同的动机和目的。因此，杀生戒的受持圆满也不是一件容易的事情。佛教戒律针对这些复杂的情况，对不同的杀生情况也作了轻重不同的处理结果。如故意杀人是不可宽恕的重罪，过失杀人或杀害其他生物可以通过一定的方式来忏悔赎罪等，这与世间法也有相通之处。

在印度佛教中，僧众化缘乞食时别人给什么食物，他们就随缘吃什么食物，食物有荤有素，所以被称为杂食。佛教传入中国后，逐渐形成了素食的传统，这就是从不杀生戒律中推演而来的。佛教认为，因为有人吃肉，所以才会有人去杀生取肉，如果大家都吃素食，没人吃肉了，杀生的人自然就少了。素食虽然不是佛教戒律中的明确要求，但也符合佛教戒律的精神，是南北朝时期的梁武帝规定的，后来就成了中国佛教的一个传统。

3) 不偷盗戒

偷盗就是未经允许而将他人财物据为己有。按照佛教通说，偷盗就是"不予而取"，佛教戒律对构成偷盗既遂的种种形态作了规定。在佛教戒律中，关于偷盗的规定最为繁密，根据犯戒人的主观心理有无罪过，再结合偷盗行为的进展情况是预备、中止还是既遂，把犯戒的程度分为重罪不可悔、中罪可悔、下罪可悔、无罪等多种情况。

凡是具备以下六个条件的行为，便构成不可悔毁的重罪：第一，他物，即被偷盗的是他人的财物。这是构成偷盗的前提条件，就是要有可偷盗的财物，否则就没有盗窃对象。第二，他物想，即偷盗者知道是他人的财物。这是行为人主观上对财物权属的认知状况，即明知是他人的财物，如果认为是遗弃物或无主物则另当别论。第三，盗心，即起了据为己有的想法。这是行为人的主观上有了占有财物的目的。第四，值五钱，即财物价值五钱或者五钱以上，这是对偷盗对象从量上的界定，不值五钱则另当别论。第五，与方便，是指用种种方便的手段，这是对犯罪行为方式的概括，应当包括明抢暗偷、直拿曲骗等非法手段，但是通过讨要获得的不算犯罪。第六，离本处，行为人使被偷盗的财物离开原来的位置。这是衡量偷盗既遂还是未遂，只要被偷盗的财物离开原来的位置，不管最后是否得手，都属于既遂。一种行为，只要主观和客观都具备以上六个条件，就构成了一次完整的偷盗犯罪，按照佛教戒律，这属于不可毁的重罪。

佛教戒律还根据犯罪人的情况作了几种规定：一、自己不予而取；二、教人不予而取；三、派人为自己不予而取，这三种情况都构成偷盗。这三种情况如果用现代刑法学理论来说，就是亲犯、教唆犯和共同犯。不管是亲犯、教唆犯还是共同犯都以偷盗论。佛教戒律中把故意损坏他人财物的行为也列入了偷盗罪之中，只要被损坏的财物在五钱以上的，都属于重罪不可悔。

佛教戒律还否定了偷盗行为的动机对构成偷盗罪的影响。动机是"目的"的"目的"，偷盗行为的目的只能是非法获得他人的财物，但获得他人财物后的动机就很复杂。有人为了吃喝玩乐而去偷盗，但也有人是因饥饿、疾病、天灾人祸、孝养父母、供给妻儿等原因偷盗。佛教认为动机的好与坏不影响偷盗行为的性质，若行偷盗，一律成罪。佛教认为，若有困难，可以求乞，接受人布施者无罪。在偷盗戒中，有些行为虽然也构成了偷盗行为，但因该行为没有达到重罪不可悔的程度，就属于中罪可悔或者下罪可悔，比如偷盗、损坏他人财物价值不足五钱的，中罪可悔；虽然已经着手偷盗，但没有得手的，属于下罪可悔。

在偷盗戒中，也有一些特殊情况形似构成偷盗，但如果具备一定条件的，不以犯戒论。比如，误把他人的财物当自己财物取得的不属偷盗；得到对方同意，或者与对方情感深厚，知道他必定会同意而取用财物的不属偷盗；为了暂时借用而未经同意取用的不属偷盗，但借而不还者又属偷盗；误以为他人抛弃的财物而捡拾的不属偷盗；还有一种情况是因"痴狂心乱、痛恼所缠"而取得他人财产的不属于偷盗，用现在的话来说，就是不能辨认、控制自己行为的精神病人的行为不算偷盗，如是等等。

4) 不邪淫戒

佛教对于邪淫的解释为：除了合法的夫妻之间的性行为外，与其他一切人及非人类发生性关系，都属于邪淫。即使夫妻之间，也只能进行正常的性行为，而各种变态的性行为也属于邪淫。在居士五戒中，邪淫戒被列在第三戒，就其内容而言，只是要求节欲而非禁欲。在这一条戒律方面，出家的僧人与在家的居士是有本质区别的，前者是绝对的禁止，后者只是相对的限制。

犯淫戒只有符合三种条件的，才构成不可悔的破戒罪。如不具备三个条件，虽然也属于破戒，但也只是可以忏悔的轻罪。构成重罪的三种条件是：第一，有淫心。就是犯戒的人主观上有强烈的性欲，佛经中描述这种感觉就是"如饥得食，如渴得饮"；相反，如果在发生性行为的过程中，行为人感觉如"热铁入身，臭尸系颈"，毫无快乐可言，就是没有淫心。第二，是道。就是发生性行为时要在特定的身体部位才算行淫。第三，事遂。就是达到行淫泄欲的目的。只有同时具备了这三个条件才能构成不可悔罪的邪淫。

5) 不妄语戒

妄语，就是说欺骗人的谎话。不妄语应当指说真话、实话与不说假话、坏话两个方面。佛教把妄语作为五戒之一来规定，可见人类打妄语的历史之久和打妄语的危害之烈，这种现象在两千年前就已经成了被关注的对象。在今天的社会，打妄语的现象与过去相比是有过之而无不及。古代人打妄语，一般只是指口头语言，因为过去人类语言的载体比较少，尤其在没有文字的时代，人类的语言只能通过口头语言和身体语言来表达。后来随着文字的出现、印刷术的发明，尤其现在各种现代化通信手段的发明，人们的语言通信种类非常之多。所以，我们对妄语的理解也不能停留在口头语言上，凡是通过语言载体传达出来的虚假的意思表示，都应当属于妄语的范畴。佛教关于妄语戒的内容非常丰富，这里只作简略介绍。

佛教戒律根据妄语内容的不同性质，把妄语分为大妄语、小妄语和方便妄语三种。

大妄语，就是为了达到欺骗的目的，对人谎称自己已经得道成圣或者有神通之类。或者与他人串通，称他人已经得道成圣或有神通等都属于大妄语。佛教戒律规定，大妄语属于重罪不可悔，但是如果妄语者所说的大妄语没人听见，或者虽然被听见了但不理解妄语意思的不属于大妄语，构成中罪可悔。小妄语，就是不知言知、不见言见、不闻言闻等情况。小妄语包括两舌、恶口、绮语等形式。两舌就是挑拨离间；恶口就是毁谤、攻击、讽刺、骂詈等语言；绮语就是花言巧语、诲淫诲盗、打情骂俏等语言。犯小妄语者，构成中罪可悔或下罪可悔。方便妄语就是善意的谎言，即为了他人的利益而不得已所采取的方便权宜之计，方便妄语不犯戒。

6) 不饮酒戒

不饮酒是佛教五戒中的最后一戒，也是五戒中罪责最轻的一条。佛教认为，五戒中前四戒属于"性戒"，即这些行为本性就是罪恶的，是人类在任何时候、任何场所都不能容忍的罪恶。酒戒属于"遮戒"，就是饮酒本身不是罪恶，但是饮酒后容易导致违犯其他性戒，为了"遮止"饮酒后违犯其他戒，佛教把饮酒也列为一戒，饮酒的罪主要是破戒的罪。

对于怎样的饮料属于酒，又怎样算是饮酒，在佛教戒律中有严格而细致的规定。《四分律》中规定，"酒色、酒香、酒味不应饮，或有酒，非酒色、酒香、酒味不应饮。"[1]这就是说，纯粹的酒不能饮用，不是纯粹的酒，但含有酒精成分的饮料也不能饮用。同时对两种情况不算饮酒而予以排除：一种是"酒变成醋，饮不醉人"的，饮用者不犯戒；还有一种是为了治病，药中有酒而饮用的不算犯戒，但不得假借用药而行饮酒之实。对于怎样算是饮酒，戒律规定得很严格，只要沾唇就算。据《高僧传》中记载，南北朝时期佛教戒律刚传到中国不久，大家对戒律的详细规定还不是很熟悉，当时的高僧庐山慧远法师临终前病得非常严重，弟子们劝他用一种药，但他因这种药是用酒炮制的而拒绝服用，后来大家苦劝不止，他就让律师核查一下戒律规定这种情况是否算犯戒，等律师查证出这种情况不算犯戒时，慧远大师已经圆寂了。

3. 十善

十善，又称为十善业道。佛教中的十善是从五戒中衍生出来的十种行为。五戒是禁止性规定，叫"止持"，是禁止做某事的消极规定。十善与五戒相对，是鼓励做某事的积极性规定，十善规定的内容与五戒的内容刚好相对。可以说五戒是禁止人们的五类"恶行"，而十善是倡导人们做十种"善行"。因此常常将十善与五戒相提并论，我们通过下面的表来简单地介绍一下十善的具体内容及其与五戒的关系。

通过下表我们只能看到五戒与十善之间浅层的对应关系，在很多佛教戒律论著中，对此有深刻而圆满的解析和论述，由于篇幅所限，这里不再赘述。

---

① 《四分律》卷十六，《大正藏》第 22 册，第 672 页上。

五戒	要求	十善	业别
不杀生	离杀生	放生	身三业
不偷盗	离偷盗	布施	
不邪淫	离邪淫	净行	
不妄语	离妄语	诚实语	语四业
	离两舌	和诤语	
	离恶口	爱软语	
	离绮语	质直语	
不饮酒	离贪欲	不净观	意三业
	离瞋恚	慈悲观	
	离邪见	因缘观	

4. 八戒

1) 八戒的受持

八戒，又称八关戒斋。八戒与五戒都是在家佛弟子所受持的戒律。二者最大的不同之处在于，五戒是受戒后应当每时每刻都持守的恒久性戒律，而八戒是受持之后以一日一夜为一个周期，完成一次算持戒成功一次。正因受持八戒有如此的方便和莫大的功德，所以深受佛教在家弟子的欢迎。但并不是所有的众生都可以受持八戒，佛家对受持八戒的主体有独特的要求。首先，佛经中认为，六道众生中其他五道的众生都不能受持八戒，只有人才能受持八戒。佛教有关经典说："凡得波罗提木叉戒者，以五道而言，唯人道得戒。"[①]波罗提木叉戒就是八戒，所以，只有人类才有资格接受八戒。其次，在人类中，只有性别生理正常的人才能得到佛教的八戒，而性别生理畸形或不健全的人不能得到八戒。在佛教经论中规定两种生理有缺

---

① 《四分律含注戒本疏发挥记》，《卍续藏》第39册，第586页中。

陷的人不能受持八戒：一种人是黄门，就是被阉割过的男性；另一种人是二根，就是双性人。再次，在正常男女中，犯五逆罪(杀父、杀母、杀阿罗汉、出佛身血、破僧伦)的人、为了生计出家的人等都不能得到八戒。但是又规定没有皈依三宝的人可以受持八戒并获得相应的功德。他们在受持八戒时称居士，不受持八戒时不是居士，佛教把这种人叫做"中间人"。

2) 八戒内容与受持的意义

八戒有以下九条内容：一、不杀生；二、不偷盗；三、不淫欲；四、不妄语；五、不饮酒；六、不著香花鬘，不香油涂身；七、不歌舞倡伎，不故往视听；八、不坐高广大床；九、不非时食(过午不食)。从以上内容我们可以看到，八戒中前五条的内容与五戒的内容基本一致，只是把第三条的"不邪淫"改为"不淫欲"。后面的六、七、八条只是简单的禁止"逸乐"的内容，第九条是本戒中最重要的内容。有人这时就会问，既然是八戒，为什么有九条内容？这个问题既有复杂的说法，也有简单的说法，这里用简单的说法来说明。八戒又称八关戒斋，在其中有戒有斋，戒我们就不再解释了。佛教弟子按照佛教戒律的规定按时(午前食用)食用的饭食叫"斋"。佛教认为人应该在过午之前吃饭，过午后用饭就不符合佛教的要求，叫非时食。因为在八关戒斋中，前面八条是戒，第九条是"斋"的要求，所以还是叫八戒或叫八关戒斋。只有通过了前面八戒的"关"，后面的持"斋"才有意义。

有关受持八关戒斋的意义与作用，佛教经典著作中说得很多，我们这里简要地介绍几点内容。首先，受持八关戒斋，就种下了解脱的种子，即受持过八关戒斋的人迟早会从六道轮回中解脱出来；其次，从现实的角度来看，受持八关戒斋对身体是有很大好处的，就像佛经中所说的，受持八戒可获得五福，即少病、身安、少淫、少睡、生天。此外，佛经中还说："受持八戒者，除五逆罪外，余一切罪悉皆消灭。"[1]就是说受持八关戒斋

---

① 《优婆塞戒经》，《大正藏》第24册，第1063页上。

对消除持戒者的罪业具有非常大的功效。

3) 八关戒斋的求受与持守

通过哪些仪轨或程序才算获得了有效的八关戒斋呢？对此问题，历来说法较多，有些佛教典籍中记载的仪轨比较复杂，有些比较简略。根据佛教经论的记载，八戒的求受，一般只能从僧人处获得，就是经过僧人的传授，才算获得戒律，而且只能一个人一个人地单独求受，不允许几个人一起同时受戒。受戒的场所既可以在寺院中，也可以请传戒师到家中授戒。后来又有高僧大德提出，受持八关戒斋时，如果方圆不容易找到出家的师父授戒，也可以自己通过诵读发愿文而得戒持戒。

关于受持八戒的期日，一般是一个月受持六天，即每月阴历的初八、十四、十五、二十三、二十九、三十(如小月则改为二十八)。这六天是每个月的短斋(日斋)日，传说在这六天中四天王与太子巡视人间，如果受斋修福则比平时效用更大。除此之外，还有每年的正月、五月、九月受持三个月长斋(月斋)的。传说这三个月是毗沙门天王在我们这个世界值班镇守的时间，所以应当抓紧机会修福。除了以上常规性的斋日和斋月之外，持戒斋的时间越长越好，如果条件不允许，还可以减少每月持戒斋的天数。

受持八关戒斋每次只有一天一夜的时间，一般人应当能够坚持完成。如果遇到特殊情况无法继续持戒时，可以舍戒。舍戒的方式就是对着一个能听懂话的人说明即可。舍戒后再做戒律所不允许的事则不属犯戒，但如果未经舍戒程序，就属于犯戒。舍戒的人虽然不能获得所舍戒的功德，但不影响之前与以后持戒的功德。

5. 出家僧人的戒律

出家戒是指佛教僧人所应该遵守的戒律。佛教僧人刚出家后，不管年龄大小，先要受沙弥戒，男性叫沙弥，女性叫沙弥尼。如果出家时年龄已经满二十岁，经过两年的考验后，如果愿意继续出家为僧，就可以受具足戒，即作为僧人所应具足和持守的全部戒律。受了具足戒以后，就是比丘或比丘尼。

　　沙弥一词是梵语的音译，它的意思是求寂、息慈、勤策等，引申意义就是止恶行慈，寻求圆寂的意思。在佛教中，是指已受十戒而未受具足戒，年龄在七岁以上但未满二十岁的出家男性。同样情况，出家女子称"沙弥尼"。

　　《摩诃僧祇律》以及《四分律行事钞》中按照年龄将沙弥(尼)区别为三种：第一种叫驱乌沙弥(尼)，是指年龄在七至十三岁之间，还无法担负其他任务，只能守护谷麦，驱赶晒谷场上乌鸦鸟类的小沙弥；第二种叫应法沙弥(尼)，是指年龄在十四至十九岁之间，已经能够干活，与法相应，经过师父五年的调练后，就可进入比丘(尼)位；第三种叫名字沙弥(尼)，是指年龄已经超过二十岁，但由于各种原因还没有受具足戒，仍然是沙弥(尼)的出家人。

　　不管是哪一种沙弥(尼)，必须受持十戒，才能正式称为沙弥(尼)。沙弥(尼)十戒：一、不杀生；二、不偷盗；三、不淫；四、不妄语；五、不饮酒；六、不着花鬘，好香涂身；七、不歌舞唱伎，亦不往观听；八、不坐卧高广大床；九、不非时食；十、不捉持金银宝物。前九戒与八关斋戒相同，只有第十戒，是因佛陀深知金银财宝容易引起人的贪欲而制定了这条规定。这些戒条传到中国后，因为中国的情况与印度有非常大的差异，所以在持守方面略有变通。

　　是否受具足戒是由沙弥(尼)向比丘(尼)晋级的分界线。只有受了具足戒的僧人才能称为比丘或比丘尼。佛教戒律不同的戒本中规定具足戒的条目略有不同，中国佛教最后以《四分律》戒本为准，其中规定比丘戒律共二百五十条，比丘尼戒律共三百四十八条，其内容主要还是以不杀、不盗、不淫、不妄语、不饮酒为核心，只是规定得更加细致琐碎，这里就不一一列举了。

6. 大乘菩萨戒

　　大乘菩萨戒是超脱于具足戒之外的佛教戒律类型，与小乘佛教戒本中的戒条强调行为模式相比，大乘菩萨戒更强调的是行为背后的发心，所以佛教的出家僧尼和在家居士都可以求受菩萨戒。大乘菩萨戒共有二类三种，《瑜伽师地论》卷四十说："云何菩萨一切戒，谓菩萨戒略有二种：一在家分戒，二出家分戒，是名一切戒。又，即依此在家、出家二分净戒，略说三种：一摄律仪戒，二摄善法戒，三饶益有情戒。"[①]小乘戒律的适用对象为出家五众，而大乘菩萨戒则扩展到包括男女居士在内的七众。此外，大乘佛教根据戒律的性质将其分为摄律仪戒、摄善法戒、饶益有情戒三种层次，统称为"三聚净戒"。其中的摄律仪戒含摄了所有小乘戒律中的各种戒相，而摄善法戒与饶益有情戒则属于以清净心为戒体的"无相戒"。大乘佛教戒律虽在形式上省去了小乘佛教戒律中各种细密的戒相，但其用"三聚净戒"原则，含摄了佛教"诸恶莫作，众善奉行，自净其意"的思想和精神。大乘佛教在此思想的基础上，创立了大乘佛教轻戒相而重戒心的十种重戒，即杀戒、淫戒、妄语戒、酤酒戒、说四众过戒、自赞毁他戒、悭悋加毁戒、瞋心不受悔戒、谤三宝戒等。在这十种重戒中，不仅含摄了僧俗众生净心向善的宗教道德标准，而且对大乘佛教信仰者提出了更高层次的要求，即以救度众生为己任的大乘菩萨精神。

菩萨戒的所有内容都包含在概括了菩萨戒基本精神的三项原则之中，这三项原则即：一、持一切净戒，无一净戒不持；二、修一切善法，无一善法不修；三、度一切众生，无一众生不度。后来这三项原则就发展成大乘佛教中的四弘誓愿，即"众生无边誓愿度，烦恼无边誓愿断，法门无量誓愿求，佛道无上誓愿成。"三聚净戒因为聚集了持律、修善法、度众生三大门类的一切佛法作为戒律来持守，可以说它包含了佛法对佛弟子的所有要求，其内容无所不包，菩萨戒的内容也就很难一一列举了。但是为了给受菩萨戒的信众有一个示范作用，菩萨戒本中还是规定了一些具体戒律条款，这些条款并非菩萨戒的全部内容，只属于列举举例而已。

菩萨戒列举的戒律条款，根据其内容，主要有重戒与轻戒两类。各种

---

① 《瑜伽师地论》卷四十，《大正藏》第 30 册，第 511 页上。

印度佛教的戒律

不同的菩萨戒本中都有重戒的列举，如《梵网经》与《璎珞经》中列举了十条重戒，《瑜伽师地论》与《地持经》中列举了四条，《善戒经》中列举了八条，《优婆塞戒经》中列举了六条。不管是四条、六条还是八条，都没有超出十条的范围，而且就其内容而言，条目少的戒本只是省略了一些理所当然的，不必强调的内容。另外前面说过，菩萨戒的条目只是举例列举，并不代表戒律的全部内容。根据《璎珞经》与《梵网经》戒本，重戒主要有以下十点：杀戒、盗戒、淫戒、妄语戒、饮酒戒、说四众过戒、自赞毁他戒、故悭戒、故瞋戒、谤三宝戒等。关于菩萨戒中的轻戒，不同的戒本条目也不尽一致，有列举四十八条的，也有列举四十六条的，还有列举二十八条的。无论列举条目的多少，都不影响菩萨戒总持一切律仪善法、度一切有情众生的基本精神。对于轻戒的具体内容，这里不详细列出，有兴趣者可以查阅相关戒本。

菩萨戒的求受有三种方式：一种是在佛菩萨面前直接求受，如佛陀住世时，可以直接向佛陀求受菩萨戒，这种求受的菩萨戒属于上品戒。佛灭度以后，这种方式只能放弃了。第二种方式是向受过菩萨戒的法师求受，这是一种师师相传而获得的菩萨戒，通过这种方式求受的菩萨戒属于中品戒。第三种方式是自誓受菩萨戒，就是在方圆千里之内没有菩萨戒师而欲求受菩萨戒时，可以在佛菩萨像前自誓受戒。自誓受戒要求在佛菩萨像前忏悔七日，感应得到"好相"时才算得戒，好相就是要有佛菩萨的显示和感应。自誓受戒所得戒属于下品戒。菩萨戒与五戒一样，可以随分受持，能持几分就受几分，如果刚开始做不到，就不必受持全戒。

二、印度佛教戒律向中国的输入

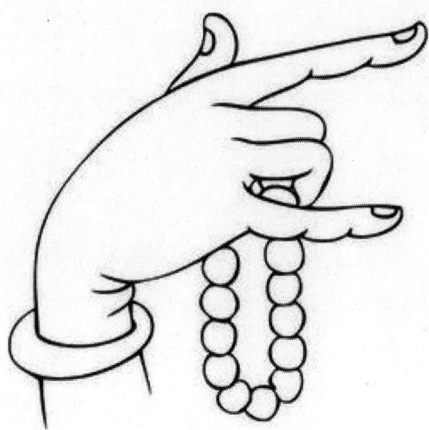

(一) 戒律传入前的中国佛教

1. 明帝梦佛与白马驮经

根据传统的说法，佛教传入中国是在东汉明帝(58—75 年在位)时期。有一天，汉明帝梦见一位全身闪耀着金色光芒的人在他的皇宫中游戏飞行。第二天，汉明帝让王公大臣解这个梦是什么预兆，其中一位消息灵通、知识丰富的大臣奏称：据说西方有一位圣人叫佛陀，人人拜敬，不知陛下梦中飞行的金人会不会就是佛陀。汉明帝听了以后觉得很有道理，于是就派了十八个使者前往西方拜佛求经。三年后，这些拜佛求经的使者在今阿富汗北部遇到了东来传教的印度佛教僧人摄摩腾和竺法兰，就邀请他们到中国来传播佛教，他们就一起将佛像和经卷用白马驮至都城洛阳。汉明帝见了佛像以及佛教典籍，并听了来自天竺国佛教僧人的说教后，心中十分高兴，便专门为天竺佛僧修建精舍供他们居住。"有记云：腾译《四十二章经》一卷。初缄在兰台石室，第十四间中。腾所住处，今洛阳城西雍门外白马寺是也。"[①]，这是传统所说的佛教传入中国的起源。

据《高僧传》记载，摄摩腾是印度人，他通晓大小乘佛法，据说他还懂汉语，所以他和竺法兰来到中国后很快就能开展弘法译经的工作。他们最早翻译的佛经是《四十二章经》，这部佛经对中国佛教的发展影响很大。据后人研究，《四十二章经》是将佛教基本教义编撰成文，是当时人们了解佛教的一本入门读物。因为这部最早的佛教经典篇章短小，言简意赅，对佛教基本理念的介绍义理简明，所以一直深受中国佛教界的喜爱。在《四十二章经》中，就有介绍佛教戒律基本概念的内容，比如讲到了"五戒""十善""十恶""二百五十戒"等，而且强调了持戒对于修行的重要意义，因此可以说，中国人最早就是通过《四十二章经》知道佛教戒律的基本概念和大概内容的。

---

① （梁）慧皎：《高僧传》卷一，《大正藏》第 50 册，第 322 页下。

印度佛教戒律向中国的输入

最早传入中国的佛教是一些零散的经文和基本的概念，人们对佛教还没有一个整体性的认识，当时人们对佛教只能从中国本土的道家和儒家文化的角度来理解。比如当时人们就用中国的金、木、水、火、土五行的概念来对应理解佛教的地、水、火、风等四大，把佛教的戒杀、戒盗、戒淫、戒妄语、戒酒等五戒对应儒家的仁、义、礼、智、信等五常，而且当时人们只是将佛教作为一种外来文化来了解，并没有把它当作一种宗教来对待。因此，在佛教初传入中国的一百多年中，佛教戒律的传入并不是很迫切的事情。随着佛教在中国社会被越来越多的人认识和接受，而且皈依佛教的信众也日益增加，对佛教如何指导信众日常行为的规范就越来越需要。当时传播佛教的主要是从印度和西域各国来华的僧人，他们除了把主要精力放在对佛教基本教义的传播上的同时，也开始对佛教戒律的传译做出重要努力。

2. 来华第一僧摄摩腾

据《洛阳白马寺摄摩腾传》记载，摄摩腾是中天竺人，善风仪，深解大小乘佛经，常以游化四方为己任。摄摩腾曾经去天竺一个附庸小国讲《金光明经》，正好碰到敌国来入侵这个小国，摄摩腾就对大家说："经云：能说此经法，为地神所护，使所居安乐。今锋镝方始，曾是为益乎。"[1]意思是佛经上讲了，能说这部经就会得到地神的护佑，使居所平安祥和。今天战争刚刚开始，我们能得到地神的护佑吗？于是他不顾个人安危，亲自前往敌方军中劝解，最后促成了交战双方的握手言和，从此之后他名声大振，显达四方。

来华第一僧摄摩腾尊者

---

① （梁）慧皎：《高僧传》卷一，《大正藏》第50册，第322页下。

东汉永明年间，汉明帝因夜梦金人而派人去西方取经，正好碰到摄摩腾，就邀请他去汉地弘法，他就答应一定要把佛法弘传到中国。当时他正好和天竺高僧竺法兰在一起游化，竺法兰也愿意跟随他一起来中国弘法，但走到半途，竺法兰被弟子们留阻，就缓行了一步。摄摩腾不顾沿途疲苦劳顿来到都城洛阳，给汉明帝讲了佛教的基本教义，明帝听后非常高兴，就在洛阳城西为他设立精舍作为居所，这个精舍后来就改成了白马寺，摄摩腾是中国大地上的第一个僧人。后来竺法兰也赶到洛阳，和摄摩腾住在一起，他们共同翻译《四十二章经》，不久之后，摄摩腾就去世了。

3. 见多识广的竺法兰

据《洛阳白马寺竺法兰传》卷一记载，竺法兰也是中天竺人，他能诵经几万章，在天竺学生众多。据记载他从小就会说汉语，所以在摄摩腾去世后他还翻译了《十地经》《佛本生经》《佛本行经》等五部佛经，他翻译的这些佛经后因战乱而流失不见。据史书记载，西汉时期，汉武帝让人在长安城西南开凿昆明池，从很深的地下挖出了黑灰，就问东方朔是怎么来的，东方朔说自己说不清楚，可以问西域来的人，他们应该知道。竺法兰来中国后，众人就这个问题追问他，竺法兰就告诉大家说，每个世界都有尽头，临终结时就会有劫火洞烧，这些灰就是上一次世界毁灭时留下来的。因为有东方朔的预言在先，所以很多人都相信他的说法。

竺法兰活到六十岁在洛阳去世，他和摄摩腾住过的精舍就改成了招提寺。据传，后来有位皇帝拆毁各地佛寺，在准备毁坏招提寺的前一夜晚，突然出现了一匹白马，绕着佛塔悲鸣不已。皇帝知道后，就立即停止了拆毁寺院的行动，而且把招提寺改名白马寺。

4. 西域高僧安世高

安世高是佛教初传入中国时西域来华的又一位高僧，他的弘法活动对中国佛教影响非常大。安世高，又名安清，据《高僧传》记载，安世高出家前是安息国的王太子，自小聪明仁孝，刻苦好学。所以他对"外国典籍，及七曜五行医方异术，乃至鸟兽之声，无不综达。"①由此可见他博览国内外各种典籍，通晓天文、地理、占卜、推步等，尤其精于医学。安世高还有一个特长，就是能听懂兽言鸟语。有一次安世高走在路上，仰头看见一群飞翔的燕子，忽然转身告诉同伴说，燕子说等会儿一定有送食物的人来。不久，他的话果真应验了，众人都感到非常奇异。如此之类的事情发生的非常多，当时人们公认安世高是个神异之人，在西域地区也早就传扬着他的神异之名，西域各国都对他很敬重。安世高父王死后，他办理完父亲的丧事，便把王位让给了叔父，自己远远地离开了祖国出家为僧，开始了修道布化的生活。

安世高到处游方弘化，遍历周边各个国家。东汉建和二年（148），安世高来到中国都城洛阳。当时，中国信奉佛教的人大多把佛教当成是一种神仙方术，因而把佛当成神来祭祀膜拜，祈求长生。安世高认为应当让人们了解真正的佛教，于是萌发了译述佛经的宏愿。安世高在中国弘法二十年，共译佛经三十五部四十一卷，现存二十二部，二十六卷，他翻译的主要是小乘佛教的经典。

在安世高翻译的佛教经典中，与佛教戒律有关的主要是《义决律》《佛说犯罪轻重经》《佛说阿含正行经》《佛说舍利佛悔过经》和《大比丘三千威仪》等。其中《大比丘三千威仪》的篇幅最长，内容也非常丰富，对于指导僧众日常修行中的行住坐卧等威仪非常重要，为早期中国佛教组织的规范发挥了重要作用。

5. 首传戒律的昙柯迦罗

昙柯迦罗被中国佛教律宗列为律宗的第二代祖师，由此可知他在中国佛教戒律方面有非常重要的地位和影响。

昙柯迦罗，又称昙摩迦罗，意译为"法时"，是中天竺人，生于富贵人家，从小聪明过人，读书过目不忘，文义通晓。他对当时印度各种经典都

---

① （梁）慧皎：《高僧传》卷一，《大正藏》第 50 册，第 323 页上。

非常精通，曾经自负地认为天下的书都装在自己的肚子里。二十五岁时，昙柯迦罗到一座佛教寺院中游逛时看见一部佛经，顺手拿起来诵读，发现自己竟然读不懂，再仔细审读，更加觉得如坠五里雾中，摸不着头脑。他感叹说：我认为没有自己一遍看不懂的书，今天看佛教经典竟然几遍也看不懂，这里面肯定大有深意，别有精要。于是就拿了一本佛经请一位和尚给他略作解释，顿时深悟其中的妙义，才知道佛经宏旷，不是一般的俗书所能比。然后他就出家为僧，常诵大小乘经典和各部律典，四处游学，最终成为精通大小乘经典，尤其精于戒律的高僧。

曹魏皇初三年(222)，昙柯迦罗来到魏国都许昌，看到当时中国虽然有佛教在传播，但僧人们也没有受过戒，道风讹替，人们把佛当作神来祭祀，以求福报和长寿。当地僧众请他翻译佛教戒律，但是他却婉言拒绝道："律部曲制，文言繁广，佛教未昌，必不承用。"①意思是昙柯迦罗说佛教戒律制度非常繁琐，现在佛教在中国还不是很昌盛，所以翻译佛教戒律的缘分还不成熟。于是他就翻译出了《僧祇戒心》，并请印度来的僧人组织羯磨为汉地一千位僧人传戒。昙柯迦罗翻译的《僧祇戒心》应该是传入中国的第一部真正的佛教戒律文本，所以其具有标志性意义。此外，昙柯迦罗还设立羯磨戒坛为汉地僧人传戒，这也是中国佛教历史上汉地僧人第一次正式受戒。从此之后，中国佛教界才有第一批依照羯磨法而出家受戒的真正僧众。

6. 统一释姓的道安

道安法师被称为中国第一高僧，因为他既是《高僧传》中记载的第一位中国高僧，又是第一个在世时即获得南北方公认的高僧。正是在道安的推荐鼓动下，秦王苻坚才下决心派吕光率大军去西域征请鸠摩罗什来华传法。道安一生为中国佛教的发展做出了卓越的贡献，在佛教戒律制度建设方面，道安也有他特殊的创建。

道安法师(314—385)，本姓卫，常山扶柳(今河北正定)人。由于战乱

---

① (梁)慧皎：《高僧传》卷一，《大正藏》第50册，第324页下 。

父母双亡，道安从小就受表兄孔氏的抚养，他从七岁开始读书，到十五岁时，已经对五经文义相当通达，就转而学习佛法，十八岁时出家，因为道安的长相又黑又丑，所以他的师父对他不太重视，叫他成天在田地里干活，不准他外出参学，而他却没有一点怨色。几年以后，他才向师父要佛经读。由于他有惊人的记忆力，借去的佛经很快就背诵下来，这使他的师父改变了对他的态度，就让他去受具足戒，还准许他出外任意参学。在二十四岁的时候，他在石赵的邺都遇见了印度高僧佛图澄。佛图澄一见到道安就非常喜欢，对那些因他丑陋而轻视他的人说，"此人远识，非尔俦也。"①意思是说这个人有远识，不是你们所能比的，于是就收他为徒。据《高僧传》卷五的记载，此后道安就跟随佛图澄学习佛法十多年，一直到佛图澄圆寂后才离开邺都。在此期间，他经常代替佛图澄讲经说法，并且解答了许多理论上的疑难问题，赢得了"漆道人，惊四邻"的美誉。

名师出高徒，道安法师得到了佛图澄大师的真传，对佛教义理有着非常精准的把握。道安的师父佛图澄当时以神通闻名天下，道安也必然得到了这方面的传授，但道安只是偶尔显示一下神通，不像他师父那样随意大显身手。后来道安又到各地游学问道，逐渐名声远播，当时人们赞叹"安法师道学之津梁，澄治之垆肆矣。"②全国各地的学士争相拜他为师。北朝的前秦王苻坚、南朝的晋孝武帝都想请道安作他们的国师。在当时，道安在中国佛教界的影响无出其右者，是当时中国名副其实的佛门领袖。

道安法师

道安一生著述非常丰富，他的著作在当时影响很大。由于当时佛教戒

---

① （梁）慧皎：《高僧传》卷五，《大正藏》第 50 册，第 321 页上 。
② （梁）慧皎：《高僧传》卷五，《大正藏》第 50 册，第 351 页下 。

律文本翻译的缺乏，对中国佛教发展形成了巨大障碍。道安深知当时中国佛教经典不全，尤其是需要佛教戒律的传译，因此经常自己感叹："道安长恨，三藏不具，以为阙然。"又期盼地说："云有五百戒，不知何以不至？此乃最急。四部不具，于大化有所缺。"[①]由此可见，作为中国当时的僧团领袖道安对佛教戒律的渴仰之情，这也说明中国佛教发展到这个时期，翻译佛教戒律的因缘已经成熟。

为了规范当时的僧众活动，道安根据自己对佛法的领悟临时创立了一套《僧尼轨范》，其内容主要有三条："一曰：行香、定座、上经、上讲之法；二曰：常日六时，行道、饮食、唱时法；三曰：布萨、差使、悔过等法。天下寺院，遂则而从之。"[②]后来，当佛教戒律传进中国后对照可知，道安法师创制的《僧尼轨范》与佛教戒律的规制基本暗合，可见其对佛法的高深造诣。

道安对中国佛教影响最大的莫过于规定中国佛教僧众统一姓释的做法，在比之前，中国的出家僧人各随自己师父的俗姓，所以僧众的姓氏各不相同。道安认为，既然出家为僧都是释迦牟尼佛的弟子，再《阿含经》中有"四河入海，无复河名，四姓为僧，皆称释种"的说法，就规定凡是出家僧众，统一姓释。由于他巨大的感召力和规定的合理性，所以这种规定就很快被中国佛教界所接受和遵从。

7. 自制规范的庐山慧远

慧远（334—416）是雁门娄烦（今太原市娄烦县）人，本姓贾，出身于官宦之家。慧远少年时博通六经，尤其精通《老子》《庄子》等经典。慧远二十一岁时听道安讲《般若经》后豁然而悟，感叹"儒道九流，皆糠秕耳"。[③]于是，就和他弟弟慧持一同出家为僧，成为道安法师的弟子，后来成为继

---

① 《鼻奈耶·序》，《大正藏》第 24 册，第 851 页上。
② （梁）慧皎：《高僧传》卷五，《大正藏》第 50 册，第 351 页下。
③ （梁）慧皎：《高僧传》卷五，《大正藏》第 50 册，第 357 页下。

道安之后的又一代佛门领袖。

慧远法师二十四岁时便开始讲经说法，听众有不能理解的地方，慧远便援引庄子的义理进行类比解释，同时，采用格义方法让听众清楚地领悟佛法。慧远著述宏富，相传鸠摩罗什读到慧远所著《法性论》时，大加赞叹道："边国人未有经，使暗与理会，岂不妙哉！"[1]

在弘法传道的过程中，许多人皈投到慧远大师座下。东晋太元四年(379)，道安大师被前秦王苻坚掳掠到长安，他的徒众四散星奔，其中慧远就率领弟子数十人打算去罗浮山，路过浔阳(今江西九江)时，见庐山清净幽远，足可以息心敛影办道，于是决定驻锡庐山的龙泉精舍。刺史桓伊发心为慧远建造了东林寺，慧远大师自此以东林寺为道场，修身弘道，著书立说，一直到晚年"迹不入俗，影不出山"。由于慧远的德望，当时的东林寺成为南方佛教的中心，中外僧俗，望风遥仰，"东向稽首，献心庐岳"，他与北方长安鸠摩罗什驻锡的消遥园遥呼相应，平分天下。

慧远法师容貌威严，令人一见顿生敬畏之心。据僧传记载，当时有位慧义法师，以强正自命，不肯服人。他对慧远法师的弟子慧宝说：你们都是一班庸才，所以对于慧远推服得不得了，你们看我和他辩论。等到慧义听慧远法师讲《法华经》时，几次想提出问题来诘难，但最终因心情战栗，汗流浃背而一句也不敢问。另外有东晋名士谢灵运恃才傲物，一见慧远法师，肃然心服，由此足见慧远大师法相庄严，威德摄人。

东晋时代，佛法虽已不断的传入中国，但各方面还是不太完备，所以印度西域等地来中国传播佛教的僧人仍然络绎不绝。慧远大师感觉传到中国的佛法还有很多缺漏，就派他的弟子法净、法领等到西方取经，后来得到很多梵本佛经。于是慧远就在庐山东林寺设置般若台译经，他是我国佛经翻译历史上私立译场的第一人。

① (梁)慧皎：《高僧传》卷五，《大正藏》第50册，第357页下—361页中。

慧远法师非常重视佛教戒律的作用，但和他的师父道安法师一样，面对僧众秽杂日久和佛教戒律无人翻译的局面，"每一寻思，愤慨盈怀"。慧远大师自己持戒非常严格，据《高僧传》记载，慧远患病后，病情越来越严重，他的弟子给他炮制了含有药酒的药汤，但慧远因药中有酒而拒绝服用。后来大家苦苦相求，他让弟子们检点佛教律典，以确定能不能饮用，但弟子还没有检索完毕，他已经阒然辞世了。

庐山慧远大师

慧远不仅严持戒行，而且对戒律的精神非常了解，因为当时佛教戒律大典还没有翻译过来，为了规范庞大的僧团，他就根据自己的理解和持律的体会制定了一套僧尼轨范，历史上称为"远规"。其内容主要包括"法社节度""外寺僧节度""比丘尼节度"等内容，该规制在当时影响非常大，但后来逐渐佚失难考。

慧远和他的师父道安一样非常期盼佛教戒律传译到中土，当他听说能够诵出《十诵律》的印度高僧弗若多罗到达长安，就非常殷切地给弗若多罗写信，请求他将该经典翻译出来。弗若多罗正是在他的鼓励下，不顾劳苦，开始诵出《十诵律》的梵文本，由鸠摩罗什翻译成汉文。但翻译到多半时，弗若多罗病逝，翻译《十诵律》的事情暂时搁置。后来慧远又听说来自于西域的昙摩流支带有一部《十诵律》的梵文本，又写信给昙摩流支，请求其帮助完成《十诵律》的翻译。慧远法师对于中国佛教界第一部戒律的翻译殚精竭虑，发挥了重要的促进作用。

（二）佛教戒律的传译

相传最早的佛教戒律结集时，是由优波离分八十次诵出的《八十诵律》，这部律由大迦叶传承给后面的祖师，传到第五祖优婆鞠多，优婆鞠多的五个弟子后来分头弘传，逐渐演变成为后来的《十诵律》《四分律》《五分律》《根有律》等，此外，还有大众部的《摩诃僧祇律》。经过中印双方的共同努力，最终将这些大律全部翻译成了汉文律藏。

东晋以前，虽然有一些戒本或者羯磨仪轨被翻译出来，但都是急用时零星译出的，这种情况在佛教传入中国后持续了近四百年。到了魏晋南北朝时期，随着佛教在中国的进一步发展，信仰佛教的人数已经非常庞大，出家僧众的数量也是非常可观，而且人们对佛教文化的了解和理解也日益深入，佛教文化已然成为中国文化中影响较大的一支重要力量。中国佛教信仰者根据佛教戒律修行的需求也日益迫切，可以说翻译佛教戒律的各种因缘已经具足。在这种情况下，从姚秦弘始三年(401 年)到刘宋景平元年(423)，前后二十多年，印度佛教现存的五部大律中有四部大律被翻译成汉文，这在世界翻译史上都是一个奇迹。后来，唐代的义净法师又将《根有律》翻译成汉文后，印度佛教的六部大律，除了迦叶遗部的大律已无翻必要外，其余全部翻译完毕。

1. 艰难诞生的《十诵律》

《十诵律》，又称《萨婆多部十诵律》，是印度部派佛教"说一切有部"的戒律，"萨婆多"就是"一切有"的音译，所以这部广律和唐代义净法师翻译的《根本说一切有部律》同出一源，只是后来各有衍变而略有区别。

《十诵律》的初诵至三诵中包含四波罗夷、十三僧残、二不定、三十尼萨耆、九十波逸提、四波罗提提舍尼、一百〇七众学、七灭诤等八法。第四诵中有受具足戒、布萨、自恣、安居、皮革、医药、衣等七法。第五诵包括迦絺那衣、俱舍弥、瞻波、般茶卢伽、悔、遮、卧具、净事等八法。第六诵是谓达事等杂法。第七诵是比丘尼律，包括六法。第八诵是增一法，包括二十一法。第九诵是优波离问法，可分为二十四法。第十诵包括比丘诵、二种毗尼及杂诵、四波罗夷、僧伽婆尸沙法。最后附有"善诵毗尼序"，共分四品，前二品讲述结集的前后过程，后二品集录有关羯磨、说戒、安居、衣食、医药、房舍等开遮之法。这样《十诵律》将受具足戒等十七事部分揉述在僧尼律中，这是它特有的结构。

在各部律典中，《十诵律》是第一部翻译成汉文的佛教律典。万事开头难，《十诵律》的翻译过程非常艰难和曲折，当时中国佛教界非常期盼佛教戒律大典的传译，但是一直没有很好地机缘。后来，印度高僧弗若多罗的到来为佛教律藏的翻译带来的转机。

当来自罽宾国的传法僧弗若多罗刚刚来到长安，作为当时中国僧界领袖庐山慧远就迫不及待地从南方给弗若多罗写信，恳求他帮助中国佛教翻译《十诵律》。因为当时没有《十诵律》的梵文底本，只能由弗若多罗一句一句的背诵出来，再由鸠摩罗什翻译成汉文。当时在鸠摩罗什的译场，有佛陀耶舍协助鸠摩罗什的翻译工作，同时还有六百多人的翻译团队，可见当时翻译佛经需要耗费大量的人力、物力和财力，如果没有国家支持，是很难进行的。刚开始一切似乎进行得很顺利，但在《十诵律》的翻译刚刚过半时，弗若多罗突然因病亡故，由于当时没有底本，能诵出底本的弗若多罗又去世了，《十诵律》的翻译工作只能暂时停下来了，大家只有慨叹惋惜。

第二年，又有一个叫昙摩流支的西域传法僧来到长安，而且他刚好带来了一部《十诵律》的梵文底本，庐山慧远听说后非常高兴，赶紧又给昙摩流支写信，希望他能帮助完成《十诵律》的翻译。这样，鸠摩罗什就又和昙摩流支开始合作翻译《十诵律》，由佛陀耶舍协助鸠摩罗什，最后翻译出五十八卷。但是鸠摩罗什还没有来得及详细审定译稿就圆寂了，罗什临终前还说："自以暗昧，谬充传译，凡所出经论三百余卷，唯《十诵律》一部未及删烦，存其本旨，必无差失。"[1]由此可见，鸠摩罗什虽然对他翻译的《十诵律》在准确性上非常自信，但对于没能做进一步精订还是深感遗憾。后来，鸠摩罗什有一位弟子是来自罽宾国的僧人叫卑摩罗叉，他在鸠摩罗什去世后又补译了后面的《善诵毗尼序》三卷，与鸠摩罗什法师所译

---

① （梁）慧皎：《高僧传》卷二，《大正藏》第50册，第330页上—333页上。

五十八卷共合成六十一卷，整个汉文《十诵律》才得以完整面世。

在《十诵律》翻译过程中，译经场中六百多名参加翻译的工作者都是从各地遴选出来的佛学界的佼佼者，此外，主持和参与的几位印度僧人也都是当时顶尖级的高僧。

弗若多罗是罽宾国的国师，他自小出家，以持戒精严著称。弗若多罗精通佛教三藏，尤其精熟于律藏，所以他能背诵出几十万字的《十诵律》。在西域，弗若多罗已经是一代宗师，当时人们都认为他已经证得阿罗汉果位。在姚秦弘始年间来到中国传法，国王姚兴以上宾之礼接待，鸠摩罗什大师对他也是非常敬重。因为当时佛法在中国已经流传多年，但佛教戒律始终缺失，听说弗若多罗擅长戒律，大家咸共思慕，请求他弘传戒律。于是在姚秦弘始六年十月十七日，在长安中寺汇集义学僧数百人，设立译场，延请弗若多罗诵出十诵梵本，由鸠摩罗什和佛陀跋陀罗译为汉文。没想到只翻译到三分之二处，弗若多罗就庵然弃世。"众以大业未就而匠人殂往，悲恨之深有逾常痛。"①

鸠摩罗什(344—413)，原籍天竺(今印度)，出生于龟兹国(今新疆库车)，是后秦时期的高僧，他与真谛、玄奘、义净四人并称为中国佛教史上四大翻译家。鸠摩罗什的父亲是印度的贵族，游学到龟兹后与国王的妹妹成婚。鸠摩罗什自幼出家，刚开始在西域学习小乘佛教，后来又去印度学习了大乘佛教，回到龟兹后，名满西域。前秦王苻坚听到他的名声后，邀请他来内地弘法，龟兹国不予准许。于是苻坚就在建元十八年(382)派遣大将吕光率领七万大军，攻破龟兹，强取鸠摩罗什。吕光攻灭龟兹回来路上，秦王苻坚因淝水之战挫败，被宰相姚苌杀而代之，史称姚秦或后秦。吕光见苻坚被杀，就留住凉州称王，鸠摩罗什也被滞留凉州十多年。后秦弘始三年(401)，后秦王姚兴派遣使臣把鸠摩罗什迎请到长安，奉为国师，鸠摩罗什来长安之前，曾在凉州滞居多年，所以他精通汉语。鸠摩罗什向姚兴

① （梁）慧皎：《高僧传》卷二，《大正藏》第50册，第333页上。

表示想翻译佛经，弘扬佛法，姚兴就在长安大寺中组织国立译场，选拔六百多名僧侣协助鸠摩罗什译经。在这些人中，最著名的如道生、僧肇、道融、僧睿等，被后人称为"什门四圣"，此外还有"八贤""十哲"等，可谓人才济济。鸠摩罗什深通佛理，又精通汉、梵两种文字，组织译出的佛经，既能准确表达梵文原意，又能做到行文流畅，字句优雅，令人无不信服赞赏。经十多年努力，鸠摩罗什译场共译佛经三百多卷。这是中国历史上第一次大规模翻译外国经书，鸠摩罗什所译经典影响很大，他翻译的很多经典后来分别成了三论宗、成实宗、天台宗、净土宗所依据的主要经典。在译经的同时，鸠摩罗什还常在大寺讲解佛经，姚兴及朝臣、沙门经常肃容观听，"公卿以下莫不钦附，沙门自远而至者五千余人"。[1]弘始十五年（413），鸠摩罗什圆寂，葬草堂寺，他的舍利塔保存至今。

佛陀耶舍，罽宾人，婆罗门种姓，自幼出家，在西域影响很大，鸠摩罗什曾向他学习过《十诵律》，但后来匆匆而别。佛陀耶舍对鸠摩罗什一见倾心，别后一直寻找鸠摩罗什的下落，鸠摩罗什也对佛陀耶舍非常推崇，多次向姚兴推荐佛陀耶舍。后来，听说鸠摩罗什到了长安，佛陀耶舍也来到长安，相互之间，亦师亦友，一直协助鸠摩罗什翻译佛经，在鸠摩罗什翻译佛经的过程中，发挥了重要作用，《十诵律》就是他们合作翻译的经典之一。

昙摩流支，意译就是"法乐"，西域人，自动弃家入道，因为精于戒律而闻名域外。弘始七年秋，昙摩流支来到关中。当初因为弗若多罗在诵出《十诵律》过程中病亡，致使翻译工作暂停。庐山慧远听说昙摩流支精于律藏，而且还带着《十诵律》的梵文本，大喜过望，赶紧给昙摩流支写信，恳请他帮助完成《十诵律》的翻译工作。秦主姚兴也敦请昙摩流支帮助翻译《十诵律》，他欣然同意与鸠摩罗什合作，最终完成了《十诵律》的翻译工作。昙摩流支常住长安大寺，慧观法师曾经邀请他去南方弘法。他说，

① （梁）慧皎：《高僧传》卷二，《大正藏》第 50 册，第 330 页上—333 页上。

印度佛教戒律向中国的输入

那地方已经有人弘法利生就够了，我应当去没人弘法的地方施行教化，然后就出去云游，后来不知所终。

一部汉文《十诵律》前后有庐山慧远、弗若多罗、鸠摩罗什、佛陀耶舍、昙摩流支等五六位大师级人物为之付出了心血才得以面世，中间几经曲折，两位大师未竟而终，可见其诞生非常曲折艰难。

2. 一枝独秀的《四分律》

1) 随缘结集　精研科判

《四分律》又称为《昙无德律》，原来是印度上座部系统中昙无德部(又称法藏部)所传的戒律，昙无德是法藏部的始祖，又叫法正尊者。在释迦牟尼入灭百年之后，法正尊者将上座部律藏进行整理编辑，四度结集，分成四夹，所以称为"四分律"。

《四分律》全书的内容共分为四部分：

初分，包括比丘二百五十条戒律条目，共二十卷；二分，包括比丘尼三百四十八条戒律条目及受戒、说戒、安居、自恣(上)等四捷度，共十五卷；三分，包括自恣(下)、皮革、衣、药、迦絺那衣、拘睒弥、瞻波、呵责、人、覆藏、遮、破僧、灭诤、比丘尼、法等十五捷度，共十四卷；四分，包括房舍捷度、杂捷度及五百集法、七百集法、调部毗尼、毗尼增一，共十一卷。

从四分各自的内容来看，并不是按照文义来分为四类，只是根据结集时每够一夹时就定为一分。比如"自恣"捷度就是一个整体性的制度，但却被分开放在二分和三分之中。

四分律传译后，中国的律学家根据四分律的内容和内在逻辑关系，对各部分内容重新进行了科判分类，如法砺的《四分律疏》卷二认为，《四分律》的内容分为序、正宗、流通三分：序分包括劝信序和发起序。正宗分包含两部戒，即比丘戒二百五十条，比丘尼戒三百四十八条。这些内容主要是从身、口、意三个方面对出家比丘、比丘尼的修行及日常衣食坐卧规定了详细的戒条，并对违犯者定出惩罚制度，重者逐出僧团，轻者剥夺一定时期的僧籍并责令向僧众忏悔等，正宗分还包含二十揵度(有受戒、说戒、安居、自恣、皮革、衣、药、迦希那衣、拘炎弥、瞻波、呵责、人、覆藏、遮、破僧、灭争、比丘尼、法、房舍、杂等)。流通分包含五百结集、七百结集、调部和毗尼增一等，这部分主要是规定了僧团的日常管理制度。

2) 侠义高僧　佛陀耶舍

佛陀耶舍是《四分律》的译主。前面说过，佛陀耶舍不仅协助鸠摩罗什翻译了《十诵律》等重要经典，他自己又译出了《四分律》，可见他对中国佛教的发展也是居功至伟，但这一切，却只是缘起于他和鸠摩罗什不朽的友情。据《高僧传》记载，佛陀耶舍的一生非常传奇，他也是一位具有侠肝义胆的高僧。佛陀耶舍是罽宾人，出身于婆罗门贵族，他家祖上世代都信仰婆罗门教。有一天，一位僧人来他家门口化缘，他父亲看到僧人很愤怒，让仆人把僧人暴揍了一顿，自此之后他父亲的手和脚就开始痉挛，不听使唤了。他家人就去问巫师是什么原因，巫师说他父亲无故冒犯贤人，引起鬼神愤怒才成了这样。他家就赶紧把那个僧人请到家里来做了诚恳的忏悔，不久之后，他父亲的病就好了。他父亲对此很是震惊，就让他跟随这个僧人出家为僧。当时佛陀耶舍只有十三岁，经常跟随师父到处远游。有一次，师徒二人在旷野上碰到了一只老虎，他师父说赶紧躲避一下，佛陀耶舍却不紧不慢地说，这只老虎已经吃饱了，不会伤人的。刚说完，那只老虎就走开了，他们继续前行，果然看到了老虎吃过猎物的残渣，他的师父心里暗暗觉得这个徒弟不一般。到了十五岁时，佛陀耶舍每天能背诵两三万偈颂佛经，到十九岁时已经能背诵几百万字的佛经了。有一个罗汉很看重他，为了不耽搁他背诵佛经，坚持每天给他供饭。他常常显得有些自以为是，所以大家对他也并不看重。但是他又特别会说笑话，所以大家也不记恨他。他就这样一直做沙弥，到二十七岁才正式受具足戒。

后来佛陀耶舍来到沙勒国，碰上国王发愿供僧三千，他也就跟着去了。当时的太子达摩弗多看见佛陀耶舍容服端雅，就问了他几个问题，他回答得很好，太子听了很喜欢，就把他留在宫中供养，待遇隆厚。在此期间，鸠摩罗什也来印度学习佛法，受到太子的供养和优待。佛陀耶舍在这里遇见了鸠摩罗什，鸠摩罗什还跟他学习了《佛教戒律》，他们两人非常投缘，相互非常敬重。后来鸠摩罗什跟着他母亲回龟兹国了，佛陀耶舍仍然留在沙勒国。

佛陀耶舍

不久，吕光带兵攻破了龟兹国，同时掠走了鸠摩罗什，佛陀耶舍听说后感叹说，我和鸠摩罗什虽然相处了一段时间，但感觉还没有尽兴，这一走不知道什么时候再能见到呢。之后，他一直打听鸠摩罗什的下落，如此过了十多年，他听说鸠摩罗什在凉州，就要去凉州见鸠摩罗什，沙勒国王不让他走，他就自己偷偷跑掉了。等他到了凉州，鸠摩罗什已经被请到长安了。鸠摩罗什听说佛陀耶舍到了凉州，就让姚兴请他到长安来，姚兴没有答应。后来姚兴让鸠摩罗什翻译佛经，鸠摩罗什又提出请佛陀耶舍来帮助自己翻译，并且说："夫弘宣法教，宜令文义圆通，贫道虽诵其文，未善其理，唯佛陀耶舍深达幽致。"[1]鸠摩罗什的意思是佛陀耶舍比自己强多了。由此可见鸠摩罗什对佛陀耶舍是极为推崇，他们两个可谓是惺惺相惜。这次姚兴欣然同意，派遣使者带着厚礼去凉州请佛陀耶舍。佛陀耶舍见到使者说，国主重礼来请，我应当赶紧去，但没见到鸠摩罗什的信，我还是

① （梁）慧皎：《高僧传》卷二，《大正藏》第 50 册，第 333 页下。

不能去。姚兴觉得这个和尚真够义气，就让鸠摩罗什写信再请了一次，他才来到长安。此后姚兴非常重视佛陀耶舍，给他赏赐了很多东西，但他一概不要。他的到来对鸠摩罗什翻译佛经发挥了非常重要的作用，鸠摩罗什在翻译过程中遇到的很多难题都是同他商量解决的。

因为佛陀耶舍长着赤色胡须，又善于讲毗婆沙，所以当时人们叫他"赤髭毗婆沙"。听说佛陀耶舍能背诵《四分律》，司隶校尉姚爽想让他背诵翻译出来，但姚兴怀疑他是否真的能背诵那么多东西，就让他先背诵五万字的羌籍药方，过几天再背一遍，两者对照，竟然一字不差，这才让姚兴彻底信服。然后，在弘始十二年(4 日)翻译出了整部《四分律》。弘始十五年(413)，鸠摩罗什圆寂后，佛陀耶舍也就不想再留在长安了，请辞归国，姚兴挽留不住，就给他非常丰厚的赏赐，但是他把这些赏赐都分散给了周围的僧众，自己轻身而去。后来，他到达罽宾后，得到了一卷《虚空藏经》，还让商人带回汉地，此后不知所终。

3) 一枝独秀　戒律宗经

《四分律》是后秦佛陀耶舍与竺佛念合作翻译的，共 60 卷。佛陀耶舍译出本书后，不久就返回罽宾，并未进一步弘扬《四分律》。当时研习戒律的人大多以《十诵律》为重点，此后六十年间，《四分律》在中国佛教界影响较小。直到北魏文帝时期，居于五台山的法聪律师开始讲述《四分律》，此后他的弟子慧光开始弘传《四分律》，慧光的弟子道覆又撰写了《四分律疏》六卷，这才逐渐引起佛教界的重视。法聪之后，有慧光、智首等高僧大德继续提倡和研习《四分律》，智首的弟子道宣律师最终成为研习《四分律》的集大成者，并创立了南山律宗。除南山宗外，同时代另有法砺创立相部宗、怀素创立东塔宗，并称《四分律》的三宗。为了统一全国僧制，唐中宗时又明令禁用《四分律》之外的其他戒律，从此之后《四分律》在南北各地通行，在各部大律中呈现一枝独秀的态势，成为中国佛教中最有影响的佛教戒律。直至现代，汉地佛教僧尼受戒持戒时仍然以《四分律》为准。

印度佛教戒律向中国的输入

3. 别具一格的《僧祇律》

1) 部派因缘分　持律各不同

《摩诃僧祇律》中的"摩诃僧祇"就是"大众"的意思。佛教最早分裂为两个部派，一个是"上座部"，一个是"大众部"。顾名思义，《摩诃僧祇律》就是佛教大众部的戒律。据《法显传》中记载，这部律是大众部所奉行的戒律，成文于五部律分裂之前。佛教第一次发生分裂是在佛陀寂灭百年之后，因为西方上座部的僧人发现东方僧人在一些细小的行为上没有严格遵守戒律，比如化缘时能不能接受金钱，平时能不能储存一点盐巴等，双方因此展开了一场大辩论，辩论不仅没有解决问题，反而引起双方分歧进一步扩大，最终导致双方分裂。西方僧众是以上座僧众为主，他们主张严格遵守任何一种戒律，他们形成了"上座部"。东方僧众是以普通大多数僧众为主，他们认为有些小小戒可以因地制宜，有所变通，他们形成了"大众部"，重新结集了属于自己的戒律，戒律中开许僧众化缘时可以接受金钱等问题。《摩诃僧祇律》就是大众部所持的佛教戒律，其内容与其他来自上座部的各部戒律的差异稍大一些。

《摩诃僧祇律》全书分为比丘戒法和比丘尼戒法两大部分。卷一至卷三十五为比丘戒法，列举比丘戒二百一十八条，杂诵跋渠法一百一十三条，威仪法五十条；卷三十六至卷四十为比丘尼戒法，列举比丘尼戒二百七十七条，杂跋渠法三十四条。这部律是大众部所奉持的戒律，所以其中多处含有大乘佛教经意，是大乘佛教说法的萌芽。在解释中有五十三处引用《本生经》为其显著特点。另外《僧祇律》中还引用《沙门果经》和《中阿含经》等，可见这部律结集成文的时间较晚。在各个方面，本律比其他各律能宽松一些。总之，《僧祇律》不管是内容还是结构上与其他各部律相比，还是别具一格的。

早在三国魏嘉平二年(250)，有昙柯迦罗在洛阳白马寺译出《僧祇戒本》一卷。东晋咸康中又有僧建在月支国得到《僧祇尼羯磨》及其《戒本》，于升平元年(357)在洛阳译出,但这些译本都已佚失不见。这是最早有关零星翻译《僧祇律》的记载。完整的《摩诃僧祇律》是中国僧人法显于隆安三年(399)去中印度抄得的《摩诃僧祇律》梵本,回国后于义熙十四年(418)与佛陀跋陀罗共同译出。

2) 西天取经人 法显最先行

法显本姓龚,他有三个哥哥都在童年夭亡,他的父母担心他也夭折,在他才三岁的时候,就送他到佛寺当了小和尚。十岁时,父亲去世。他的叔父考虑到他的母亲寡居生活,便要他还俗。法显这时已对佛教形成了非常虔诚的信仰,他对叔父说:"本不以有父而出家也,正欲远尘离俗,故入道耳。"①他的叔父也就没有勉强他。不久,他的母亲也去世了,他回去办理完丧事后仍旧回到寺院。二十岁时,法显受了大戒,他对佛教信仰之心更加坚贞,行为更加严谨,当时就有"志行明敏,仪轨整肃"的称誉。

法显性情纯厚,还是小沙弥的他与同伴数十人在田中割稻,有一天遇到了一些穷人来抢夺他们的粮食,其他沙弥吓得争相奔逃,只有法显一人站着没动。他对那些抢粮食的人说:"若欲须谷,随意所取。但君等昔不布施,故致饥贫,今复夺人,恐来世弥甚,贫道预为君忧耳。"②意思是你们如果需要粮食,就随意拿吧。只是你们现在这样贫穷,正因为过去不布施所致,如果现在还抢夺他人粮食,恐怕来世会更穷。我真为你们担忧啊!说完,他从容还寺,而那些抢粮的人竟被他说服,弃粮而去,这件事使寺中僧众数百人对他非常叹服。

法显法师

---

① (梁)慧皎:《高僧传》卷三,《大正藏》第 50 册,第 337 页中。
② (梁)慧皎:《高僧传》卷三,《大正藏》第 50 册,第 337 页中。

印度佛教戒律向中国的输入

东晋隆安三年(399)，六十五岁的法显深切地感受到，当时佛经的翻译远远赶不上佛教大发展的需要，特别是由于戒律经典的缺乏，使广大佛教徒无法可循，无律可遵，以致于上层僧侣穷奢极欲，无恶不作。为了维护佛教正法永驻，矫正时弊，年近古稀的法显毅然决定西赴天竺，寻求佛教戒律。

这年春天，法显同慧景、道整、慧应、慧嵬等五人一起，从长安起身，向西进发，开始了漫长而艰苦卓绝的求法之旅。第二年，他们到达甘肃张掖，遇到了智严、慧简、僧绍、宝云、僧景五人，组成了十个人的"巡礼团"，后来，又增加了一个慧达，总共十一个人。"巡礼团"西进至敦煌，得到太守李浩的资助，西出阳关，准备穿越白龙堆大沙漠。法显等五人随使者先行，智严、宝云等人在后。白龙堆沙漠气候非常干燥，不时有热风流沙，穿越者往往会被流沙埋没而丧命。法显后来在他的《佛国记》中描写这里的情景说："上无飞鸟，下无走兽，遍望极目，欲求度处，则莫知所拟，唯以死人枯骨为标帜耳。"他们冒着生命危险勇往直前，走了十七个昼夜，行程一千五百里，终于渡过了"沙河"。

接着，他们又经过鄯善国(今新疆若羌)到了焉夷国(今新疆焉耆)。他们在焉夷国住了两个多月，宝云等人也赶到了。当时，由于焉夷国信奉的是小乘佛教，法显一行属于大乘教，所以他们在焉夷国受到了冷遇，连食宿都无着落。不得已，智严、慧简、慧嵬三人返回高昌(新疆吐鲁番)筹措行资。僧绍随着西域僧人去了罽宾(在今克什米尔)。法显等七人得到了前秦皇族苻公孙的资助，又开始向西南进发，穿越塔克拉玛大沙漠。塔克拉玛大沙漠地处塔里木盆地中心，这里异常干旱，昼夜温差极大，气候变化无常。行人至此，艰辛无比。正如法显所述："行路中无居民，沙行艰难，所经之苦，人理莫比。"[1]法显一行走了一个月零五天，总算平安地走出了这个"进去出不来"的大沙漠，到达了于阗国(今新疆和田)。

---

[1] (晋)法显：《高僧法显传》，《大正藏》第 51 册，第 857 页中。

于阗是当时西域佛教的一大中心，他们在这里观看了佛教"行像"仪式，住了三个月。接着继续前进，经过子合国，翻过葱岭，渡过新头河到了那竭国。法显和慧应、宝云、僧景等人则经宿呵多国、犍陀卫国而到了弗楼沙国(今巴基斯坦白沙瓦)。慧景到那竭国后病了，道整陪他暂住，慧达一个人去到弗楼沙国与法显他们会面。弗楼沙国是北天竺的佛教中心，慧达、宝云和僧景在这里了参访了佛迹以后便返回了中国，慧应在这里的佛钵寺病逝。

法显独自一人去了那竭国，与慧景、道整会合，三人一起南度小雪山(即阿富汗的苏纳曼山)。这山也是冬夏积雪，三人爬到山的北部阴坡，突然遇到寒风骤起，慧景受不住寒流的袭击被冻死了。法显抚摸着慧景的尸体，无限感慨地大哭一场，然后他与道整奋然前行，翻过小雪山，到达罗夷国。又经跋那国，再渡新头河，到达毗荼国。接着走过了摩头罗国，渡过了蒲那河，进入中天竺境。法显和道整用了四年多时间，周游中天竺，巡礼佛教故迹。

晋元兴三年(404)，他们来到了佛教的发祥地——拘萨罗国舍卫城的祇洹精舍，传说释迦牟尼佛生前在这里居住和说法的时间最长。这里的僧人对法显不远万里来此求法，深表钦佩。《佛国记》载："彼众僧叹曰：奇哉，边地之人乃能求法至此。自相谓言：我等诸师和上相承，未见汉道人来到此地也。"由此可见，法显他们是最早到达这里的中国僧人。这一年，法显还参访了释迦牟尼的诞生地——迦维罗卫城。

晋义熙元年(405)，法显走到了佛教极其兴盛的达摩竭提国巴连弗邑。他在这里学习梵书梵语，抄写经律，收集了《摩诃僧祇律》《萨婆多部钞律》《杂阿毗昙心》《方等般泥洹经》《綖经》《摩诃僧祇阿毗昙》等六部佛教经典，在这里一共住了三年。道整在巴连弗邑十分仰慕人家有沙门法则和众僧威仪，追叹故乡僧律残缺，发誓留住这里不回国了，而法显一心想着将戒律传回祖国，便一个人继续前行。他周游了南天竺和东天竺，又在恒河三角洲的多摩梨帝国(印度泰姆鲁克)写经画佛像，住了两年。

东晋义熙五年(409)年底，法显离开多摩梨，搭乘商船，纵渡孟加拉湾，到达了师子国(今斯里兰卡)。他在师子国住在王城的无畏山精舍，求得了《弥沙塞五分律》《长阿含经》《杂阿含经》以及《杂藏》等四部经典。至此，法显身入异域已经十二年了。他经常思念遥远的祖国，有一次，他在无畏山精舍看到商人以一把中国的白绢团扇供佛，触物伤情，不觉潜然泪下。

法显崂山登陆纪念碑

东晋义熙七年(411)八月，法显完成了取经求法的任务，坐上商人的大船，从海路东归。船行不久，遇到暴风，船破水入，幸亏遇到了一个小岛，大家及时补好漏处继续前行。就这样，在海上危难艰险地漂泊了一百多天，到达了耶婆提国(今印度尼西亚的苏门答腊岛)。法显在这里住了五个月，又转乘另一条商船向广州进发，不料行程中又遇大风，船失方向，随风漂流。正在船上粮水将尽之时，忽然到了岸边，法显上岸询问猎人，才知道这里是青州长广郡(今山东即墨)的崂山。青州长广郡太守李嶷听到法显从海外取经归来的消息，立即亲自赶到海边迎接。这时已经是东晋义熙八年(412)七月十四日。法显65岁出游，前后共走了三十余国，历经十三年，回到中国时已经七十八岁了。在这十三年中，法显跋山涉水，经历了人们难以想象的艰辛，正如他后来所说的："顾寻所经，不觉心动汗流。"[①]

法显在山东半岛登陆后，随即经彭城、京口(江苏镇江)，到达建康(今南京)。他在建康道场寺住了五年后，又来到荆州(湖北江陵)辛寺，元熙二年(420)，终老于此，卒时八十六岁。

---

① (晋)法显：《高僧法显传》，《大正藏》第51册，第857页下。

法显在临终前的七年多时间里，一直紧张艰苦地进行着翻译经典的工作，共译出了经典六部六十三卷，共计一万多言。在抓紧译经的同时，法显还将自己西行取经的见闻写成了一部不朽的世界名著——《佛国记》。《佛国记》全文九千五百多字，别名有《法显行传》《法显传》等。这部游记不仅是一部传记文学的杰作，而且是一部重要的历史文献，是研究当时西域和印度历史极为重要的史料，在世界学术史上占据着重要的地位。

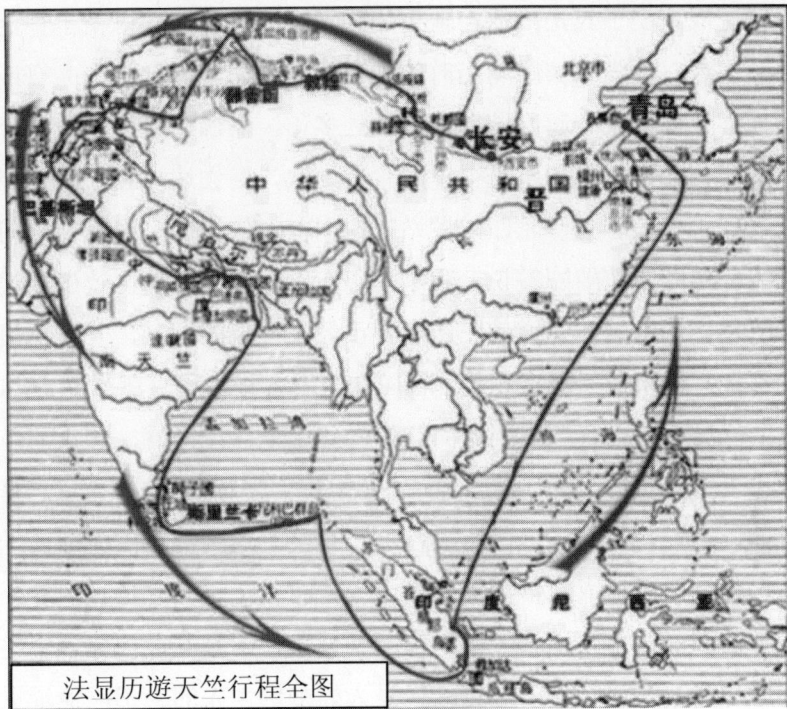

法显历遊天竺行程全图

法显法师西行求法路线图

在法显翻译的佛经中，最重要的当属他和佛陀跋陀罗共同翻译的《摩诃僧祇律》，这也是他西行取经最重要的目的，夙愿最终得以实现。法显翻译的《摩诃僧祇律》也叫大众律，为五大佛教戒律之一，对后来的中国佛教界产生了深远的影响。帮助法显翻译《摩诃僧祇律》的佛陀跋陀罗也是当时赫赫有名的圣僧。

3) 天竺圣僧至，共译僧祇律

佛陀跋陀罗，意译"觉贤"。他是来自天竺的一位高僧，据《高僧传》卷二记载，佛陀跋陀罗是释迦族甘露饭王的后裔，即和释迦牟尼是同宗同族，最早住劫比罗伐窣堵，后因他祖父在北天竺一带经商，才迁居出来。佛陀跋陀罗五岁时，父母相继病故，寄养于舅家。佛陀跋陀罗十七岁出家，在诵经时显出异常的聪明，其他人需要一个月才能完成的功课，他只需一天就可以完成。受了具足戒后，他更加勤学，博通经典，以精于禅定和戒律出名。后来，他去罽宾跟随当时的大禅师佛大先学习禅法，大有所得。他曾与同学僧伽达多一起同游罽宾，相处多年，僧伽达多虽然很敬佩佛陀跋陀罗的才智，但对他还不是很了解。有一次，僧伽达多在一间封闭的密室中关着门坐禅，忽见佛陀跋陀罗站在他面前，僧伽达多很吃惊地问：你从哪里来？佛陀跋陀罗回答说：我刚去了兜率天，向弥勒佛致敬。说完便不见了。僧伽达多这才知道佛陀跋陀罗已经是证果的罗汉，一般人很难测知他的深浅，后来他又屡次见到了佛陀跋陀罗各种神秘莫测的能力。

有一位汉地僧人智严来到罽宾，他看到这里佛法兴盛，法众清净，就感叹说："我诸同辈，斯有道志，而不遇真匠，发悟莫由。"[1]意思是我和我汉地的同辈们，虽有学道的志向，但一直没有遇到真正的大师，无从学起。智严就询问当地人，谁能够到东土去传布教化。大家都说，有个叫佛陀跋陀罗的和尚，出生于天竺国的那呵利城，他的家庭世代尊崇佛学，他在童年时出家，又通解佛学经论，又是大禅师佛大先的弟子，他最适合到汉地去弘法。智严就再三邀请佛陀跋陀罗，佛陀跋陀罗很同情智严的苦心，同时自己也想外出游历，观览各地风俗，弘扬佛法，就答应了他，于是他们就辞别众人和师父，带着干粮出发了。

他们在路上走了三年，历经千难万苦，跨过帕米尔高原和喀喇昆仑山脉，途经六个国家，这六个国家的国王们很敬重佛陀跋陀罗到远方传布教化的行

---

[1] （梁）慧皎：《高僧传》卷二，《大正藏》第50册，第334页中。

为，都倾心资助他。佛陀跋陀罗来到交趾(今越南)，便搭上船，沿海岸而行，途经一个小岛，佛陀跋陀罗指着小岛说：可以在此停船。船主说，遇到顺风要抓紧时间赶路，不能停船。向前走了二百余里，忽然风向转了，刮起顶头风，又将船吹回那个小岛，众人这才知道佛陀跋陀罗的神异，不论干什么事都听他的。后来又刮顺风，同行的几条船都要起航，佛陀跋陀罗说：不能起航。船主就没有起航，随即先走的那几条船都沉没了。后来在一天夜里，佛陀跋陀罗忽然说要所有的船立即出发，没有人肯听他的，佛陀跋陀罗自己去收起缆绳，就他这一条船独自走了，过了一会儿，来了一群海盗抢劫，把那些人都杀害了。

佛陀跋陀罗来到青州东莱郡，听说鸠摩罗什在长安，就又来到长安。鸠摩罗什见到他非常高兴，二人常常一起讨论法相宗，多有感悟和收益。鸠摩罗什研究佛经，每有疑难问题，都要和佛陀跋陀罗商量。他们曾有一次很有意思的对话，佛陀跋陀罗对鸠摩罗什说："君所释不出人意，而致高名何耶。"鸠摩罗什说："吾年老故尔，何必能称美谈。"①佛陀跋陀罗的意思是说鸠摩罗什你对佛经的释义，都在常理之中，怎么会有那么大的名气呢？鸠摩罗什回答的也很有意思：也许只是因为我年老的缘故吧，哪有什么美名呢。由此可见他的佛学水平的确不在罗什之下，但在为人处世方面可能另当别论。

后秦姚兴崇信佛法，供养了三千多名僧人，这些僧人往来于宫廷，常参与尘世之事，唯有佛陀跋陀罗安于清静，与众人不同。一次，佛陀跋陀罗对弟子说：我昨天看见，在我的家乡有五只船出发到中国来。弟子把他的话传给了外人，关中的僧人们听说后，认为佛陀跋陀罗是为了显示自己的神异而迷惑众人。佛陀跋陀罗有一个弟子吹牛说自己已经证得了罗汉果，一时流言四起。僧官僧䂮、道恒等人认为佛陀跋陀罗和他的弟子妖言惑众，就把他撵出了长安城。他走的时候，神志从容，完全没有悲戚之色，许多真心识知佛教的人都很惋惜，有上千的僧侣和百姓来给他送行。后秦王姚

① (梁)慧皎：《高僧传》卷二，《大正藏》第50册，第334页中。

兴听说佛陀跋陀罗离开了长安也很舍不得，对僧官道恒说：佛陀跋陀罗协道来游，欲宣扬佛教，用心良苦，怎么能因为一句话没有说好，就将他撵走，使众人失去了导师。然后就派人前去追赶，佛陀跋陀罗对赶来的使者说："我诚知圣上的恩旨，但不能从命。于是带领自己的徒众，连夜赶路往庐山去了。

庐山高僧慧远，早就钦服佛陀跋陀罗的名望，听说佛陀跋陀罗来了，高兴的就像是来了老朋友。慧远认为佛陀跋陀罗因为徒弟的过失，致使遭人排斥，至于天竺国来船一事还没有定论，而且也不违反戒律，因此慧远派弟子昙邕给姚兴和关中的僧人写信，为佛陀跋陀罗说情。佛陀跋陀罗在庐山住了一年多，又西行来到江陵，遇到五艘外国船，上前询问，果然是从天竺国来的，出发的时间正是佛陀跋陀罗所说的时间。这件事情很快传开，于是全江陵的士人、百姓都向佛陀跋陀罗礼拜，并有很多布施，佛陀跋陀罗却没有接受，还是拿着他的食钵到处化缘乞食。

当时陈郡袁豹，担任南朝宋武帝太尉府的长史，佛陀跋陀罗带着弟子到袁豹家化缘乞食。袁豹平素不信佛法，招待的很不好，佛陀跋陀罗他们都没有吃饱，便要告辞了。袁豹说：你们好像没有吃饱，请再吃一点吧。佛陀跋陀罗说：施主的布施之心有限，准备的斋饭已经没有了。袁豹让手下的人添饭，但斋饭确实没有了，袁豹感到很惭愧。袁豹问佛陀跋陀罗的弟子慧观，佛陀跋陀罗到底是一个什么样的人。慧观说，他德量高远，不是凡人所能认识到的。袁豹深叹佛陀跋陀罗的卓异不凡，就把他举荐给太尉，太尉对佛陀跋陀罗非常崇敬，回京都时请佛陀跋陀罗同行，佛陀跋陀罗就随太尉到京城后住在道场寺。先前，有僧人支法领在于阗国得到一部梵文本《华严经》，没有翻译。到东晋义熙十四年(418)，吴郡内史孟凯、右卫将军褚叔度等人请佛陀跋陀罗翻译《华严经》，佛陀跋陀罗便与法业、慧严等一百余人，在道场寺将这部《华严经》译出，所以道场寺又有华严堂之称。佛陀跋陀罗曾先后译出《观佛三昧海》六卷，《泥洹》及《修行方便论》等共十五部，一百一十七卷，这些译著都能够全面反映原著的内容，妙尽文意。佛陀跋陀罗于南朝宋元嘉六年(429)去世，终年七十一岁。

法显法师带着强烈的使命感历尽千辛万苦，九死一生，前往天竺求到梵文律本，因此一回到中国，他便考虑尽快将所带来的律典翻译出来。他回国前的第一个目标肯定是回到长安，但由于当时登岸之处归东晋管辖，这一目标的实现当然有难度。既然无法前往长安，而且当时鸠摩罗什已经去世，佛陀跋陀罗也离开了，长安佛教界逐渐呈现出分崩离析的局面，开始走下坡路了，在长安翻译律典的困难越来越大。而在南方，慧远所在的庐山正逐渐成为南方佛教的中心，而且佛陀跋陀罗的僧团也在庐山，各方面条件比长安好一些。因翻译经典是件难度很大的事情，法显自觉以一己之力无法完成这一重任，而佛陀跋陀罗僧团是帮助他完成这一心愿最合适的人选，于是与该僧团的合作就成为法显的首选。

经过庐山慧远的促成，佛陀跋陀罗最终愿意帮助法显完成《摩诃僧祇律》的翻译。法显与佛陀跋陀罗的合作是成功的，但双方的兴趣并不完全一致，法显最注重的是律典，而佛陀跋陀罗则更重视禅观，且兴趣更广泛，因此佛陀跋陀罗无法如法显之愿，将主要精力用于翻译律典，特别是在义熙十四年(418)三月以后，佛陀跋陀罗又倾心于翻译《华严经》，再也难以顾及法显翻译律典的心愿了，法显便只能独自来到江陵辛寺去完成自己未竟的心愿，一直到终老。

4. 沉寂落寞的《五分律》

1) 竺道生礼请　佛陀什译律

竺道生，八岁出家后，专心道业，研究经句和妙义后就能自己领悟到高深奥妙的含义。十五岁时，竺道生已经能够登坛讲法。他辩理明晰，议论合宜，当代的很多宿学名士，也不是他的辩论对手。到二十岁受具足戒时，他早已名闻遐迩了。竺道生认为"入道之要，慧解为本"，因此，他尽心尽力于钻研佛法，并博览各种经论。听说那里有高明的法师，即使万里之外，他也会不辞辛苦去求法。后来竺道生与慧严等同游长安，追随鸠摩罗什并拜他为师，关中的僧众只要见过竺道生的，没有不钦服他的英才秀杰。罗什门下有"四圣十哲"的尊称，竺道生就荣列其中。刘宋景平元年(423)，竺道生礼请罽宾律师佛陀什和于阗沙门智胜翻译法显在师子国所得的梵本《弥沙塞五分律》三十四卷，《比丘戒本》《羯磨》各一卷，对戒律的弘传贡献很大。

佛陀什是罽宾国人，从小在小乘佛教弥沙塞部学习经律，擅长禅法，但更精通律部。宋景平元年(423)七月到达扬州，京城的僧众听说佛陀什精于《五分律》，就恳请他来完成法显法师的遗愿，完成《五分律》的翻译。当年冬天十一月份，众缘集于龙光寺，由佛陀什执梵本，于阗国沙门智胜翻译，释慧严一起执笔参正，最终完成了《五分律》的翻译。

2) 五分律译出　释法显愿遂

《五分律》又名《弥沙塞部和醯五分律》《弥沙塞部五分律》《弥沙塞律》等，是佛教五部大律之一。《五分律》全书共三十卷，由五分组成，所以称为"五分律"。这部戒律是部派佛教时期弥沙塞部所传的律藏。其主要内容包括：

初分，卷一至卷十，是比丘戒法，包括四波罗夷法、十三僧残法、二不定法、三十舍堕法、九十一堕法、四悔过法、百众学法、七灭净法等，共二百五十一戒。第二分，卷十一至卷十四，是比丘尼戒法，包括八波罗夷法、十七僧残法、三十舍堕法、二〇七堕法、八悔过法、百众学法等，共三百七十戒。第三分，卷十五至卷二十二，包括受戒法、布萨法、安居法、自恣法、衣法、皮革法、药法、食法、迦絺那衣法。第四分，卷二十三至卷二十四，包括灭净法、羯磨法。第五分，卷二十五至卷三十，包括破僧法、卧具法、杂法、威仪法、遮布萨法、别住法、调伏法、比丘尼法、五百集法、七百集法等。

将《五分律》与《四分律》对比可知，《五分律》的第一分为比丘戒法，第二分为比丘尼戒法，这和《四分律》内容结构完全一致。自第三分的受戒法至第五分之比丘尼法等十九法即为捷度品，在僧中所行之仪式行事、羯磨，乃至日常之衣食住等规律制条，作分类解说。近世学者对巴利语南传佛教的律藏与汉译各个律藏进行比较研究后，一致认为《五分律》与南传佛教的巴利律藏最相似，《五分律》在我国一直流传不广。此外，与此相关的还有佛陀什翻译的《弥沙塞五分戒本》一卷；梁代建初寺的明徽翻译了《五分比丘尼戒本》一卷；唐朝开业寺爱同有《弥沙塞羯磨本》一卷。

　　《五分律》的梵本是法显法师当年在于师子国亲手抄回来的，佛陀跋陀罗帮助法显翻译完《僧祇律》之后便去翻译他更喜欢的《华严经》了，法显法师无力独自完成《五分律》的翻译工作，只好留下梵本等待机缘再翻译。到了刘宋景平元年(423)，罽宾国化地部律师佛陀什来到中国，竺道生请他诵出《五分律》，由于阗国僧人智胜、竺道生等翻译，汉地僧人慧严法师也参与了本次翻译活动。景平二年(424)十二月，《五分律》终于在法显法师离世四年后在建业(今南京)龙光寺译出。

　　3) 缘生不逢时　落寞五分律

　　其他各部律都曾在一段时期内或在某个区域内被推广或研究，但《五分律》翻译出来之后，并没有得到很好地弘扬，就是到后来律学非常兴盛的时期，也很少有人关注《五分律》，这在律学界也是一个比较奇特的现象。后来有人分析认为，可能是以下三个方面的原因造成的：第一，在《五分律》翻译出来时，已经有《十诵律》和《僧祇律》被翻译出来了，而且由于鸠摩罗什的影响力，他翻译的《十诵律》被他的弟子带到南方，迅速得到了推广和弘扬，很快就占领了佛教戒律南方的发展空间。相反，在南方翻译出来的《僧祇律》却被北方的佛教界接受和推崇，得到了充分的研究和推广，如此一来，生不逢时的《五分律》从一诞生就已经没有太大的弘扬空间；第二，每一部经典被翻译出来之后被社会认识、接纳到推广，都需要有得力的推广者，而《五分律》从出生之时就面临无人护持的局面，因为《五分律》的梵本是法显法师取回来的，但翻译时法显法师已经去世四年了，翻译者佛陀什也是被竺道生请求之后才被动翻译的，翻译完了就算工作结束了，所以他们都没有继续弘扬这部戒律的热情，《五分律》就这样被束之高阁了；第三，每一部大律翻译完之后，还需要有与他相对应的"论"来解释这部律，这样才能使刚接触它的人准确地把握这部经典，其他各部律都有自己的"论"被翻译出来，但《五分律》相对应的律论却一直没有被翻译出来，这就给理解《五分律》造成了更大的困难。以上几个方面的原因，最终导致了《五分律》始终没有在中国佛教史上发挥太大的作用，只是作为佛教戒律文献资料存在。

5. 回归印度的《根有律》

1) 义净三赴天竺　女皇顶礼示敬

一说起唐僧取经，人人都知道玄奘三藏法师前往天竺取经，历尽艰辛危难，取回大批佛经，对中国佛教贡献极大。但是大多数人都不知道唐朝到西天取经的唐三藏还有几个，不过玄奘法师因取经功绩彪炳，为皇室尊崇而为天下共知，尤其是文学作品《西游记》一书的广泛流传，使得玄奘法师为后世所熟知，其知名度远远超过了其他几位。其实还有一位唐三藏法师义净，往返天竺取经三次，返国后翻译了大量佛经，他的贡献也是非常之大，并且当时义净法师所受皇室的尊崇供奉，丝毫不亚于玄奘法师，但由于没有被写成《西游记》一类的小说，所以后世知道的人并不多。

义净法师在公元 671 年赴印取经，695 年返国，前后二十四年之久，三次赴南洋弘法，所译五十万颂佛经，对后世有巨大的影响。他撰写的游记《南海寄归传》中对唐朝时期的南洋情况有详实的纪述，是不可多得的重要历史文献。义净与玄奘以及东晋的法显法师都曾去印度取经，都曾翻译了重要经典，都撰写了重要的游记，是中国佛教史上三足鼎立的取经

三赴天竺求法的义净法师

译经的高僧。

义净七岁时，父母送他入齐州西南四十里的土窟寺，跟随善遇和慧智两位法师学习。善遇法师博学多能，精通佛经，对六艺、天文、地理、阴阳、历算等也有很深的研究。贞观二十年(646)，善遇法师去世后，义净就跟慧智禅师学习。慧智禅师研习《法华经》数十年，造诣极深。在他们的教导下，义净掌握了丰富的佛教文化知识，在佛学方面也打下了坚实的基础。贞观二十二年(648)，义净受具足戒，正式出家为僧。慧智见他天资聪颖，前途无量，遂劝他外出求学。

义净辞别土窟寺，来到佛教中心洛阳、长安。在东都洛阳，义净修习《对法》《摄论》等经论，佛学水平又有很大提高。但当时佛教各派纷争，观点歧异，典籍的记载与解释也互不统一，义净在学习过程中产生了各种疑问。为祛蔽解疑，义净决定赴印度取经求法。咸亨元年(670)，他在长安结识了并州的处一法师、莱州的弘祎法师，大家志同道合，相约共赴印度取经。当时中国通往印度的陆上"丝绸之路"因西域动乱而阻隔不通。相对而言，海路较为通畅，于是大家最后决定搭乘商船从海路赴印度求法。临行前，处一因母亲年事已高不忍离去，弘祎到江宁就不想去了。咸亨二年(671)秋，义净受到龚州冯孝诠的资助，决定搭乘波斯人商船前往，同行的人只有他的徒弟善行一人。

海船出广州后，经二十天左右，义净到达室利佛逝(今苏门答腊)。义净在这里居住了半年，学习外国语言和佛教音韵学。在此期间，唯一的同行弟子善行因病被迫回国，义净只能单独继续前行，在咸亨三年(672)六月到达马来半岛南端的末罗瑜国。由末罗瑜国再经羯荼国，到达裸人国，向西北行走半个月后到达耽摩立底。耽摩立底为东天竺的南界，义净在这里居住了一年有余，跟随僧人大乘灯学习梵语。耽摩立底虽距离中天竺的那烂陀寺不是很远，但沿途经常有强盗出没，很不安全。后来他们随同几百名商人结伴前往中天竺，不幸的是义净途中染病而无法前行，落在众人的后面，途中又遭遇了强盗打劫，受尽凌辱，几乎丧命。但义净还是坚持到底，赶上了大队伍，来到了朝思暮想的那烂陀寺。

　　到达那烂陀寺后，义净又北行至毗舍离国，再西北行至拘彝那竭，又西南行到波罗奈城东北的鹿野苑。此后又重回那烂陀寺，向著名僧人宝师子和智月等学习经典。义净在这里研究瑜伽、中观、因明、俱舍论等佛学，并进行佛教经典的翻译，同时考察印度佛教教规和社会习俗，前后十一年。垂拱元年(685)，义净乘船离开印度踏上了归国之路。垂拱三年(688)，他到达室利佛逝，停留二年多，专心从事翻译和著述。为了得到足够的纸和笔，在此期间他曾于永昌元年(689)随商船回到广州，得到贞固律师等人的帮助后，又于当年十一月返回室利佛逝。天授二年(691)，义净派遣大津法师将著作及新译的佛经送回国。

　　义净师徒五人在室利佛逝国弘法及译经三年来，一直受到当地华裔国王的供养，义净在此译经取得了成就。天授二年(691)，大唐另一位三藏法师大津和尚也沿着海路前往天竺朝拜佛迹和学习佛法。归国时途经室利佛逝，义净迎接大津法师到国王宫中供养，并委托大津法师顺道携带他的著作和译经回国，呈献给朝廷。其中包括《南海寄归内法传》四卷、《大唐西域求法高僧传》两卷，译经有龙树菩萨著的《劝戒王颂》《赞佛一百五十颂》《无常经》《杂经论》等，女皇武则天对此非常高兴。

　　则天证圣元年(695)夏天，义净、贞固、道弘三位法师从室利佛逝返抵广州，贞固法师与道弘法师受广州将军冯孝诠挽留供奉，留居于光孝寺弘法。义净法师继续北上，五月底到达东京洛阳，带回梵文佛经四百部五十万颂，金刚座佛像一铺，佛舍利两百粒。则天皇帝敬重佛法，对义净的归国非常重视，御驾亲临洛阳城东门外十里恭迎义净三藏法师。洛阳全城僧俗两界数十万人，幢幡夹道，鼓乐香花，随驾恭迎义净法师取回的佛经。女皇武则天来到义净法师面前，亲身下拜顶礼，这是历代高僧未曾有过的殊遇，并赐予他"三藏"之号。这次迎接仪式盛况空前，比当年迎接玄奘法师取经回到长安时还要隆重。当时已经六十一岁的义净法师，被武则天尊为大唐国师，恭迎到佛授寺供养及译经。武则天在位二十余年，佛教大兴，义净法师，功不可没。此后，义净先后在洛阳大福先寺、西京长安西明寺、长安荐福寺等寺院翻译佛经。先天二年(713)正月，义净在长安荐福寺译经院圆寂，享年七十九岁，葬于洛阳北原上，建有灵塔。乾元元年(758)，以塔为中心，又建立了金光明寺。唐武宗灭佛时，金光明寺被彻底捣毁，义净三藏的舍利也下落不明。

义净三藏一生从事佛事活动，特别在译经和著述方面花费了大量心血。他的译经活动大致可以分为三个阶段，第一阶段自入抵印度那烂陀寺至室利佛逝返国前，他试译了《根本说一切有部毗奈耶颂》《一百五十赞佛颂》。第二阶段是回国后至主持译场之前，主要是整理原来的译著，并参加于阗三藏实又难陀法师主持的《华严经》的翻译。第三阶段，在则天久视元年(700)以后义净主持译场，亲自翻译佛经，先后在洛阳、长安各寺译出的佛经有几百卷之多。义净的翻译活动得到了朝廷和僧众的大力支持，在福先寺、西明寺翻译了《金光明最胜王》等二十部。译文经缮写后进呈朝廷，武则天十分高兴，亲制《圣教序》，对义净的功业大加称赞。中宗神龙元年(705)，义净在东都洛阳翻译《孔雀王经》，在大福先寺译《胜光天子》等经时，兵部侍郎崔湜、给事中卢粲润文正字，秘书监驸马都尉杨慎交监护。景云元年(710)，义净在大荐福寺译《浴象功德经》等二十余部佛经。景云二年(711)，在大荐福寺译《称赞如来功德神咒》等经时，太常卿薛崇嗣监护，中外名僧参加助译，朝廷名臣帮助润色，使翻译活动得以顺利进行。义净不仅精通梵文，又有在印度生活了十几年的经历，又经过试译、助译的实践锻炼，因此翻译起来得心应手。尽管如此，义净在翻译过程中依旧兢兢业业，一丝不苟。他坚持直译的风格，在原文下加注说明，订正译音译义，介绍产物制度，在语译方面，区分俗语雅语。因此，在总体上他继承了玄奘的翻译风格，但同时也有自己的独创之处，这一切使义净的译作达到了很高的水平。

除了在佛学和翻译方面的贡献外，义净在地理、外交方面也有很大功绩。他在归国途中逗留室利佛逝时，写出了《南海寄归内法传》《大唐西域

印度佛教戒律向中国的输入

求法高僧传》等著作，这些著作详细地记述了从中国前往印度求法僧人的真实情况，其中二十多人从吐蕃道去印度，三十多人经广州出海去印度，这样海陆两途的情况在书中都有清晰记录。

2) 宏大根有律　尽译毗奈耶

《根有律》，即《根本说一切有部毗奈耶》，是印度部派佛教上座部中"根本说一切有部"的大律。这是一部包含多种律书的佛教戒律文本，是由唐朝义净法师翻译成汉文的。它的汉文主体文本为《根本说一切有部毗奈耶》五十卷，此外，还有《根本说一切有部苾刍尼毗奈耶》二十卷、《根本说一切有部毗奈耶出家事》四卷、《根本说一切有部毗奈耶安居事》一卷、《根本说一切有部毗奈耶随意事》一卷、《根本说一切有部毗奈耶皮革事》二卷、《根本说一切有部毗奈耶药事》十八卷、《根本说一切有部毗奈耶羯耻那衣事》一卷、《根本说一切有部毗奈耶破僧事》二十卷、《根本说一切有部毗奈耶杂事》四十卷、《根本说一切有部毗奈耶那目得迦事》十卷、《根本说一切有部百一羯磨》十卷《根本说一切有部戒经》一卷、《根本说一切有部毗奈耶苾刍尼戒经》一卷、《根本说一切有部毗奈耶尼陀那目得迦摄颂》一卷、《根本说一切有部毗奈耶杂事摄颂》一卷、《根本萨婆多部律摄》十四卷、《根本说一切有部毗奈耶颂》三卷。此外，还有义净法师只完成初翻后因去世留下的《说一切有部跋窣堵》七十多卷，《羯磨鱼因缘经》等相关四十二部约五十卷。

这些由义净翻译的《根有律》核心经典和外围相关经典共计约三百一十五卷。在所有佛教戒律经典中，《根有律》的经典翻译是最全面的，数量最多，规模宏大，可以说是皇皇巨著。

3) 生前力主回归，逝后归于空寂

义净回国后受到武则天的极力推崇，所以他在当时是中国佛教界影响最大的僧人，他不仅翻译了这些经典，而且为了推广和弘扬《根有律》做出了最大的努力。

在持律方面，义净认为中国僧众戒律松弛的主要原因是缺乏合适的戒律，而中国当时独尊的《四分律》也有很多不足之处，只有《根有律》才是最纯正而又适合中国佛教界的戒律，因此他的一生主要是竭尽全力地弘扬《根有律》，想要确立该律在中国佛教界的正宗主导地位。但是由于义净法师在印度生活多年，所以他始终以印度佛教生活状态为标准来衡量中国佛教的情况，这使他觉得中国佛教有太多的"不如法"现象，并不断对此提出批评和纠正。比如他觉得汉地佛教从僧服款式、饮水方式等方面都不符合印度佛教的标准，同时对中国存在的燃指供佛、丧葬孝服等现象也提出了严厉的批评，认为这些都是中国佛教界存在的顽根陋习，应该根除。

义净作为当时中国佛教界的领袖，再借助女皇武则天的大力支持，弘法力度和影响应该是无人能及。为了弘扬《根有律》，义净法师可以说竭尽全力，但是最终效果却并不理想，随着他的离世，《根有律》的弘扬和推广最终归于沉寂。究其原因，一方面是当时《四分律》经过道宣律师及其门人多年的努力，在理论和应用方面日益成熟，同时《四分律》的内容已经被中国佛教界所熟悉并接受，这种强大的惯性不是某个人短时期内可以扭转的。另一方面，义净法师在持律方面过于强调戒律的印度化，这与佛教传入中国后一直朝着中国化方向发展的趋势相背离，所以他的努力最终只是昙花一现。

(三) 菩萨戒本的翻译与传播

菩萨戒，又名大乘戒，佛性戒、方等戒，是修行菩萨道的信众应该持守的戒律。菩萨戒是通过持守律仪而修善法，最终达到普度众生的目的。菩萨戒的内容分为三聚净戒：摄律仪戒、摄善法戒、饶益有情戒。摄律仪戒又称自性戒，其内容包括大小乘的律仪，适用于所有佛教信众，其内容主要是通过律仪摄受身法而断舍诸恶。摄善法戒是要求通过勤修善法而积累成佛之因。饶益有情戒又称摄众生戒，就是以慈悲心度化一切众生。出家僧众所受菩萨戒为《梵网经》中的十重戒和四十八轻戒，在家信众所受菩萨戒为《优婆塞戒经》中的六重戒和二十八轻戒。

1. 汉魏西晋时期菩萨戒初入中国

菩萨戒律的思想和戒文在汉魏时期就陆续传译到中国，到了晋代，随着大乘佛教一些重要经典被翻译出来，菩萨戒思想和修行方式也逐渐被更多的人接受而得到发展。西晋时期，有聂道真翻译的《菩萨受斋戒经》一卷，其内容讲述了菩萨受斋戒时的法言，主要是"十念"和"十戒"，该戒经存留至今。当时翻译成汉文的大乘佛教最重要的经典是《维摩诘所说经》和《大涅槃经》。这两部经在不同时代被多次重复翻译，如先有竺法护翻译的《维摩诘所说经》一卷、竺叔兰翻译的《毗摩罗诘经》三卷，后又有祇多密翻译的《维摩诘经》四卷、鸠摩罗什翻译的《维摩诘所说经》六卷。《涅槃经》在中国也先后有十几种译本，最早的应该是东汉时期支娄迦谶翻译的《胡般泥洹经》一卷，三国时期，曹魏时有安法贤翻译的《大般涅槃经》二卷，吴志谦译出《大般泥洹经》二卷。西晋时期，竺法护翻译《方等般泥洹经》二卷，佛陀跋陀罗译出《大般泥洹经》三卷，昙无谶译出《大般涅槃经》三十六卷。其中以《涅槃经》中大乘菩萨戒思想内容最为丰富，对后世影响也最大。

这两部大乘佛教经典如此密集的重复翻译，说明这两部经在当时非常受欢迎，而且其中的大乘菩萨思想已经深入人心，并因此影响到人们对大乘菩萨戒的认识，有力地促进了菩萨戒在中国的发展。

2. 东晋十六国时期菩萨戒的进一步传播

鸠摩罗什虽然翻译了小乘的《十诵律》，但他更倾心于弘传大乘菩萨戒，所以他主动翻译了《梵网经菩萨戒》两卷，还翻译了相应的《受菩萨戒仪轨》，这两部菩萨戒经成为中国菩萨戒经典的代表。据他的大弟子僧肇记载，这部菩萨戒经刚翻译完，他的徒弟三百多人就依此受了菩萨戒。

与此同时，凉州地区的昙无谶也翻译了《优婆塞戒经》十卷、《菩萨戒经》八卷、《菩萨戒本》一卷、《菩萨戒坛文》一卷等重要的菩萨戒经典。

据高僧传记载，当初昙无谶在凉州时，有一个叫道进的僧人向昙无谶求受菩萨戒，昙无谶就让他先自行忏悔。道进忏悔了七天七夜，到第八天，又去找昙无谶求授菩萨戒，昙无谶勃然大怒，把他赶了出来。道进就想，应该是我的业障没有消除干净吧。然后他就虔诚地一边忏悔，一边坐禅，如此努力了三年，突然有一天入定，道进见到释迦牟尼佛和诸菩萨给自己授戒，当天晚上，这个地方有十多个人做了同样的梦。道进就去找昙无谶诉说自己的觉受，刚走了几步，昙无谶突然迎出来说道：好啊，好啊，已经感应受戒了，我应当给你们做个证。然后就在佛像前给他们授了菩萨戒。

大乘菩萨戒因为授受简便，持守温和，同时能够体现各个受戒人在修行过程中的主动性，所以很受中国佛教信仰者的欢迎，随着大乘菩萨信仰的流传而快速发展起来了，当时很多皇帝和大臣也都纷纷求受菩萨戒。

3. 南北朝时期菩萨戒本与戒坛的并举

当鸠摩罗什在北方翻译和传播菩萨戒的时候，南方的佛教信众也不甘落后。在建康佛教信众的殷切请求下，宋文帝就下令给交州刺使，让他邀请师子国的三藏法师求那跋摩来华传译菩萨戒。求那跋摩（367—431），意译为功德铠，是北印度罽宾国人，他二十岁出家受具足戒，精通经律论三藏，所以当时人们称他为三藏法师。元嘉元年（424），求那跋摩从海路来到建康，宋文帝对他礼遇有加，颁旨请住祇洹寺。然后求那跋摩就翻译了《菩萨善戒经》《四分比丘羯磨法》《优婆塞五戒相经》《沙弥威仪》《优波离问菩萨受戒法》《菩萨内戒经》《优婆塞五戒威仪经》等共计十部十八卷。这些大乘菩萨戒经的翻译，不仅解决了当时南方缺乏菩萨戒本的问题，同时也使中国佛教戒律从种类和内容上基本齐备。自此之后，南方各朝的君王大臣纷纷受菩萨戒，社会各界更是相仿成风。

求那跋摩不仅翻译了大量的菩萨戒本，而且还建立了中国佛教的第一个大乘戒律的戒坛。在宋元嘉七年（430），求那跋摩在扬州南林寺前的竹园内，修建了一个方等戒坛。方等就是大乘佛教宣扬的方正平等之理，方等戒坛就是根据大乘佛教中方等之义而立的戒坛。凡是发大乘菩提心的人都能从此受戒，这是相对于小乘佛教戒坛而言。这座戒坛一直沿用到唐代，禅宗六祖慧能就是在这里受满分菩萨戒。自此之后，中国南北方各地建立了许多方等戒坛，这也反映了大乘佛教在中国的迅速传播情况。

4. 隋唐时期菩萨戒本研究与实践的盛行

到了隋唐时期，中国佛教的发展逐渐达到了鼎盛时期，佛教律学也是极其繁荣，佛教信众规模空前壮大，"家家阿弥陀，户户观世音"就是那个时候的最好写照。当时的上层社会非常流行菩萨戒，隋开皇六年（586），隋文帝率领百官，由昙延授八戒，随后又在正殿由昙延为隋文帝授菩萨戒。开皇十一年（591），天台智者大师为晋王杨广授菩萨戒，隋炀帝还曾作《受菩萨戒文》以示发心。贞观初年，玄琬为皇太子、各王子、皇后、六宫后妃等授菩萨戒，李世民也自称菩萨戒弟子。此后，唐王朝皇室绝大多数人都受过菩萨戒。上行下效，在唐代朝野上下刮起了一股受菩萨戒的风潮。

菩萨戒内容较少，历史上的翻译活动一直不断，到隋唐之前，菩萨戒本中的绝大多数已翻译成汉文。随着《瑜伽师地论》在唐代被玄奘法师翻译成汉文后，意味着中国佛教翻译菩萨戒典籍的彻底完结。因此，在隋唐时期，中国佛教界出现了一大批关于菩萨戒本的注疏，其中最著名的有天台智者的《菩萨戒义疏》、贤首大师的《梵网经菩萨戒本疏》、不空的《授发菩提心戒》等。

从最早的鸠摩罗什翻译《十诵律》开始，到最后义净翻译《根有律》结束，前后二百多年，经过中内外十几代人的共同努力，中国佛教戒律从无到有，从小乘到大乘，最后几乎翻译了印度全部的佛教戒律经典，这是中华民族追求知识和真理的历史见证，也是人类文明交往史上浓墨重彩的一页。

三、中国佛教律学的形成与发展

律学是佛教界围绕戒律而开展的翻译、研究、著述和讲解等一系列活动，律学的最终成果往往体现为各种律学著述。律宗是律学发展到一定高度，并形成一套完整成熟的戒律理论体系后，由专门的律师僧团依此理论来指导佛教界适用戒律而形成的佛教宗派。以此而言，律学是律宗形成的基础，律宗是律学理论与修行实践融合的结果。

在印度佛教界有专门从事律学的律师，也有丰富的律学著述，但没有形成专门弘传戒律的宗派，而中国佛教律学的发展，最终促成了一个专门以弘扬佛教戒律为宗旨的佛教宗派——律宗的形成。

（一）戒律的弘传与律学萌芽

对于佛教信众而言，戒律是修行佛法的基本行为规范和获得定力与智慧的基础，但佛教戒律的内容深奥细微，需要经过长期学习和研究的僧人才能指导佛教信众更好地理解和执行戒律，所以当佛教戒律经典传入中国后，随着戒律的弘传活动的开展，专门研究戒律的律学也就应运而生。

1. 戒律弘传的背景

西晋统一不久之后，天下大乱，北方的匈奴、鲜卑、氐、羌、羯等少数民族乘机入侵。公元 316 年，匈奴人刘曜攻占长安，俘晋愍帝，宣告西晋亡国，北方从此进入所谓的"五胡十六国时代"。晋王室南迁分据中国南方，史称东晋，中国南北分割对立的大局面基本形成。此后，北方在经历了五胡十六国割据的乱局之后，又依次经历了相对统一的北魏、东魏、西魏、北齐、北周等政权。在此期间，南方的政权也依次经历了东晋之后的宋、齐、梁、陈几个朝代，历史上称为南北朝时期。这种混乱的分割局面，一直持续到隋文帝杨坚统一天下之后才告结束。两晋南北朝时期的混乱局面一方面给社会造成了巨大的破坏，另一方面又促进了新的思想文化形成和发展，佛教文化就是在此期间获得了巨大的发展空间而进一步壮大。

在两晋南北朝二百多年间，社会的分裂和动荡使佛教的"世事无常"

观念得到了社会的深度认可，同时也获得南北方各个政权的大力支持，因此佛教在此期间获得了长足的发展，各种经典被不断地翻译出来，佛教僧众数量与日俱增，僧尼在最多的时候竟达到上百万之多，实属社会文化发展史上的一大奇特景观。但是随着僧众的日益增多，僧众的管理自然就成为一个重要问题，在这种情况下，中国佛教对戒律的弘传和研究就应运而生。

东晋十六国时期，随着《十诵律》《僧祇律》《四分律》《五分律》等佛教戒律典籍被翻译成汉文，为中国佛教界研究、讲习和弘传佛教戒律创造了重要的前提条件。此后中国佛教界就出现了一批专门研究和弘扬佛教戒律的僧人，他们被称为"律师"。这些律师将他们研究佛教戒律思想的成果撰写成各种疏本公开发行，同时也在僧团中宣讲他们的思想，并以此来指导僧众的受戒和持戒活动，逐渐形成了一门专事研究和弘传佛教戒律的学问，这就是佛教律学。佛教律学和一般学问不同，这些研究律学的律师们不仅要将自己研究戒律的思想认识宣讲给别人，而且还要以此来指导僧人在宗教生活的实践活动，尤其是律师们必须把自己的思想和学说如实地体现在自己的宗教生活中，即自己怎么说，也要怎么做。因此，做一个佛教的律师是非常不容易的事情，他们要为佛教界做持守戒律的模范，被称为"和尚中的和尚"。在佛教《高僧传》卷六《慧远传》中记载，庐山慧远病危时，他拒绝服用以酒作引子炮制的汤药，后来在大家苦劝下，"慧远乃命律师，令披卷寻文得饮与不。"[1]结果等到律师查出来为治病可以服用含酒的药物时，慧远已经圆寂了。由此可见，当时已经有"律师"的专职称谓。这件事情也反映出当时有些律师对佛教律藏还没有达到精熟的程度，遇到细节问题还需要翻寻查阅律法才能回答，当时佛教界对戒律的研究尚处于初级阶段，律学也处于萌芽状态。

2. 佛教律学的发展

南北朝时期，中国的南北方在政治上长期处于分裂对抗状态，但人员

---

① （梁）慧皎：《高僧传》卷五，《大正藏》第 50 册，第 357 页下—361 页中。

的往来和文化的交流却并未断绝，尤其是偏好云游访学的佛教僧众南北交往更加频繁。东晋时期佛教文化的繁荣为以后各个时期佛教的发展奠定了重要的社会基础，而南朝的宋、齐、梁、陈等政权又是东晋之后的汉人政权，南朝各个朝代都非常重视和支持佛教。南朝的很多皇帝都是非常虔诚的佛教徒，还有好几位像梁武帝这样的皇帝佛教徒，他们对佛教的支持更是不遗余力。此外南方还曾形成了以庐山慧远为领袖的佛教文化中心，后来又有佛陀跋陀罗僧团的南渡加入，使得佛教文化在南方呈现出一派繁荣的景象。在这样的大环境下，佛教戒律的弘扬和传播有广泛的社会需求和发展条件，南朝的佛教律学也呈现出了迅速发展的势头，佛教戒律广本中的《僧祇律》和《五分律》就是在南方的建业翻译出来的。专门研究和弘扬戒律的律师也日益增多，除了翻译《五分律》的佛陀什、翻译《摩得勒伽》的僧伽跋摩等西方高僧外，仅仅本地律师中能被录入《高僧传》的就有二十多人，可见那时候南方律学已经是高僧云集，名家辈出。

与此同时，北方的各个政权基本上都是少数民族建立的，他们基于一定的政治需求，既需要佛教文化发挥社会教化，安稳人心的作用，同时也需要以佛教文化来弥补他们在文化方面的先天不足。北方政权更替频繁，上层政治环境险恶，所以与成熟稳定的南方文化氛围相比，北方佛教的处境就多了一些难以预料的风险，这段时期在北方就曾发生过两次灭佛运动。但整体来看北方各个朝代的统治者绝大多数还是崇信佛法，支持佛教的发展，有些皇帝对佛教的虔诚表现也不输给南方的梁武帝。在他们的大力支持下，北方佛教的弘扬和传播也取得了突飞猛进的发展。因佛教信众的迅速扩大，如果佛教戒律过于松弛，不仅会给僧团的管理带来问题，同时也会造成各种社会管理问题，北方发生的两次灭佛运动，都是以佛教僧众不遵守戒规为借口发动的。所以佛教戒律在北方的弘扬有非常大的社会需求，这直接或间接地促进了北方律学的发展。

（二）南方盛传北方翻译的《十诵律》

有一个有意思的现象，《十诵律》是鸠摩罗什与佛陀耶舍在长安翻译出来的，但是这部律在北方却并没有受到重视和推广，反倒是在南方得到了大力的弘传和推广。虽然当时《僧祇律》已经由法显和佛若多罗在南方翻译出来了，但是南方的律学基本上都是围绕弘传《十诵律》展开的。这主要因为《十诵律》翻译后不久鸠摩罗什就离世了，鸠摩罗什僧团也逐渐瓦解四散，他的很多弟子就来到南方，为下一步弘扬《十诵律》打下了良好的人才基础。南方律学人才辈出，现择其要，略作介绍。

1. 南传十诵的卑摩罗叉

卑摩罗叉，意译为"无垢眼"或"青眼"，罽宾国人。因为卑摩罗叉没有眼白，所以人们又叫他"青眼律师"。据僧传记载，他的性格沉靖有志力，所以出家后一直坚持修苦行，持戒精严。卑摩罗叉最早在龟兹国弘传律藏，各地僧众都来向他学习，当时鸠摩罗什也向他学习过律藏。龟兹国被吕光攻破后，卑摩罗叉就去隐修了，后来他听说鸠摩罗什在长安翻译佛经，弘扬佛教，就产生了到中国来弘传戒律的想法。于是卑摩罗叉穿越流沙，冒着危险来到中国，姚秦弘始八年(406)到达长安。鸠摩罗什对卑摩罗叉以师徒之礼恭敬接待，卑摩罗叉也有万里他乡遇故知的欣喜，之后他就协助鸠摩罗什翻译佛经。

鸠摩罗什去世后，卑摩罗叉就离开长安向东云游，后来暂时停留在寿春(今安徽寿县)石涧寺。当时很多学律的僧众来向他学习律学，他也在此为大家开讲鸠摩罗什翻译的《十诵律》。当年鸠摩罗什翻译的《十诵律》是五十八卷，最后一诵是"受戒法"和"诸戒善法事"。卑摩罗叉在石涧寺讲解时，根据实际情况把最后一诵改为"毗尼诵"，并分开成几卷，这样鸠摩罗什翻译的《十诵律》就由五十八卷变为六十一卷。如此一来，《十诵律》就有了"五十八卷本"和"六十一卷本"两个版本，他们其实是同一部律，只是在最后一诵的名称和分卷上略作改动而已。

不久之后，卑摩罗叉向南云游到了江陵，然后在辛寺坐夏期间开讲《十诵律》。因为他精通汉语，又善于融会贯通，能把理论和当时实际情况联系起来，所以他的讲解非常精彩，来听他讲律的僧众非常多，在当地影响很大，也为南方弘传《十诵律》培养了很多人才。所以后人说，《十诵律》在南方能得到大力弘扬，主要是卑摩罗叉的作用。在卑摩罗叉讲律时，他的弟子慧观法师精要地概括了他所讲律学的宗旨，也记录了各种戒条适用时的轻重把握等细节，然后撰写成两卷文本，送到京城建业，京城的僧尼们争相传抄。当时对于这件事情还形成了一句谚语："卑罗鄙语，慧观才录，都人缮写，纸贵如玉。"卑摩罗叉所讲的律义，到现在仍然还在流传。卑摩罗叉喜欢休闲安静，不喜欢喧嚣热闹，当年冬天又回到寿春的石涧寺后就圆寂在那里了，享年七十七岁。

2. 律学首著释慧猷

据僧传记载，释慧猷生卒年月不详，受具足戒后就精研律典，后来遇到卑摩罗叉在江陵弘讲《十诵律》，他就跟随学习，所以他的律学思想主要来自卑摩罗叉。因他常年深入研究《十诵律》，又有名师卑摩罗叉的指点，所以对《十诵律》内容的理解非常透彻，后来撰写了《十诵律义疏》八卷。这是中国佛教律学的第一部著述，所以梁启超认为《十诵律义疏》的问世标志着中国律学的开启。

3. 后世优波离释僧业

释僧业曾经是鸠摩罗什的弟子，他常年专习律学。在《十诵律》刚刚翻译出来之后，就专门研究《十诵律》，并且常常为大家讲解。因为他非常聪明而且用心钻研，所以对《十诵律》的理解非常深刻到位，被鸠摩罗什称为"后世之优波离"，可见他在律学方面的造诣之深。后来他培养的弟子释僧璩继承了他的学业，成为南方著名的大律师，被宋武帝任命为僧正之职。僧璩曾著有《僧尼要事》两卷、《十诵羯磨》一部、《十诵比丘尼戒本》

一卷，这些都是佛教史上早期重要的律学著作。

4. 都邑僧正释法颖

释法颖是当时南方律师中最著名的高僧之一。法颖，俗姓索，出生于敦煌(今甘肃敦煌市)，十三岁出家。他最初住在凉州公府寺，当时他与同学法力都是以精通律藏闻名一方。法颖皈依佛门以后，就心无旁骛，专攻佛典，在广博涉猎各种经论后，尤其精研律部经典。元嘉末年，法颖南下驻锡在建康新亭寺。孝武帝攻占南方后，改治新亭寺，因欣赏法颖学业兼明，就下诏封他为都邑僧正，掌管都城中所有僧众。后来法颖辞去僧正之职，回到多宝寺，常常在空房中禅坐习定，有时也会开展一些戒律讲座。

到齐高帝时，又诏封法颖为僧主，并且让官府给他提供非常充裕的生活用品，他就将信众供养的财物用于造像写经和购买药藏。因为皇帝对他非常崇信，他对当时的佛教影响很大，他曾经要求各个寺院的比丘尼检查一下，凡是有高床、华丽衣服的，一律改制，皇帝很快下旨对他的提法予以确认，无人敢不遵守。法颖曾撰写了《十诵戒本并羯磨》等著述，六十七岁时圆寂。

5. 佛史大家释僧祐

释僧祐(445—518)，俗姓俞，原籍是彭城下邳(今徐州邳县)，生于江南建业(今南京)，是齐梁时代的一位律学大师，同时也是著名佛教史学家。

僧祐小时候跟随父母到佛寺拜佛时，欢喜踊跃，不肯回家。父母就依从他的愿望，允许他在寺内出家，奉僧范为师。到了十四岁时，他又投到定林上寺法达(昙摩密多的弟子)门下，法达也是一代高僧，"戒德精严，为法门栋梁"。当时，著名高僧法献也在定林寺弘传教法，僧祐也拜他为师，跟前从后。受具足戒正式成为一名僧人后，僧祐又拜当时的律学名匠法颖为师，跟随法颖二十多年。经过精心钻研，僧祐终于成为精通律部，戒德高严，当世闻名的"僧祐律师"。

齐建元四年(482)，他的师父法颖圆寂后，竟陵王萧子良便请僧祐开讲律学。由于他披释精详，辩解入微，因此听众常多达七八百人。后又奉齐武帝圣旨，前往三吴(今湖州、苏州、绍兴地区)去试简僧众，并开讲《十诵律》，说受戒法，影响巨大，供养丰厚。他将所得的供养物品，都用于修治建初寺、定林寺等，还在这两座寺院中造立了经藏。从此以后的数十年中，他经常为广大僧众开讲戒律，前后共讲了七十多遍。他的一生，主要用于弘传律学。

僧祐也非常善于培养人才，他门下的僧俗弟子有一万多人，其中后来非常著名的就有智藏、慧廓、宝唱、明彻、临川王宏、南平王伟、刘勰等。由于僧祐律师非常重视学习著述，所以他的弟子中也有很多人后来成为僧界和俗界的著名学者，其中僧界的弟子宝唱著有《法宝联璧》《续法轮论》《法集》《华林殿经录》《经律异相》《名僧传》等佛学名著。俗界弟子中的刘勰是中国文学史上著名的文学理论家。

在弘讲律藏之余，僧祐律师还喜欢撰写其他著作，这虽然是他的业余爱好，但这些业余爱好却成就了中国佛教史上的很多创举。

第一，僧祐开创了最早的佛教经藏整理活动。由于受其师父法颖的影响，僧祐先后在建业城内的建初寺和钟山定林上寺开始营建般若台，造立佛教经藏，并且将这一过程用文字记载下来。其中定林上寺经藏的建立还得到了梁临川王萧宏的大力资助，著名文学家刘勰也跟随他帮助整理经藏，并区别部类加上序录。这是中国佛教史上最早的大规模有计划地建造和整理佛教经藏的活动，为后世编辑整理大藏经开启了先河。正如后来慧皎在《高僧传》中对僧祐的赞叹："造立经藏，搜校卷轴，使夫寺庙开广，法言无坠。"[①]第二，僧祐撰写了大量的佛教史著述，其中最著名的《出三藏记集》十五卷，是中国现存最早的佛教经录。他在此书的撰写过程中，曾经"钻析内经，研镜外籍，参以前识，验以旧闻"[②]，旁征博考，确实费过

① (梁)慧皎：《高僧传》卷十一，《大正藏》第50册，第402页下。
② (梁)僧祐：《出三藏记集》卷一，《大正藏》第55册，第1页。

中国佛教律学的形成与发展

不少功力。这本书保存了古代译经史上许多原始资料，值得后世学人凭借研究和珍视。第三，僧祐撰述的《法苑集》，是记载有关佛教音乐、歌呗、法乐、梵舞、造像、雕制等最早和最丰富的文献著作，他对于佛教艺术的兴趣和修养之深，被当时朝野缁素人士所一致推崇。

僧祐于梁天监十七年(518)五月圆寂于建初寺，卒年七十四，葬于钟山定林寺旧墓，弟子正度立碑，刘勰撰文。

6. 礼仪专家释宝唱

释宝唱，约生于刘宋泰始元年(465)前后，吴郡人。宝唱十八岁即跟随建初寺僧祐律师出家，住庄严寺，遍学经律。齐建武二年(495)曾出建康，游历讲肆五年，后来为了躲避战乱，又在闽越各地云游。天监四年(505)，宝唱奉命住新安寺为寺主。宝唱受他师父僧祐的影响，热爱学问，喜欢著述，曾先后帮助僧旻编撰了《众经要抄》，帮助智藏法师编撰了《义林》，帮助僧朗法师编撰《大般涅槃经注》，又帮助萧纲编撰《法宝联璧》，还参与了僧伽婆罗的译场，曾为《阿育王经》等十一部佛经翻译的笔受。

在此期间，他积累了非常丰厚的学养，然后自己撰写了《续法轮论》七十余卷、《法集》一百三十卷、《名僧传》三十一卷、《众经诸佛名》三卷、《众经饭供圣僧法》五卷、《众经护国鬼神名录》三卷、《众经忏悔灭罪方法》三卷、《众经拥护国土诸龙王名录》三卷、《比丘尼传》四卷，将原来由僧绍撰写的《华林佛殿众经目录》重新撰写了四卷。因宝唱博学多识，梁武帝非常佩服他，因此令他掌管华林园宝云经藏，并让他广搜遗逸经籍。同年，宝唱又撰写了《经律异相》五十五卷和本传四卷。此外他还撰写了《出要律仪》二十卷。他的著作现在只有《经律异相》《比丘尼传》和《名僧传》还在，其余的都佚失了。宝唱的著作种类繁多，内容丰富，其中对我国影响最大的是佛教礼仪类的著述，他对我国佛教礼仪文化的建设和传播具有重要贡献。

7. 都邑僧正释法超

释法超(456—526)，俗姓孟，晋陵无锡人，十一岁在灵根寺出家。法超因家中贫困，缺衣少食，只能勉强化缘度日，但他心性平和，从不以劳苦为虑。法超律师自小聪颖笃学，精进不倦，跟随同寺的僧护法师修习经论，潜心思索其中的奥义，经常暗中留意各种变难讨论。后来跟从安乐寺智称专攻《十诵律》，通过辩论被他折服的名家超过二百人。自从智称律师圆寂后，他就独步京师，无人能及。梁武帝认为戒律是佛教发展的保证，也是僧众修行的必然路径，所以非常重视佛教戒律的弘扬。梁武帝自己本来想当僧正这个官职，但是遭到佛教界的一致反对，他就任命善于律学的法超担任都邑僧正一职。梁武帝认为佛教广律太繁杂了，用的时候不好查阅，便让法超编一本简洁实用的文本，法超就奉命编写了十四卷的《出要律仪》，然后下发在全国使用。梁普通六年(525)，梁武帝请法超入宫，在平等殿讲解佛教戒律，梁武帝亲临讲坛听讲。因僧界和俗界都有人前去聆听，为了避免引起歧解，他仅举纲要，宣讲要旨，历时近一个月便讲完了。法超能以自己的体悟结合当时机缘，指导大家有关律学的秘要，深入浅出，听讲的人感到非常受益，大家都很欢悦。法超圆寂后埋葬于钟山开善寺，曾传有佛教著作《出要律议》传世。

8.《高僧传》作者释慧皎

释慧皎，姓氏不详，会稽上虞(今浙江上虞县西)人。慧皎律师精通内外各种典籍，博训经律。他平时住在嘉祥寺，春夏二季弘法，秋冬二季专门著述，撰写了《涅槃义疏》十卷和《梵网经疏》一部，这两部著作现在仍然流行于世。

慧皎法师虽然是一名律师，但让他留名青史的却是他的著作《高僧传》。他认为释宝唱撰写的《名僧传》的内容多俗气，就另创体例撰写了著名的《高僧传》十四卷。正如他在《高僧传》序言中所说，以往所撰僧传，或者嫌僧人活动之繁杂广泛，就加以删削，因而使得许多僧人的事迹都被遗

漏了。或者认为出家之人应该处国宾王，不
应高蹈隐遁，清高自远，遂略而不收。哪里
知道僧人辞荣弃爱，本来应该以不同于俗为
贤，如果连这个观念都不能坚持，那又有什
么值得记叙的呢。他还说，前代所撰写的僧
传，大多记载的都是名僧，但不一定都是高
僧，有些名僧，名而不高，而有些高僧，高
而不名。他要撰写的就是高僧，名而不高者
不能进入他的僧传，所以叫《高僧传》。由

慧皎律师

此可见，慧皎本身就是一位非常有个性的高僧。他的《高僧传》写成之后，
风靡全国，朝野敬重，而他自己则不知所终。

慧皎律师最大的贡献是综合了前人有关高僧的传记，创造性地加以分
类和编辑，写成《高僧传》十四卷，该书取材精审，义例明确，条理清晰，
文采斐然，成为佛教史籍中的名著。《高僧传》是中国佛教史上第一部系
统的僧传，也是后世佛学编著的范本，它与唐朝释道宣撰写的《续高僧传》、
宋朝释赞宁撰写的《宋高僧传》、明朝释如惺撰写的《明高僧传》并称为
"四朝高僧传"，后三者的体例和结构都参照慧皎《高僧传》的模式，可
见慧皎对于佛教史中的僧传部分具有开创之功。

9. 律僧考官释昙瑗

释昙瑗，姓氏不详，金陵人（今江苏南京）。昙瑗贯通经史子集，才华
横溢，从小就以博学多才而闻名。他"以戒律处世，住持为要"，专门弘扬
《十诵律》，后来更是名动京邑。皇帝对他甚为重视，在整个南陈时代，在
弘扬戒律方面没有人能超过他。他的讲席听众常常超过两百多人，后来皇
帝下诏，凡是国内出家受戒未满五年的僧人，必须参加昙瑗的律学讲席。
后来又让昙瑗在京城大寺开办更大的律学讲习班，而且授权昙瑗总体监督
管理佛教僧团，可以设立考试制度培训律师。为了使跟昙瑗学习戒律的僧

众生活不受影响，由政府统一供给他们各种生活所需。昙瑗通过考试，选拔出了二十多个律学基础较好的僧人，进行严格培训。因为有国家的支持，衣食无忧，不到几年，这一批高材生就完成了律学培训，佛教律学也呈现出了一片繁盛景象。昙瑗培养的这批学生将会被分派全国各地弘扬律学，临走之前，昙瑗还专门对他们每个人进行测试，只有合格的才准许出师弘律，这对当时南方律学发展有很大的促进作用。

昙瑗著述有《十诵疏》十卷、《戒本》《羯磨疏》两卷、《僧家书仪》四卷、《别集》八卷。这些著述现已佚失殆尽，只能从文献中知其书目。昙瑗于陈宣帝太建年间圆寂，享年八十二岁。昙瑗圆寂之时，为大家做了最后的开示，然后端坐而逝。宣帝下诏，依法火化，并为他建塔立碑。

由于佛教文化在社会上的迅速发展，同时又有历朝历代帝王的高度认可和大力支持，在佛教界一代又一代律师们的努力下，佛教律学在南方得到了充足的发展，呈现出了一片繁荣景象。另外，也正是由于南方律学的持续稳健的发展，为南方佛教的健康发展发挥了重要的作用，因而出现了"南朝四百八十寺，多少楼台烟雨中"的景象。

（三）北方风行出自南方的《僧祇律》

在南方盛传北方翻译出来的《十诵律》时，北方却风行在南方翻译出来的《僧祇律》，二者形成了鲜明而有趣的对照。《僧祇律》属于部派佛教时期大众部的戒律，其内容相比其他几部律略微宽松一点，可能正是它的这种特色更加适合动乱中的北方佛教，导致北方的僧众选择了《僧祇律》。在北方也出现了一批专门弘传戒律的律师，与南方的律师们善于研究撰写相关著述相比，北方的律师更加重视戒律的实用和修持。下面根据僧传等佛教史料介绍几位北方律师中的代表性人物的弘律活动。

1. 一时风行《僧祇律》

在南北朝时期，南方佛教生长于比较柔和而稳健的社会文化环境中，北方佛教面临的政治环境和社会环境因战乱而有更多的不确定性。在这样的社会环境下，北方佛教戒律的传播也增添了更多的特色和变化，这既有内在的因素，也有各种外在的原因。总体来说，北方佛教律学的发展缺乏一以贯之的持续性，同时，北方对律学的早期阶段更重视戒律在实践中的适用和持守，因此对戒律的研习和著述不如南方兴盛。但在后期，北方律学也开始重视律学理论问题的研习，并随着北方律学在律学理论方面的发展和历代师承积累，律学大家也开始逐渐显现。尤其在北方律学由《僧祇律》转向研究和弘扬《四分律》之后，在律学理论上呈现出后来居上之势，最终形成了系统全面的"四分律学"，为中国律宗的创立奠定了理论基础。

《僧祇律》是由法显法师从印度取回中国来的，在东晋义熙四年(418)由法显与佛陀跋陀罗一起在建康翻译而成。因这部律翻译完不久，法显法师还没来得及推广和弘扬就圆寂了，《僧祇律》没能在南方得到很好的弘传。后来随着鸠摩罗什和佛陀耶舍翻译的《十诵律》在南方得到大力弘传之后，《僧祇律》在南方更没有机会被推广了。但有趣的是北方并没有弘传由鸠摩罗什法师等在本地翻译的《十诵律》，而在南方翻译的《僧祇律》却在北方得到了弘传。根据各种佛教史料记载可知，北方律师在早期弘扬的戒律主要是《僧祇律》，僧传中明确记载弘传《僧祇律》的著名高僧主要有灵裕、僧晃、慧胄、慧净、灵藏等，如《续高僧传》中说著名高僧灵藏律师"僧祇一部，世称冠冕"，被隋文帝称为"僧中天子"，可见他对《僧祇律》是非常精通的。正是通过这些律师的常年努力，才使得《僧祇律》在北方佛教的发展中发挥了重要作用，也使得北方律学不绝如缕地得以延续和发展。

2. 北周三藏释僧晃

释僧晃，俗姓冯，是绵州涪城（今四川绵阳）南昌人。僧晃身形高大，威容整肃，仪表堂堂，举止大方，声气雄亮，志略宏远，僧传中描述他"鹰眼、虎身、鹅行、象步"，大有异相，他后来被推举成为巴蜀地区的僧团领袖。

僧晃年轻时志向在于才学，所以学识非常渊博。有一次他梦见自己手里掌着太阳和月亮坐在宇宙之中，就晃然厌俗，决定出家为僧，而且私下给自己起了个名字叫"僧晃"。但他父母坚决反对他出家，把他的两只脚用铁锁锁在屋里柱子上。但他出家之意决绝，第二天，锁他的铁锁自动打开了，他自己感叹精诚所至，金石为开。他父母见他的虔诚使铁锁都能感应而开，也就不再阻拦了。僧晃刚出家时，正好是梁末周初的乱世，佛教界也是一片淆滥之势，僧人的行为大多浮躁荒诞。僧晃却特立独行，慎言谨行，超然异表，大家见到他的庄严之相，便恭敬有加。他受具足戒之后，就专门攻读《十诵律》，几年之后便朗鉴精熟。

北周保定后期，僧晃来到长安，又开始学习《僧祇律》，当遇到不懂的问题时，就一定要钻研通透才罢休。后来他遇到禅宗大师昙相禅师，给他传授了禅宗心法，从此之后，他对佛法的领悟和修行又上了一个台阶。再后来他又跟随开禅师实修禅法，"洞入时伦，无与相映"。这些高妙的传承，以后再很少有人能得到了。随着僧晃的德性、道行远近闻名时，连皇帝都听到了他的名声。北周武帝于是下诏，请他住在明德殿，给皇帝讲解佛法。皇帝听了他的讲解后非常受益，就授予他"三藏法师"的称号。

隋朝建立后，隋文帝又任命僧晃为僧正，专门整肃管理佛教事务。由于他刚决方正，赏罚严平，所以对当时佛教界风气的整肃扭转发挥了重要作用。后来，他率领寺里的僧众，每天共同念经，周而复始，不曾停歇。由于人们对他的敬重，专门指名是供养给僧晃的钱物源源不断。在唐武德年间，僧晃在振响寺圆寂，时年八十五岁。他临终前，寺院内出现了各种异象，佛堂前莲花池中的水突然干涸，池子旁边的慈竹也无故凋死，寺内蔷薇花在冬天像夏天一样盛开，被当时人们称奇。

3. 实业律师释慧胄

释慧胄，俗姓王，蒲州蒲阪（今山西永济）人，是北朝时期在北方弘传《僧祇律》的一位著名高僧。慧胄小时候就喜欢在寺院里帮忙干活，出家后跟随师父学习《僧祇律》，三十岁时开始专门学习禅法与念诵。慧胄后来住在京城的清禅寺，他非常乐于寺院建设，四十多年不辞劳苦，所以将寺院建设的宏伟高大，堂殿院宇，众事圆成，竹树森繁，园圃周绕。他又特别善于经营，使寺院的水陆庄田井井有条，仓廪充满，库藏丰盈，成为京师寺院中最富有的一家。六十多岁时，他辞去了僧职，大家也觉得他劳苦了一辈子，就让他歇下了。但每当遇到问题无法决断时，还会找他咨询。寺里面有很多居士义工，没有什么事情可干的时候，他就选了其中二十个，让他们学习鼓舞，每到佛教节日，在佛像前跳鼓舞来供佛。鼓舞活动引来四周很多人观看，并且将这股风气传到了社会上，各个地方村落也开始组织自己的鼓舞团，但是当时最好的鼓舞团还是在寺院里，这应该是民间社戏最早的起源之一。

后来，慧胄生病了，非常痛苦，他也知道自己的时间到了，用香汤沐浴更衣后，对大家说：我知道我犯下了小罪业，主要是建筑寺院时挖地造成的。到了凌晨，他的呼吸越来越困难，最后对弟子说：我的业债还完了，我走了。说完就圆寂了，时年六十九岁，当时是贞观初年，弟子们将他土葬。

4. 文帝之师释昙崇

昙崇，俗姓孟氏，咸阳人。昙崇从小能生知正见，信奉佛教，七岁时就出家入道。他背诵各种佛教经典，并不停地进行注释解读，后来在各种讲肆中听讲辩论没有对手。他认为要想开大智慧，就必须修禅定，就跟随会开禅师参禅。在受具足戒后，他对自己持戒要求更高，于是认真研习《僧祇律》十多遍，然后开始弘讲《僧祇律》，听讲的僧众有三百多人。当时北方长安一带讲解律要，以昙崇为楷模。后来他又觉得讲法不如用功参禅，就不再讲经说法。到山间树下，随处坐参。不久他就觉受到光明内发，色相外除，形木若枯，心灰犹死。他的禅宗师父慧开禅师公开声称昙崇修行第一，僧众都对他非常敬重，称他为"无上士"。慧开法师圆寂时，把自己的弟子交由昙崇来教导，慧开禅师的二百多弟子从此跟随昙崇习禅，他由师兄升格为师父了。

昙崇在北方名扬塞外，誉满关中，他的弟子填门盈室。周武帝刚建国时对他非常崇敬，专门下旨封他为"周国三藏"，并任命他为陟岵寺（大兴善寺前身）主。他就任寺主后，教导有方，声誉更隆。但是他感觉被各种事务缠身，失去了自由，后来就找了各种理由，辞职而去。但武帝不久废斥佛教，焚毁经像，逼令僧尼还俗，将寺院的财物散给臣下，寺院分给各个王公。当时周武帝给昙崇封授金紫光禄大夫等职，让他还俗入朝，他一概辞谢不受。

隋朝建国后，隋文帝改变了周武帝毁灭佛法的政策，改陟岵寺为大兴善寺，剃度僧人一百二十名，不久敕令昙崇为大兴善寺主，昙崇辞谢不受。当时唐国公李渊信奉佛法，自愿将其京城中住宅分出一部分建立寺院，接引僧众，文帝赐名"清禅寺"，由昙崇主持。晋王杨广为清禅寺施主，前后送给寺中田户七十余家，水磨及石碾六合，作为寺院的永久基业。隋文帝和独孤皇后也送来了成千上万的供养品。昙崇深感国恩，又奏请建塔一座。文帝知道后极为高兴，诏令送给昙崇舍利子六粒。当时佛教刚刚恢复，图像紧缺，昙崇兴建这座佛塔，得到各方面支持。昙崇自己已经筹了一部分经费，隋文帝唯恐钱财不足，又送去他和皇后身上所穿的衣服一千三百套，以助善缘。开皇十一年（591），晋王杨广镇守扬州（治今江苏省南京市），专门为佛塔制作了露盘和各种装饰物。开皇十四年（594），佛塔建成，通高十一级，高耸入云，是当时京城中的最高建筑。然后，晋王杨广又出钱建造佛堂、经院，种植树木，一时成为大兴城中的一大景观。

当时，昙崇名重当朝，经常往来宫中。如果有事情，就直接手持锡杖入宫面见皇帝。文帝对他以师徒之礼相待，自称"师儿"，皇后自称"师女"，文帝时常派人驾车前去寺中向昙崇问安。昙崇平生所获钱物，全都施给了寺院，自己只留袈裟、饭钵而已。佛塔建成这年的十月三十日，昙崇在寺院圆寂，终年八十岁。昙崇去世后，文帝哀痛，下令敕葬，所需费用，全由国家承担。他的僧俗弟子五千余人，自愿护送灵柩，葬于终南山至相寺之东，并建塔勒铭，以示纪念。

5. 道人天子释灵藏

释灵藏，俗姓王氏，雍州新丰(今陕西西安)人。灵藏律师还是孩童时，就志存高远，后跟随法颖律师出家为僧。灵藏在律学方面受到了严格训练，对于戒律的持犯问题把握精准，尤其在研修《僧祇律》方面无出其右者。他还擅长讲解《大智度论》，既能准确阐释佛学的空性之妙，又非常重视佛教律学的当下之用。

灵藏出家之时属于北周建国初期，佛教处于全盛之时，国家允许每年准度大量僧尼。因为灵藏在佛学方面渊博通达，在参加考试遴选过程中，虽然他讲解和念诵涉及很多佛经，但都能圆满完成。经过严格的测试，他在通经了意方面排名第一。灵藏的师父法颖律师当时威望很高，与隋文帝父亲杨忠的关系非常好，所以灵藏与隋文帝在少年时期就是好朋友。后来，隋文帝登基做了皇帝后，他们的关系更加密切。文帝对灵藏律师礼让恭敬，待若上宾。后来国都南移到大兴城后，选一个风水好的地方作为国寺。灵藏建议在原来陟岵寺址上重建大兴善寺。从此以后，文帝对灵藏礼待更加隆重，经常将美食密封后送到寺院，还命令文武两班长官两天参见一次。

当时佛教刚刚兴盛起来，各地高僧大德云集大兴城，但是没有那个僧人的声望能比过灵藏。即使守卫非常严密的皇家宫廷，但灵藏却进出无阻。文帝随时想见他，就找他来宫中，并且给宫廷各门侍卫下令，灵藏可以随意进出宫中，不需盘查。在皇宫中，他和文帝起坐平等，坐必同榻，行必同舆，有时甚至在宫中留宿。

开皇四年(593)，关中大旱，文帝带领民众到洛州救灾，诏灵藏同行宣扬佛法。灵藏每到一地，皈依佛教的人都非常多。文帝听说后，就给灵藏说："弟子是俗人天子，律师为道人天子，有乐离俗者，任师度之。"[①]当时就有几万人出家为僧。开皇六年，灵藏圆寂，时年六十八岁。

以上各位律师都是在北方弘扬《僧祇律》的高僧大德，他们只是众多律师中的代表性人物。从他们的生平事迹来看，都是当时影响很大的僧团领袖，这说明在南北朝前期，北方佛教界主要是以《僧祇律》作为持守戒律的经典依据，到中后期，才开始零星出现研究《四分律》的律师见诸史料。如法聪法师、灵裕法师等，但真正标志着北方律学从《僧祇律》转向《四分律》的代表性人物是北魏的慧光律师。自此之后，《四分律》学一发不可收拾，直到整个中国佛教律学统归到四分律学之中，也催生了中国佛教律宗的产生。

(四) 后来者居上的《四分律》

根据史料记载《僧祇律》曾在北方风行一时，但是与之相应的律学著述却并不多见，这说明当时北方律学更注重戒律的实践应用，而缺乏对其进行更加深入细致理论研究的热情。随着北方律学由《僧祇律》向《四分律》转变，相应的律学著述也逐渐丰富起来。究其原因大概有两点，首先是北方已经形成了弘传《僧祇律》的传统，要改变这种传统就需要从理论上说服大家。其次，也正是因为弘传《四分律》的律师通过对比研究，才发现与其他各部律相比《四分律》有更大的优点，这个研究过程中自然会产生诸多的律学思想和律学著述。在弘传和研究《四分律》的历史上，出现了一大批非常优秀的戒律学家，他们之间往往是师徒相承，都为《四分律》的研究和发展作出了贡献，但下面只能选择其中有突出贡献或有突出

① (唐)道宣：《续高僧传》卷二十一，《大正藏》第50册，第610页中。

特点的几位略作介绍。

1. 北方圣僧释法聪

根据常理推断，在北方研究《四分律》的僧人应该有一些，但是史料记载中最早提及的当属北魏文帝时期的释法聪，他本来是研习《僧祇律》的，据说是因为"开通精研，因穷受体"才改而讲习《四分律》的。唐代的道宣律师在《续高僧传》的《论律》一文中说："初开律释，师号法聪，元魏孝文，北台扬绪，口以传授，时所荣之。沙门道覆，即绍聪绪，赞疏六卷，但是长科，至于义举，未闻于世。"①由此可知，法聪最早将自己研究《四分律》的"绪"文传给了道覆，道覆依之又制作《赞疏》六卷，这应该是早期研究《四分律》的一些简单著述，因其过早佚失不见，对后世影响不大。

释法聪，姓梅，南阳新野(今河南南阳)人，八岁出家，卓然神秀，正性贞洁，身形如玉。他自小喜欢食素，对美食没有兴趣。长大以后，更加注重行操，凡是别人供养的贵重东西，一概不接受，并且为了回报善施，写经藏三千多卷。二十五岁时，东游嵩山，西游武当，沿途始终默然宴坐。后来到了襄阳伞盖山白马泉，就建造了一座房子，作为自己的修行禅室，并在山谷里建造了两座房子作为寺院。

梁朝初年，晋安王来到襄阳后就来拜访他，快到禅室时，晋安王的马突然后退不前，晋安王就惭愧的退回去了，晚上还做了很多噩梦。后来又去，马还是和上次一样无故后退。晋安王回家虔诚地沐浴斋戒一段时间后，才得以见到法聪禅师。晋安王刚到寺院旁边时，只看见山谷中燃着熊熊大火，看了一会儿，忽然火又变成了水。后来水没了之后，突然眼前显现出了房屋。见面后晋安王问法聪刚才是什么现象，法聪告诉晋安王他刚才正在水火定中。法聪在房中坐绳床上，绳床旁边卧着两只老虎，晋安王不敢进去，法聪用手把两只老虎的头摁在地上，然后让老虎闭上眼睛，晋安王

① (唐)道宣：《续高僧传》卷二十二，《大正藏》第50册，第620页中。

才敢进去，给他行了大礼。晋安王给法聪说最近境内虎灾严重，请和尚帮忙。法聪就入定了，过一会儿就有十七只大老虎来了，法聪就给这些老虎受了三皈依，告诫它们别再吃人。又让弟子给每只老虎的脖子上系了一个布条，说七天后再到这里来。过了七天，晋安王设斋供僧，大家都来了，十七只老虎也都来了。他就给老虎喂了食并解开了布条。从此之后，当地再没有发生过老虎伤人的事情。

有一天，他和晋安王来到白马泉边，泉内有一只白龟，来吃法聪手中的东西，他给晋安王说，这是一条雄龙。然后来到灵泉，有五色鲤鱼，也来吃他手里的东西。他说，这是一条雌龙。晋安王和他的部下非常惊叹，给寺院供养了很多东西就回去了。有一伙几十人的强盗，听说寺院里有很多布施的财物，就在晚上来抢劫，快到寺院时强盗们就遇到了哮吼的老虎挡住了他们的路，又看见有一个非常高大的人站在禅室旁边，旁边的松树也只有那人的膝盖高，那个巨人手里拿着金刚杵守护禅室。这些人吓得一晚上走不回去，到了中午才返回家。后来这些人投案自首，晋安王把这事表奏给皇上，皇上下诏给法聪禅师修建了禅居寺。法聪自己不去住，而是让他的弟子们住。后来又下诏，在他的住处建造了灵泉寺，北周时期改为静林寺，隋朝又改为景空寺。

法聪出行时，常会有所救助。有一次他看见几个屠夫赶着百余头猪去屠宰，法聪说了三遍"解脱首楞严"，绑猪的绳子就自动解开，猪也四散奔逃了。屠夫们大怒，准备动手揍他，但突然手不能动了，就赶紧向他悔罪，从此再也不干屠宰业了。有一年，荆州大旱，长沙寺派遣僧人到法聪那里请雨，派去的人刚回来，就有大雨滂沱而下，所有的池子都下满了。梁高祖派遣庐陵王去请法聪来都城，他坚决不去，偷偷地跑到荆州的神山中隐居起来。湘东王听说后，专门去神山中请他，但他还是不愿回去。后来湘东王作牧荆峡，在江陵建造天宫寺，迎请法聪住在这里，后来法聪终老在这座寺院。梁大定五年九月，法聪无疾而化，这座寺院里有碑记载了他的这些神异之事，景空寺到唐代还保留着他的禅堂。

道宣律师虽然在前面文章中提及到法聪在《四分律》方面的行事，但在他撰写的《法聪传》中却写的都是法聪的种种神异之处，而没有提及他弘律方面的事情，可能是因为这位神僧过于神奇，所以他平时的弘法行为都被流传于后世的这些骇人听闻的故事给遮蔽了。但是后世在提及《四分律》的研究方面，他是被公认的第一人。法聪的弟子中最有成就的是道覆，因为道覆培养了一个著名的弟子慧光，使《四分律》的弘传发生了巨大转机。

2. 搜扬新异释慧光

1）慧光生平

慧光曾师从过法聪的弟子道覆，所以他也属于法聪这一系下来的《四分律》律师。但是由于他著述颇丰，而且培养了一大批非常有影响的弟子，贡献远远大于前面两代师祖，所以他在《四分律》法统中的地位更高。

释慧光，俗姓杨氏，定州卢人，十三岁时跟随父亲迁居洛阳。四月初八日，他跟随父亲去佛陀扇多禅师所在寺院受三皈依礼。禅师见他的眼光外射如焰，心中暗觉他必然有奇异之处，就苦劝之后把他留下来，而且让他诵经。慧光拿起佛经读时，觉得好像以前曾经学习过，很快就能领略其中幽微之义。到了夏末，他就决定剃度出家。慧光刚学习过的经论，就能给人讲解，而且用词精准，说理透彻。当时人们送他外号"圣沙弥"。他因为很有名，供养他财物的人很多，但他却从不积攒，全部又施舍给别人，有些由师父替他保管的供养品，他都找出来全部送人。他师父感叹说："此诚大士之行也"，所以师父对他很娇惯放纵，从来不加管束。然而他却儒雅大气，不拘小节，对于他人的赞叹或诋毁，无动于色，因此大家更加看重他。他师父佛陀扇多说，这个小和尚不是一般人，如果要受大戒，就必须先学习戒律。戒律是修智慧的根基，有大智慧的人没有不持守戒律的。如果先学经论，肯定会轻视戒律。邪见是障碍成道的根源，所以按照规律先学习戒律。

当时《四分律》还没有广泛弘传，只有道覆律师开始研究宣讲，并写了个六卷本的科判提纲，至于更加高深的著述还没有听见过。所以，慧光最早学习的《四分律》，只是听过道覆的讲解。等到他成年之后，学习和修行都基本上周全了，就回本乡受了具足戒，成为了一名合格的比丘。他多次听讲戒律学，戒律条文怎么讲他就怎么做。第四年，他给大家宣讲《僧祇律》，刚开始因为他的讲解过于单一和理论化，所以很难吸引听众。他知道这是自己的功夫没下到，应该把佛教各个方面的理论都搞清楚，才能讲好。于是就跟从辩公参学经论，他的讲法技巧越来越高明，一时声扬赵都。后来又到了京城洛阳，搜扬新异，研究南北音字，通贯幽微差别。他在寺院里任僧职，把每天要办的事情都记录在本子上，然后再不断思忖，参就琢磨办好。他师父有一天看到了他的记录本，就大声对他说：我收你为徒，是想把自己的无上心法传给你，你怎么能把心思用在这些世间琐事上呢。现在我觉得你这个神器已成，可以做个高明的法师了，寺院里的管理事务不是你该干的事情，就别再累自己了。从此，慧光就专心弘律著述，所获颇丰。

有一年天大旱，大家来请慧光祈雨。他就在嵩山池边烧香祈雨，不久大雨滂沱而下，旱情缓解，人人欣喜感恩。后来北魏将军尔朱世隆准备举兵北伐，向僧尼征税来充当军用，遭到很多人的反对，他便立下严刑，敢来劝谏者，斩首示众。当时慧光担任僧官，为了广大僧众的利益，他冒死前去找尔朱世隆说：如果你敢征收这个税，你的国家就没了。尔朱世隆知道他的厉害，听了这句话后，就不敢再提这事了。慧光刚开始在洛阳担任僧都，后来诏入邺城担任国统。临终的前一天，他坐上车准备去僧司，刚出了寺门，他住的房子屋脊就断裂了，他马上就坐下来安顿自己的后事，然后坐化于邺城大觉寺。慧光律师常常发愿往生佛土，但一直没有确定方向，等到他快要气绝时，突然看见有天宫降下，就投到天宫安养去了，时年七十岁。

2) 慧光著述

慧光对中国佛教文化的发展有四大贡献，一是通过他弘传《四分律》

并撰《四分律疏》四卷，开启了中国佛教律学研究开始转向了《四分律》；二是他将勒那摩提和菩提流支分别翻译的《十地经论》通过对比校勘后合二为一，这为中国佛教地论学派的发展奠定了基础；三是撰述了大量的如仁王、华严、涅槃等大乘经疏，对以后各宗派的形成有一定的影响；四是培养了一大批弘传《四分律》的弟子，为以后四分律学的发展打下了坚实基础，也为以后律宗的形成埋下了种子。

3）慧光的弟子们

慧光门下有"十大弟子"，其中影响较大的有昙隐、洪理、道云、道晖、法上、僧范、道凭、慧顺、灵询、凭衮。慧光的这十大弟子只是他众多弟子中的十位最突出者，由此可见，慧光用他的一生为中国佛教律学的发展培养了一大批重要人才，也正是他的这些弟子进一步将他的四分律学思想发扬光大，才会有中国佛教律学向更高阶段发展，也才会有中国佛教律宗的出现。

在慧光的十大弟子中，有一个比较特殊的人物，他就是儒生凭衮。据僧传记载，凭衮是慧光弟子中一位俗家弟子，而且是在遴选十大弟子时，被慧光亲自点名选中的。凭衮是河北人，通解经史，他已经进入国家公务人员候选名单，准备见习后录用任职。他私下想，自己对于道教比较了解，但是对于佛教却一直生不起信心。听说慧光律师很厉害，于是想试着去找慧光律师交流辩论一下，正好碰上慧光律师在讲经，他就在旁边听了一会儿。他看到慧光律师威容庄严，讲解清晰，文精理深。他当时就折服了，虔诚地坐下来继续听讲，而且为听到得太晚而深感痛惜，之后凭衮立即皈依了慧光律师。凭衮善于医药，常年在寺院中为人诊治疾病，只要有人来看病，他就能做到药到病除，患者感激涕零，但他却借此弘宣佛法要道。因他借医说法，多有方便，法言法语，如药对病，听者入心，效果极佳。时间一长，凭衮的影响越来越大，有人就偷偷地把他说的话记录整理成书，叫《捧心论》。凭衮在慧光门下，低声敛气，经常在厨房给大家做饭。等大家吃完了，他只吃一点残羹剩炙。每天晚上住在窖前，取一束蒿草，半坐半靠。天刚一亮，他就已经把粥煮好了，而且不管天阴天晴都是这样。午后凭衾就担食送往监狱供养犯囚，他所经过的路上大家都认识，早早就给他把路让开，最后在慧光门下终老。

在这十大弟子中，影响最大的当属昙隐、洪理、道云和道晖四位。昙隐曾经跟随道覆听律，后来转投慧光门下，他在燕赵邺城一带广有声誉，"其名超步京邺，北悟燕赵"。昙隐与另一弘律的僧人道乐齐名，北方称赞他们"律宗明略，唯有隐乐"。昙隐撰写了《四分律钞》四卷，他的弟子中成器者有十多名，都是以弘传《四分律》为业。道云律师谨奉慧光律师遗嘱，专门弘扬《四分律》，曾经造疏九卷。洪理律师著有《四分律钞》两卷，被道云的徒孙智首律师扩展为四卷。再后来道晖将道云著述改编为七卷，所以当时有谚语说："云公头，晖公尾，洪理中间著。"由此可见，慧光的这些弟子们就是一个强大的学术团队，他们有共同的师承，有共同的研究对象，还有共同的发展方向，所以才会形成中国佛教律学史上一支强大的生力军，最终把中国佛教律学推向了高峰。

3. 断事沙门释洪遵

洪遵律师是慧光十大弟子中道云和道晖的弟子，他是慧光一系中第三代传人中的代表性人物，由于洪遵在京城长安的全力推广，最终将《四分律》由邺城一带传播的地方性律学推向了全国。

据高僧传记载，洪遵俗姓时，相州（今河南安阳）人，生于东魏，后经北齐、北周和隋代，一生历经数代。洪遵八岁出家，受具足戒后，专门学习律部，他深刻地认识到，戒律是出家修行的根本依靠。他先是住在嵩山少林寺跟随道云学习戒律，同时学习《华严经》和《大智度论》。后来听说道云的师兄弟道晖在邺城专门弘讲《四分律》，就告别师友，到邺城拜道晖为师，专门学习《四分律》，不久就能独自钻研，深解其奥。当时道晖有弟子五百人，洪遵很快从中脱颖而出。洪遵不仅学问在同辈人中首屈一指，而且性格直爽，不顾私情。因为道晖是当时著名的律学大家，后来

中国佛教律学的形成与发展

他的讲堂中来学习的弟子特别多，往往会产生各种不同的见解。洪遵就把道晖撰写的律疏搬到学堂中来，让大家对照师父的律疏讨论学习，然后再复讲，复讲没有问题才算过关，后来他就专门负责这件事，大家都对他很佩服。

洪遵认为戒律和其他各部经论都能融会贯通，就重新听讲毗昙大论，以了解更加精深的理论。为了使心能静下来，他就到禅林中学习调心之法。这样学习了十年，才又重新回到律学之中。四周远近的人望风而来，他的弟子过千人。当时北齐王支持佛教的发展，因受洪遵的影响决定凡是僧众犯法，就依照佛教戒律惩治，国家司法机构不予干涉。当时青州和齐州的僧众因观点不同常年争论不休，就连齐王从中调解也不能平息。于是就请洪遵前往调解，洪遵用他高深的佛学理论和律学造诣使双方彻底折服，最终平息了常年的争论，这件事情一时传为美谈，齐王也因此封他为"断事沙门"。北周时期，他被推举住持少林寺，使本已衰败的寺院很快恢复起来。

隋开皇七年(587)，文帝下敕在京城召见高僧大德，洪遵与五大德同时受到文帝的接见。然后文帝敕请他常住大兴善寺，于是他和他的十个弟子便常住大兴善寺，由皇家供养。开皇十一年(592)中，文帝下诏，让他与天竺僧人共同翻译佛经。开皇十六年(597)，又下诏让他担任讲律众主，他和他的弟子们在崇敬寺专门弘扬《四分律》，研修律学。因关中地区最早弘传的是《僧祇律》，当地僧众很反感有不同的戒律被弘传，所以他刚开始讲《四分律》时来听的僧人很少。他后来就想了个办法，白天讲《法华经》，晚上讲《四分律》，而且他常常讲经就延伸到戒律方面。因为他讲法特别精彩，僧众听着欢喜，后来大家就逐渐接受了他讲的《四分律》。由此而言，把《四分律》弘传到京城所在的关中地区，洪遵是第一人，后来导致了北方不再弘传《僧祇律》的结果。

隋仁寿二年(602)，文帝下诏由洪遵送佛舍利到卫州(今河南卫辉市)的福聚寺，并在寺院将舍利公开展示，舍利放出红色和赤色两种光，光艳夺目，周围人都看到后，都感到非常喜庆吉祥。仁寿四年(604)，文帝又下诏，在没有舍利塔的三十几个州，请高僧大德同时奉送舍利，建塔供养。洪遵就负责搜罗遴选符合要求的高僧大德担任这项任务。

洪遵被文帝派到博州(今山东聊城)奉送舍利，建塔供奉。他刚到博州西边，就有几十只白鹄，在护送舍利的车上盘旋飞翔，很久才离去。等他们到达城东的隆圣寺时，准备建塔的地方晚上有白光数十道，每一道白光都像车轴立在地基上。地基旁边树上的鸟儿都被惊散了，然后又下起了白色的花，像雪一样铺了一地。塔基挖了五尺深，挖出了半升粟。晚上，又有八十四位神仙降临，手里拿着鲜花绕着塔转了很久才隐身不见了。有一位姓李的妇女，患眼病致盲二十多年了，她来拜完佛塔后，两只眼睛恢复了光明。等到四月八日塔建成时，来了很多黑蜂，它们衔香绕塔，佛塔周围香气萦绕。同时又出现了白莲花从塔的四角布垂而下，高达数百丈，花叶分布下垂于空，还有五彩莲花装饰在其中。总之，各种从未听说过的奇观不断出现。等到下面人报告给朝廷后，各种奇怪现象就停止了。

洪遵是第一个把《四分律》传到长安地区的律师，他把原来只在晋北地区弘传的《四分律》学带到了京城长安地区，这为以后《四分律》学传向全国迈出了重要一步。洪遵在京都弘传《四分律》的盛况，远超古人，还撰写了《大纯钞》五卷，用来指导学习《四分律》。洪遵在大业四年五月十九日圆寂在兴善寺，年龄七十九岁。洪遵的弟子很多，但其中比较有名的主要有玄琬、法胜、洪渊等。后辈徒孙中最有名的当属开创相部律宗的法砺，法砺是洪渊的弟子。

4. 护法菩萨释玄琬

玄琬是洪遵弟子中最有名的一位，他在世时社会地位非常高，影响也很大。玄琬曾撰写《佛教后代国王赏罚三宝法》《安养苍生论》《三德论》各一卷。

据《续高僧传》记载，玄琬(562—636)又名慧琬，华阴(今陕西渭南)杨氏。玄琬小时候跟随昙延出家，受具足戒后就跟随洪遵学习《四分律》。

因为周武帝灭佛导致佛教经卷破坏严重，所存卷帙零乱讹谬，玄琬就组织学问僧进行整理校对，还经常资助各种造经造像的活动。玄琬在每年春季受戒之前，依照二十五佛及千转神咒，沐浴斋戒，严格要求僧众守戒护生，所以被称为"护法菩萨"。隋文帝崇敬玄琬的德行，专门为他建寺安处。唐贞观初年，唐太宗召请玄琬为皇太子及诸王子受菩萨戒，并且专门为他建造了普光寺，他经常教导太子减少杀生。唐贞观九年，应玄琬的"行慈灭杀，以顺气封斋"建议，唐太宗李世民下诏自三月至五月，全国禁杀生。后来玄琬又上书请求对这一禁令延期，朝廷又特许下令禁杀延期至年底。据僧传记载，玄琬的弟子非常多，只是僧尼从他受戒的人就有三千多，而社会上自王公大臣到普通平民百姓，从他受戒的人就有二十多万。

玄琬的师父昙延法师在世时，曾发愿建造一个一丈六尺高的释迦牟尼佛像，这个愿望在他离世前也没有实现。作为弟子的玄琬就誓愿一定实现师父的愿望。于是在隋仁寿二年铸造了这样一尊释迦牟尼像。佛像造成后，当时空色清朗，杲日流辉，天空下起了像云母一样的天花，满空飘洒，最后都落在佛像前，看到的人都惊奇赞叹。这尊鎏金佛像很大，以前还没有人造过这么大的金佛像，此后每当夜深人静的时候，空中就飘来梵呗之音，但不知道是从哪里来的。玄琬律师圆寂后，皇帝下诏："玄琬律师，戒行贞固，学业清通。方寄弘宣正法，利益群品，不幸没世。情深恻悼，赐物如别，斋所须事由天府。"[1]正如他的弟子宗正卿李伯药为他撰写的碑文中所说："使唐运搜举，岁拔贤良，多是律宗，实由琬之笃课。"[2]

5. 集大成者释智首

智首律师是隋代最重要的《四分律》弘传之人，往昔由慧光传道云，道云传道洪，道洪传智首，从师承辈分来说，洪遵是智首的师叔，智首是慧光一系第四代传人中的代表性人物。从律学发展过程和结果来看，智首

---

① (唐)道宣：《续高僧传》卷二十二，《大正藏》第50册，第616页上。
② (唐)道宣：《续高僧传》卷二十二，《大正藏》第50册，第616页中。

是慧光一系律学的"集大成者"。在隋代，洪遵律师使《四分律》传到京城，形成了道俗相随的局面，但是关中地区仍然有一部分僧众弘传和奉持《僧祗律》，真正结束这种数律并弘局面的是僧祐律师。僧祐律师在律学理论方面成就极高，他将五部大律进行对比分析，最后使大家彻底搞清楚了各部律的优缺点，最终放弃了其他戒律的弘传，确立了《四分律》在中国佛教律的学界的独尊地位。智首从理论上结束了四部大律及其相关律学分而治之的局面，最终将中国律学统一到了《四分律》上。

释智首，俗姓皇甫氏，他是西晋名士皇甫谧的后裔，皇甫家族曾是中医世家，皇甫谧被誉为中医"针灸鼻祖"，在医学史和文学史上都占有很高的学术地位。智首律师祖上因出来做官，迁徙到漳滨一带，智首律师就出生在这里。智首律师家学渊源，自小就显现出过人的才华和不同凡响的志向，小时候就已经驰誉乡邦。

智首刚开始跟随相州云门寺智旻禅师学习，智旻禅师也是著名禅宗大师僧稠的高足，在当时也是禅宗大家。因为智首年龄小，智旻就让他从最基础的佛学开始学起，而且常常给他强调佛教"戒为师本"理念的重要性。智首律师当时还是个小沙弥，但他定慧双修，每当遇到弘讲戒律的律师，就悄悄地请教各种戒律问题，然后按照律师讲的内容，如法修行。因此大家都很崇敬他，有什么问题都来向他请教。

不久之后，他母亲也出家为尼，法名叫法施，在一家官寺中刻苦修行，"深修八敬，遵重五仪"。一般认为女性多情，持戒较难，而法施法师严格遵守佛教中有关比丘尼的戒行要求，心无旁骛，一心办道，在北方地区很有声望。因智首年龄小，经常回去探望出家的母亲，他母亲法施就给智首律师的师父智旻法师提议，让智首早点受大戒，彻断尘缘，早服道味。但智旻禅师并没有答应智首母亲的要求，而是观察了他很久之后，觉得他性情稳定，风骨坚深，允许他受具足戒。但智首却觉得自己还不够资格，以受戒后"恐薄坠行门，便有沦道器"为由拒绝了。然后他就遍访北方的各种高人贤达，向他们诚恳参问学习，如此三年之后，他才觉得心中有数。

二十二岁时，智首郑重其事地受了具足戒。虽然他已经举行了受具足戒的仪式，但自己不能确定是不是真的得戒。于是，他就在古佛塔前祈请佛菩萨为他显证，他竟然真感应到佛降临为他摩顶，使他觉受到身心安泰，这才确认自己已经得戒。从此之后，智首律师更加精进修行，严持戒律，虽然有些戒律律义他还没听到过，但他的行为却已经做到了，所以当他看到这些戒律条文时，就知道怎么回事。后来，他拜道洪为师，当时道洪律师有七百多位学生，其中高手如林，但是智首律师还是很快从中脱颖而出，还不到三十岁，就多次开坛讲律，当时已经名扬天下的灵裕法师也来听他讲律，一时传为美谈。

隋文帝为了纪念超度亡故的独孤皇后，建造了禅定寺，广召天下高僧入住，一方面是诏请禅宗高僧，弘扬禅法，另一方面是诏请律学大家，弘扬戒律。于是智首律师就和他的师父道洪一起来到京城，常住禅定寺。他在讲解律学之余，博览三藏众经，用了四年时间，将汉文佛藏中五部大律的内容进行全面系统的对照分析研究，总结出了每部大律的优点和不足之处，对很多相互矛盾的方面也做出了合理的解释和纠正，最后撰写成了一部二十一卷的《五部区分钞》，之后又撰写了一部《四分律疏》，从而确立了他的律学大家的地位。自从律藏翻译完成以来，各地佛教律学家一般都专攻某一部大律，很少有人对五部大律进行综合对比研究，因此，他们各自对佛教戒律整体性的把握都有所欠缺。智首律师是中国佛教界吸收借鉴各家律学研究成果、打通五部大律进行综合研究的第一人，所以他的研究成果是中国佛教律学研究方面的一个高峰，智首律师当时就成为佛学界公认的律学权威。他通过对比研究之后得出结论认为，《四分律》是五部大律中最完善的戒律大典，也是最适合在中国弘传的佛教戒律典籍。正是智首律师对各部律"括其同异，定其废立"，最终使《四分律》一统中国佛教律学。

洪遵是智首的师叔，他也是第一位在京城弘扬《四分律》的律学大家，他对《四分律》的主要贡献是在弘传区域上有开创之功，但在传文律仪方面还有很多不足之处。洪遵与智首在《四分律》的研究方面相比，他还稍逊一筹。因此，当智首在京城开始弘讲《四分律》时，作为师叔的洪遵也来听讲，而且让他的弟子也一起来向智首学习。智首律师开始在隋唐两代京城弘传《四分律》以来，"三十余载，独步京揆，无敢抗衡，敷演所被，成匠非一，所以见迹行徒知名唐世者，皆是首之汲引"。①就是说，自他开始在京城讲《四分律》之后，就再没有人能够在理论上和他相比了，而且后世的很多著名律师，基本上都是他培养出来的。

唐武德年间，智首又被诏住在大禅定寺，这座寺院最早是隋代的皇家寺院，唐代改名为大庄严寺，因寺内有两座高达一百米左右的木塔，所以后来西安叫木塔寺。因为当时国家给他的供养非常丰厚，根本用不完，智首就抽调一部分在他曾经出家受戒的相州云门光严寺建了两座佛塔。

贞观元年(627)，有一位天叫波罗颇迦罗蜜多竺三藏法师，带来了很多梵文本佛经，准备翻译成汉文。朝廷就让有关部门召集全国高僧进行翻译，智首被选为"证义大德"，凡是涉及戒律的内容，都要经过他的认可之后才能确定。贞观八年(634)，唐太宗为了悼念他的母亲太穆皇后，在长安建造了弘福寺，诏请智首为首座。因为智首对佛法态度严正，从不徇私情，所以任命他为弘福寺僧刚，由他来选择寺院的常住人选。当时弘福寺是皇家寺院，有些僧人本来想通过关系进入寺院作常住，但听说由智首选人，就知趣地放弃了。

贞观九年(635)四月二十二日，智首在住所圆寂，时年六十九岁。唐太宗李世民对他的离世非常哀痛，下诏举行国葬，所有丧事费用全部由国家支出。自隋至唐，僧无国葬，所以，智首律师是第一个国葬的僧人。当时，仆射房玄龄，詹事杜正伦和其他各个王公大臣都对他尽表哀悼之情。直到二十九日，隆重的丧礼才装办停当，当时天气特别炎热，但他的尸体却始终没有腐臭味道，大家都为之惊叹，认为是他一生持戒精严的结果。各个

① （唐）道宣：《续高僧传》卷二十一，《大正藏》第 50 册，第 614 页中。

中国佛教律学的形成与发展

寺院他的徒弟们送来的花圈素幢，放满了整个街道。朝廷在京城北郊的龙首原上划拨了十亩土地作为他的坟地，三百多民工抬土筑坟，然后在坟院种了一千多株柏树。他的弟子们在弘福寺门口为他立了一方大碑，碑文由许敬宗撰写。

正是洪遵、玄琬、智首等这些律师们的不懈努力，才使得中国佛教律学逐渐扭转局面，走上了康庄大道。自此之后的法砺、道宣进入了由律学到律宗的开宗创派的律宗时代。

自北魏时期的法聪开始讲《四分律》，到后来慧光进一步发扬光大，使《四分律》在北方开始弘传，期间经过历朝数代律师们的努力，有人在理论上不断提升，前后研究《四分律》的近十八家之多，撰写的《四分律》注疏二十多部，还有人在影响上不断扩大，如洪遵、玄琬等高僧借助自己在社会上的巨大影响，使《四分律》的影响不断扩大，直到唐代智首律师为止，终于结束了中国律学多部大律分散弘传，各行其是的状态，使《四分律》从北方局部地区弘传达到了全国通弘的局面，为中国律学发展迎来下一个高峰奠定了基础。至此，中国佛教新的宗派——律宗已经呼之欲出了。

四、中国佛教律宗的创立

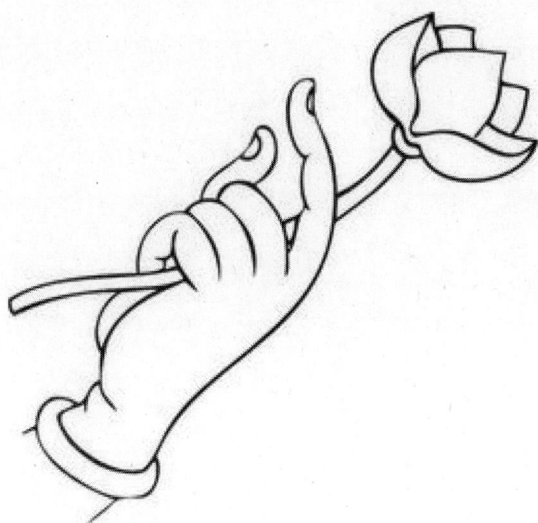

（一）律宗创立中的其他分支

在道宣律师创立南山律宗的前后，先有相州的法砺律师创立了相部律宗，后有东塔的怀素律师创立了东塔律宗。这两家律宗后来都相继衰微湮没或融入南山律宗，成为佛教律宗发展史上的两股支流，而南山律宗最终成为律宗的主流和正宗。这一历史过程说明当时佛教律宗的创立，是佛教律学发展和中国社会需求结合的一种必然结果。下面对历史上曾经存在过一段时间的两家律宗分支略作介绍。

1. 中国佛教的宗派潮流

自东汉末年佛教传入中国开始到隋唐时期，前后已经历六百多年，在这个过程中，佛教文化不断地温和地渗透到中国社会的各个层面。佛教文化在这种持续温和的传播过程中，不时地会遇到来自中国本土儒家文化和道家文化的抵触和排斥，但佛教文化中所蕴含的"随方毗尼"的顺应智慧，总能将各种障碍化于无形，这种适应过程也是佛教中国化的过程。佛教从印度传入中国之后一直在向中国化的方向发展，最终完成中国化转而成为中国佛教的主要标志就是中国佛教宗派的形成。中国佛教各个宗派是中国人在进一步了解和理解佛教之后，根据中国社会需求对佛教进行中国化的诠释和改造，在中国佛教史上曾经出现过十多个佛教宗派，经过历史的选择和淘汰最终只有八个宗派产生了重要影响并被承认，这八个宗派包括三论宗、天台宗、华严宗、净土宗、禅宗、唯识宗、律宗、密宗等八家。

在中国佛教宗派形成过程中，支撑着各个宗派的理论基础就是它们各自的判教理论。可以说，判教是中华文化对外来的印度佛教文化消化吸收的一种方式，判教理论的形成和出现，充分表现了中华文化特有的融摄精神。具体来讲，判教就是通过对佛教所有经典和义理进行宏观把控和微观分析之后，构建一套分类体系，再对各类佛教经典进行定位。通俗地说就是各个宗派用自己的判教理论体系把佛教教义划分为几个相互关联的部分，各个部分有高下次第，但又是一个有机整体。

为什么要判教呢？因为佛教经典包括了佛陀五十年来宣说的所有经典，浩如烟海，而且佛陀在不同时期所说的佛教教义之间有相互矛盾和冲突的地方，如果都是佛说的内容，为什么会相互矛盾呢？这就需要后世的佛教界给出一个合理的解释，这个解释的过程中就出现了判教理论。判教理论有以下四个作用：一是把佛教的三藏十二部经典进行分类，确定其说法时间与内容的归属，以便进行比较和研究；二是从时间与内容上确定佛法理论的大纲，整理成各个不同的理论体系，以便归纳整个佛法；三是便于学习者用较短的时间了解佛陀全部教义的内容，并可以在修行意境与悟证位次上进行对照；四是在判释之后，各个宗派便可以此发挥其理论与观修体系的圆满与深妙。因此，判教在中国佛教中的作用是十分重要的。

有的教派根据时间将佛在不同时期说的法划分为不同部分，如天台宗根据佛陀说法时间不同将佛教判为五时八教，这五时指：第一，华严时，佛陀成道最初七日对法身大菩萨及宿世根熟众生，讲《华严经》大法，正说圆教，兼说别教，但小乘钝根人如聋如哑，根本听不懂，这时就像刚挤出来的牛奶，是五味中的奶味；第二，阿含时，佛为钝根小机人在鹿野苑十二年间讲说三藏教《四阿含经》，这时就像从牛奶中提炼出的酪味；第三，方等时，之后的八年时间，佛说《维摩经》《思益经》《楞伽经》《楞严经》《金光明经》《胜鬘经》等大乘经典，并且讲了藏、通、别、圆等四教，批评小乘，赞叹大乘，使小乘人耻小慕大，这时就像将酪加工成生酥；第四，般若时，在方等之后的二十年间，佛为已回小向大的小乘人说《般若经》，以讲明诸法皆空，融合大小乘于一味，破斥其对大小乘的分别偏执，正说别圆，兼说通教，这又像生酥制成了熟酥；第五，法华涅槃时，钝根小机之人渐已调熟，佛在最后八年时间说了《法华经》，正明圆教，畅出世本怀，开权显实，会三乘归一乘，令开示悟入佛之知见，授记作佛，佛陀临示灭的一昼夜，又说了《涅槃经》，追说四教，扶律谈常，这时就像从熟酥精制而成醍醐味。佛在"五时"所说的经典，从形式来看不外乎顿、渐、秘密、不定。从内容来看不外乎藏、通、别、圆，如此八个方面，合为八教。

再比如华严宗把佛教教义划分为五教十宗，五教是依佛经所诠释法义的浅深，把佛一生所说教法分为五类：小乘教，大乘始教、大乘终教、大乘顿教、一乘圆教等。十宗是以五教为理论基础，将佛教分为十个宗，小乘包括第一宗至第六宗，大乘包括第七、八两个宗，顿教为第九宗，圆教为第十宗，这种说法与天台宗相近。总之，每个宗派都有自己的一套判教理论，由此可知，判教理论是佛教宗派能够确立并有别于其他宗派的根本性标志。正是因为有前面这些判教理论的出现，并依此形成了各种中国佛教的宗派，这给后面的律宗创立者提供了非常重要的启发和参考作用。

中国佛教律学的发展过程一方面是循着中国佛教的基本需求，针对如何理解和适用佛教戒律所进行的形而下的实用性研究，另一方面是在中国哲学思维惯性引导下进行的形而上的哲学性研究，即寻找佛教戒律和成佛之间哲学关系。如果中国佛教戒律学只有形而下的实用主义向度，那佛教戒律学中也只能培养出一大批精熟戒律条文，善于寻章摘句的戒律僧，中国佛教戒律的适用也会永远停留在不同地区，各自适用五部大律中的某一部的分化状态。但因为中国佛教律学中始终存在着形而上的哲学思维惯性，这就会引导中国佛教戒律学会对戒律本身的哲学意义进行深入探究，这也必然会导致中国佛教律学会对各部大律进行哲学性的思考和批判，最终选择出最合理而且最适合在中国传播的佛教戒律。简要通俗地说，就是中国佛教律学最终会引导中国佛教戒律在理论上走向高度统一，而理论上的统一则会导致行为与组织上的统一，这是由律学最后演变成为律宗的文化根源。中国律学的发展也遵循了这一过程，从南北朝开始，经过《四分律》历代传人的持续不懈的努力，最终使四分律学从地区走向全国，到隋唐时代，四分律学逐渐由一家之言形成一家独大的局面，这种局面最终导致了律宗作为一个宗派的出现。

2. 最早开创的相部律宗

在中国佛教律宗创宗立派的初期，先后有三家《四分律》传人宣告创宗开派：一位是相州的法砺律师，一位是南山的道宣律师，一位是东塔的怀素律师。前后两位所开宗派不久之后就湮没了，最终是道宣律师创立的南山律宗成为中国律宗的正宗和主流而久远流传。

释法砺(569—635)是四分律学体系中慧光一系的传人，他的律学师父是洪源，洪源是洪遵的弟子，所以说他也是师出名门，属于慧光一系的嫡传弟子。

据僧传记载，释法砺俗姓李，河北赵县人，因为祖上做官而迁居到相州。他刚生下来时满口的牙都长齐了，一直到老都没有一颗坏牙。法砺十五岁时跟随灵裕法师出家，受具足戒后就跟随静洪律师学习《四分律》。通过几年的学习，他就掌握了老师能教给他的所有知识，然后又拜洪源律师为师。洪源是当年洪遵大师的高足，法砺跟随他学习了两年多时间，就能开坛讲律。他既能做到对经律通略枝叶的追根究底，又能博引旁征的讲解要点，周围几乎没有人能和他对话，然后他又去江南学习了《十诵律》。法砺从江南学成归来后，当时正是隋朝末年，天下大乱，法砺只能返还邺中隐居修行，钻研律学，适缘开导。李唐王朝建立后，佛教又开始兴盛起来。法砺后来遇到曾经听过他讲法的临漳县令裴师远，邀请他在县里讲法传戒。法砺就在临漳县传法多年，因听他讲法而开悟的人很多，他在当地的影响也与日俱增。

法砺认为律学内容浩繁，如果不凭借文字记述，不管是钻研律学的老学者，还是刚入门的新学者，都很难完全记住并消化理解，所以他就将自己所有的学习心得和旁闻博记的内容记录成文，最后整理成十卷本的《四分律疏》。后来法砺又撰写了《羯磨疏》三卷、《舍忏仪轻重叙》一卷，这在当时都是非常有分量的律学著述。贞观九年(635)十月，法砺圆寂于临漳日光寺，时年六十七岁。

法砺一生讲《四分律》四十多遍，著述十四卷，他撰写的《四分律疏》上接慧光的《四分律疏》，下承智首的《四分律疏》，是四分律学发展史上著名的三要疏中的"中疏"。法砺的《四分律疏》是现今尚存的律疏中最早最完备的一部《四分律》注疏，这部著作对后世律学著述影响很大，后世很多律学著作基本上都沿袭了这部律疏的写作方法和编排体例。

既为一代宗师，法砺在律学方面自有一套较为完整的思想体系，法砺将律学的宗旨归结为"受随"二门。他说，戒宗有二，一曰受戒，一曰随戒。他对于受随的诠释为"言受戒者，创发要期，断恶修善，建志成就，纳法在心，目之为受。言随戒者，受兴于前，持心后起，义顺受体，说之为随。"①在戒律学中有一套由"戒法""戒体""戒相""戒行"等概念构成的理论体系，其中戒体问题是这一理论体系的核心概念，其他概念都是由戒体推导衍生出来的。对于戒体问题，不同律学家主要是探讨它属于"色法"还是"心法"的属性问题。法砺在这一问题上有他明确的回答，他根据《成实论》思想判定戒体属于"非色非心"，这一观点与后来律宗祖师的道宣略有差别。

法砺是第一个以《四分律》创宗立派的人，因他一直在河北相州一带弘传《四分律》，所以他创立的律宗被称为"相部律宗"。

3. 后起之秀东塔律宗

东塔律宗是由西太原寺东塔怀素创立的，在律学方面，怀素是法砺的徒弟，也曾经听过道宣讲律，并曾参与道宣律师的戒坛传戒活动。怀素觉得不管是法砺还是道宣，他们的律学思想都有缺陷，所以他自己在借鉴和批评这两家的基础上自成一家，并宣告创宗立派，后世称为东塔律宗。

释怀素，俗姓范，祖籍河南南阳。他的曾祖父范岳在唐高宗时期被选调为绛州曲沃县丞，祖父范徽任延州广武县令，父亲范强任左武卫长史，所以怀素出生在京兆长安。

---

① （唐）法砺：《四分律疏》卷一，《大正藏》第41册，第523页下。

据说他母亲李氏被梦中的乌云密布和雷电交加所震骇，因而怀孕。在他诞生的时候，神光满室。有一位算卦的人预言，这是一位大贵人，将来会成为帝王之师。他小时候非常聪慧，同时也显得老成持重，器度宽然。有会观相的人说，他将来学必成功，才当逸格。等到十岁时，他忽然要求出家，而且态度非常坚决，他父母怎么也拦不住。贞观十九年(645)，玄奘法师刚从天竺取经回国，怀素就发誓一定要拜玄奘为师。他跟随玄奘学习经论很快，受具足戒后，就开始专攻律学。当时法砺律师在相州已经开宗立派为相州律宗，怀素就去拜法砺为师，法砺也非常喜欢怀素，知道他将来会成为一位律学大家。

怀素跟随法砺律师学习了三年，就发现法砺律学理论中的不足之处，然后感叹说：前辈们的著述都不完善啊。在咸亨元年(670)，怀素就发愿另外写一本以《四分律》开宗创派的著作。上元三年(676)他回到京城长安，奉诏常住西太原寺。当时法砺的弟子道成在西太原寺弘讲《四分律》，怀素就经常旁听道成讲律。永淳元年(682)，经过十多年的努力，怀素终于撰写出来了十卷本三十多万字的《四分律开宗记》，当时著名的诗人王勃曾为他撰写了《四分律宗记序》。因为《开宗记》中对过去古人撰写的疏注提出了尖锐的批评，有很多新的观点，所以在当时引起很大轰动。之后他又撰写了《俱舍论疏》一十五卷、《遗教经疏》二卷、《开四分律宗拾遗钞》三卷、《新疏拾遗钞》二十卷、《四分僧尼羯磨文》两卷、《四分僧戒本》一卷、《四分僧尼戒本》一卷。

怀素律师一生精进勤勉，先后师从玄奘、法砺、道成等名师学习，而且也参加过道宣律师的立坛传戒活动。除了勤奋著述外，还坚持日诵《金刚经》三十卷。前后讲《四分律》和自己的律疏共计五十多遍，其余写经画像不可胜数。最后在西太原寺圆寂，时年七十四岁。下葬之日，有葬鸿鹤绕塔悲鸣，至暮方散。

怀素一生著述颇丰，但《开宗记》是他的代表之作，开宗一词，有开宗立派之义。因怀素不满法砺的观点，认为不尽圆满，所以才有发奋著述的动力，所以他从一开始就想驳斥法砺之说而重新开宗立派。同时，他认为《四分律》是以"戒行为宗"，所以他要确立这种正宗思想，达到"开宗局明戒行"目的。但是纵观怀素《开宗记》，其主要内容还是以法砺的《四分律疏》为主，只是以玄奘所传的俱舍学为依据，吸收了法砺和道宣的思想后在局部内容上有所修正。因此说，怀素的律学思想是在对相部律宗和南山律宗两家思想学习、继承和批判的基础上展开的。虽然法砺和道宣都是师父辈份的大师，但怀素在对他们观点的批判上一点不留情面。他批评当时如日中天的道宣律师的《四分钞》，没有严格按照戒律条文对《四分律》进行解释，而是加入了很多自己的理解，随意删补。此外他还批评道宣宣扬神秘文化，说自己获得了天人的供养，这是打妄语，等等。对自己的师父兼师爷的法砺，怀素的批判也是毫不留情，不仅指出法砺撰写的《四分律疏》有十六处错误，而且批评法砺"相部无知，则大开量中，得自取大小行"。不仅如此，凡是他认为有错的地方，即使古代大德也不放过。

怀素是玄奘的弟子，所以他对玄奘所翻译的《俱舍论》非常熟悉，而该论又属于小乘佛教的基本理论典籍，所以怀素就依其立论，提出《四分律》的戒体应为"色法"，并据此批评努力将《四分律》融入大乘理论的道宣将戒体确定为"心法"。如果仅仅从纯粹经院哲学的理论方面来看，怀素的说法可能更加接近于原始佛教，但是如果从为了使佛教戒律更加适合于普遍流行大乘佛教的中国而做大乘解释角度来看，道宣律师的努力则更加符合潮流，因为这直接关系到佛教在中国的前途问题。

4. 新旧相争与"金定并行"

法砺律师的门人后学较多，但其中突出者较少，各种史料和僧传中有记载的主要有道成、昙光、满意、怀素等，而且法砺门人不拘辈分，互相参学，有些律师还兼学南山律宗，所以谱系不是很清晰。

　　道成律师是法砺的弟子，他的生年籍贯均不详，只知道他在京城讲《四分律》，他培养的弟子中著名的有文刚、怀素等。则天垂拱年间，日照三藏翻译《显识经》等，则天皇帝诏请十名高僧做证义大德，道成就名列其中，并因此名震一时，但后来不知所终。

　　满意也是法砺的弟子，据僧传记载，满意也不知道他的来处和生年，但精通经论，尤其专于律学。唐武德末年，听说邺都法砺律师作疏解《四分律》，就前往拜师求学，法砺将自己所得，全部传授与他。满意然后又受学于长安恒济寺的道成。满意与怀素都曾拜法砺为师，又求学于道成，所以他们二人的师承关系很相似，而且因满意住于长安弘福寺西塔，世称"西塔律师"，而怀素住西太原寺的东塔，世称"东塔律师"，二人当时齐名。满意也曾跟随道宣学习南山律宗，所以僧传中称他为"名匠一方，南山上足"。满意弘讲《四分律》三十多年，门下法嗣有大亮、定宾、玄严、法藏、慧闻等十六人。满意律师虽无著述，但他的门人却光耀后人，其中法藏后来成为华严宗三祖。大亮律师再传给越州的昙一律师，昙一律师把《四分律》传到了南方。

　　东塔怀素创立东塔律宗较晚，所以他的门人弟子活动时间比相部律宗的要长一些，怀素的门人主要有如净、法慎和澄楚，澄楚传慧照。但东塔律宗仅传数代就再无人弘传了。法慎曾随怀素学律，当时声震京师，后来回到江苏扬州。因为他讲法非常灵活，将各种思想都用来弘宣佛道，比如他讲戒律时，对子女讲依于孝道，对大臣讲依于忠诚，对皇帝讲依于仁义，对下人讲依于礼仪。他在当时当地威望非常高，太子少保、兵部尚书、诗人王昌龄等都对他非常推崇。

　　在中国佛教史上，曾发生过一件"佥定律疏"的历史事件，这是佛教史上一件很有意义的事情。因自从怀素创立东塔律宗后，该宗就常和法砺的相部发生争执，这种争执一直延续到双方的后期传人那里，甚至愈演愈烈，最后惊动了朝廷。为了佛教界的稳定，也是为了佛教文化的良性发展，于是在唐大历十三年(778)，代宗颁诏，让佛教界选举十四位高僧大德组成评审委员会，这十四位大德分别来自南山宗、相部宗和东塔宗，让他们来决定法砺和怀素的新旧两个宗派的律疏是废除一家，还是两家合并而行。最后大家决定将新旧两疏取长补短合并成一疏，在各位大德的共同努力下，经过两年时间，最后将两家的律疏融合成为一本律疏。当这本律疏刚交到朝廷等待颁行时，就有人上奏表示不服。皇帝感到为难，后来大臣建议采用"两疏许以并用，从学者所好"的处理原则。后来不久，随着相部律宗和东塔律宗的弘传势头日渐低落，最后逐渐融入南山律宗后，两家的争论也就随之落定。

相部律宗、南山律宗和东塔律宗同属四分律宗的分支，而其中东塔律宗又是从相部律宗中分支出来的，但这两家律宗都在弘传不久之后就逐渐湮没了，四分律宗便只剩下南山律宗一家延续法脉，继续弘传，最后成为中国佛教律宗的正宗主流。

（二）律宗祖师道宣生平

道宣律师是南山律宗的开创者，他的一生充满了传奇色彩，但在他身上体现更多的是一位勤勤恳恳弘扬佛教、孜孜不倦完善自我的高僧形象。

1. 名门之后　律宗初祖

道宣律师是著名律学大家智首的徒弟，是中国佛教律宗的实际创立者，他在继承智首律师的律学衣钵后继续努力钻研，最终超越了前代律学大师们的律学理论和思想，完成了中国佛教律学的哲学建构，提出了一套系统而又实用的律学理论体系，完成了中国佛教戒律弘传由律学向律宗的转变。道宣不仅仅是一位伟大的律学理论家，同时也是一位律学的实践者，是当时佛教界学习的楷模，在他的理论体系指引和实际行动感召之下，最终建立了中国佛教的律宗，他也成为中国佛教的律宗之祖。

道宣生于隋文帝开皇十七年（597），圆寂于唐高宗乾封二年（667）。道宣俗家姓钱，原籍是江苏丹徒。他的曾祖父是陈朝的驸马都尉，祖父曾担任过陈留太守，父亲钱士申是陈朝的吏部尚书，母亲姚氏，他家祖上数代都是江南的官宦贵族。隋开皇九年(589)，隋灭陈朝，一统天下。陈朝的后主陈叔宝以及所有官僚贵族一并被迁居到京兆都城，道宣的父亲就是这次迁居过程中被迫来到了京兆都城。

律宗祖师道宣

道宣的母亲姚氏有一次梦见月亮融进她的怀中就怀孕了，而且还梦见有一个梵僧对她说：你所怀的人是梁朝僧祐律师的转世，而僧祐又是南齐剡溪隐岳寺的僧护法师的转世，他出生以后应该让他出家，以弘扬佛法。道宣的母亲怀胎十二个月后，道宣才于农历四月八日出生了，因为四月初八日是佛诞日，所以道宣律师的生日和佛的生日是同一天，这在当时被认为是一个非常吉祥的预兆。

2. 高僧启蒙　名师传律

道宣九岁时就能吟诗作赋，十五岁时则厌恶尘俗，喜欢诵习佛典，后来跟随慧頵出家，十六岁落发为僧，在日严寺跟随智頵法师学习佛法。道宣出家的日严寺在当时是一个比较特殊的寺院，日严寺位于京城东南面的青龙坊，是杨广作晋王时建造的。在隋朝平定江南陈朝后，很多高僧都被征请到了京城。日严寺的特殊之处就在于当时从江南征请来的高僧大多居住于此，据说当时著名高僧智脱、道庄、吉藏、慧頵、道尼等五十多位都在日严寺。慧頵法师是道宣律师的启蒙老师，佛教中叫亲教师，他也是江南人，不仅学问很好，而且对戒律很重视，自己持戒也非常精严。慧頵法师对道宣深为器重，在他的培养方面倾注了大量的心血。

　　道宣的启蒙老师慧頵法师也是当时非常有名的高僧。慧頵法师(564—637)俗姓王，山东清河人。西晋末年，祖上为避"永嘉之乱"迁居建邺(今江苏南京)。慧頵的父亲是一位儒生，从幼年开始就对慧頵进行正统的儒家教育，慧頵长大之后，因对儒家经世致用效果的失望而转向佛学。在他父亲的极力反对下，他就先学道家文化，精通道家文化之后最终又转向了佛教。他自己偷偷诵读《妙法莲华经》，后来遇上朝廷下令通过考试经文来剃度僧人，他偷偷地去参加考试后顺利通过，剃度后被分派到著名皇家寺院同泰寺。这时他才回去禀告父母自己已经奉令出家了，他父母也只能同意。慧頵法师的求学经历丰富，所以他的知识结构广泛，对儒释道三教文化都有很高的造诣，尤其在佛学方面他以龙树菩萨的空宗为基础，广弘大乘佛教。慧頵法师对道宣影响很大，也正是有这样优秀的启蒙老师，使得道宣在学习佛教的道路上，一开始就站上了一个很高的起点。

　　根据戒律，必须年满二十岁才可以登坛受比丘戒，所以道宣就依止智首律师求授比丘戒。他对受比丘戒非常的虔诚、恭敬，希望自己能够纳受上品的戒体，不希望草率的受戒。受戒前，他的师父慧頵法师给他一个空的宝函，道宣就将宝函顶在头顶上绕塔行道，持咒、念佛、修止观等。经过七天七夜不断地精进修行，祈求三宝加被、忏悔业障，果然心诚则灵，在七天之后感召宝函中出现了舍利子，这就是佛菩萨给他的证明，这七天的行道已经彻底清净。得到了这样的印证，他才放心地去受比丘大戒。隋大业年间，道宣师跟随大禅定寺的智首律师受具足戒。

道宣受戒后，本来应该马上开始学习戒律，但当时隋朝灭亡，天下大乱，群雄并起，逐鹿中原，整个中国一片战火。战争又遇饥荒，尤其中原地区是兵家必争之地，更是非常残破，民不聊生。寺院也受到很大的影响，很多经典和出家人都流失了。寺里的出家人也常常有一顿没一顿的，大家靠挖野菜过生活。在这种战乱中，当然不会有人想学戒律，也没有律师来讲戒律。为了躲避战乱，道宣就前往终南山修学禅观。终南山有一个寂静而适合苦修的地方，此处人迹罕至，道宣就在那里习禅修止观，并阅读种种律典，生活也非常清苦。但因为律典大多已经散失了，他只能以阅读戒本为主，各种广律典籍还没有机会阅读。

经过隋末战乱之后，建立了李唐王朝，天下也逐渐恢复了平静。智首律师就向朝廷上书，申请讲授戒律，得到了朝廷的允许和支持。唐武德年间，在道宣律师二十二岁那年，智首律师开始在大庄严寺讲律，道宣就赶快从终南山下来，到首都长安听智首讲授律学。道宣刚开始跟随智首律师学习律学，他才听了一遍，就觉得已经懂了，准备去修禅。这时他的启蒙老师慧頵法师严厉地训斥他说：凡事自近而远，由微见著，修习必须持之以恒，功愿圆满，怎么能如此轻率放弃学律。然后智頵法师命令道宣必须听够二十遍才行，道宣就这样跟随智首律师学律六年时间。智首律师在当时是全国最著名的律师，著作等身，对佛教戒律的研究首屈一指，独步天下三十多年，无出其右者。智首对道宣格外器重，每讲完一段经文后，就让道宣复述一遍，如果没有彻底掌握，就不再继续往下讲，直到道宣彻底通达了戒律条文的深刻内涵才开始讲下一段。道宣前后听他讲律二十多遍，直到对智首律师的律学烂熟于心，才离开了智首律师，遵照慧頵法师的嘱托去山林中修习禅定。

3. 撰行事钞 二祖相会

道宣在二十七岁时，也就是武德九年的六月间，开始撰写《四分律删繁补阙行事钞》，以解释戒律的内容。包括止持、作持的部分，他将戒律的内容分门别类重新整理，此外还加上他个人相当独到的创见。经过四年的整理，道宣三十岁时终于将《行事钞》定稿，在长安公诸于众。当时长安的僧众看到《行事钞》的内容，都感到很震惊，大家都没想到戒律居然可以用这种角度来诠释。由于道宣律师的《行事钞》除了整理律藏中开遮持犯等内容外，并将佛陀出世的本怀纳入律学中予以宣说，有相当独到的创见，在过去从来没有人这样宣讲过。所以，连他的师父智首律师都对此非常的赞叹。《行事钞》是道宣的第一本著作，这也是他一生当中最重要的一部著作，居于"南山三大部"之首。《行事钞》的问世，使得道宣成为了长安城佛教界的明星，每天有很多僧众不断地到他的住处拜访，请教问题，或者是请他到各处宣讲。道宣为了躲避疲于应付的人情世故，就决定到外地去参访学习，所以在他三十一二岁时离开长安，到处参学以"远观化表"。

　　道宣在这几年的参学过程中，最有意义的活动当属"二祖相会"。三十八岁时，道宣在河北相州见到了法砺律师。当时在中国最著名的两位律师，一位是东方的法砺律师，一位是西方的智首律师，他们都是弘传《四分律》的大德。道宣一直对法砺律师很仰慕，但没有机会亲近，于是他乘着这次出游，就到河北的相州日光寺拜见法砺律师。法砺律师见到道宣非常高兴，对他说：我最近得到一本书，是从长安传过来的。书中内容虽然跟我的思想不太一样，但是这本书写得非常好。这本书没有标明作者，但我看能够写出这本书的人，恐怕只有当今的智首律师了。道宣就问：是哪本书？法砺说：书名叫《行事钞》。道宣思忖，自己出游了多年，是不是智首律师也写了一本《行事钞》。就请法砺把这本书拿过来一看，原来就是自己写的《行事钞》。法砺律师知道后，简直难以置信，当初道宣发表《行事钞》时才三十岁，居然能写出这样高明的著作，所以法砺律师从此对他更加另眼相待。道宣亲近法砺律师一个月后，法砺律师预知时日将至，就请道宣先行离开，不久法砺就圆寂了。法砺创立的相部律宗在前，道宣创立南山律宗在后，二位都是开宗创派的一代祖师，所以两人这次相会，也是佛教史上的一段佳话。后来，道宣从三十岁到五十岁的二十年中，有

121

时会回到终南山去静修，但大部分的时间都是到各处参访或者著述，五十一岁这一年，正式长期隐居。

4. 感涌白泉　道摄龙众

武德九年春夏之季，道宣开始着手撰写《行事钞》，为了能有一个安静的环境，他就离开了崇义寺，来到终南山一处叫仿掌谷的地方隐居。这个地方虽然很僻静，但经常缺水。一天，他按照一位神人的指点在一处地方挖了一尺多深，旺盛的泉水就涌出来了，这个地方后来就称为"白泉寺"。白泉寺附近山中的猛兽对他十分温顺，他每到一处，各种名花芬芳争艳，无名奇草茂盛蔓延。但是这里条件太简陋，没法过冬，冬天他又回到了崇义寺。第二年，道宣迁到终南山丰德寺。

他在丰德寺独自打坐的时候，有一位护法神告诉他：清官村原来的净业寺是一块宝地，在那里修行，道业可成。净业寺离丰德寺不远，在沣峪之中的后庵山上。道宣听了之后，就决定迁居净业寺。有一次，他与大家一起坐禅，烧香后就进入般舟三昧定中，看到有一群龙前来拜见他。这些龙化为人形，有男有女，与寺院其他人一起打坐。有小沙弥看到龙女后，不好好打坐，左顾右盼，纷扰不已。这些情景被老龙看见了，老龙就发怒想搏击那些偷看龙女的小沙弥。但看到道宣律师之后马上心生惭愧悔恨之意，之后老龙就把自己的嗔恨化作毒气吐到寺院井里，然后向道宣法师悔罪，告辞后各自散去。道宣出定后，立即让人把井口封闭起来。后来有人偷偷打开井盖，井里就有黑烟往上直冒。后来这井边常会有一些神奇的事情发生，有时候会生出一种花，形状像枣花，大小像榆钱，香气扑鼻，几年不退。有时候会长出一些奇珍异果，这些水果色泽鲜艳，味道甜美，在人世间从来没见过。后来人们发现，这些奇异的花果全是治病的妙药，不禁赞叹道宣的修行高深，竟然把性情凶猛的群龙也能摄受变化。

5. 居同道邻　得付嘱仪

道教的药王孙思邈当时也隐居于终南山，他的茅棚就在净业寺的附近，与道宣为邻。他们经常往来，结为林下之交。两人每次在一起，都会长时畅谈，甚至会通宵达旦。当时发生了一场旱灾，有一位西域僧人受皇帝之托在昆明池边结坛祈雨，七日之后，天降大雨，但昆明池水却每天下降几尺。有天夜里，来了一位老人拜见道宣，显得非常焦虑。老人向道宣求救说：弟子是昆明池中的龙王，前段时间不下雨是天意，我也无可奈何。现在西域的僧人欺骗皇上说是他来祈雨，其实是从我昆明池取的水，弄得我命在旦夕，恳请法师可怜可怜我，用您的法力护救一下我。道宣说：我没法救你，孙思邈可以救你，你可求救于他。那老人就到了孙思邈石室，向他再三恳求说：道宣律师说只有您能救我，所以才来求您。孙思邈说：我救你可以，但有个条件。我知道昆明池龙宫中有仙方三十首，你如果能把这些仙方拿来给我，我就救你。老人说：这些仙方天上不许随便传授，不过现在已没有别的办法，我也顾不得那么多了。就回去取了仙方中的一部分送给孙思邈。孙思邈说：你赶快回去吧，别再惧怕那个西域僧人了。自此之后，昆明池的水开始上涨，没几天，水就涨到岸边了，那个西域僧人的法术也不再起作用了。

由于持戒精研，道行高深，道宣常常感召天人出现，有些天人给他送供养，有些与他探讨佛法。乾封二年(667)春，道宣律师冥冥之中感应天人来和他讨论戒律问题，天人告诉他，他写的《行事钞》中的轻重仪部分有很多错误，但这都是经典翻译错误导致的，不能怪道宣律师，并请他予以订正。所以道宣后来的很多著述都做了重新修改。又有天人来对他说，自己曾经撰写了一部《祇洹图经》，约有一百卷左右。道宣苦苦相求，天人就对道宣口述，道宣一一抄记出来，分为上下二卷。天人还给他口传偈颂，名叫《付嘱仪》，共十卷。

6. 译经护法　赠宝护持

玄奘法师取经回来后，道宣以"证义大德"的身份参加了翻译活动。道宣在参加译经的过程中，与玄奘做了深入的交流，深有所得，这为他日后的著述提供了重要的帮助。后来，皇帝让道宣护送释迦牟尼佛的真身舍利到扶风法门寺，他把这一过程撰写成《法门文记》。在道宣六十三岁时，唐高宗李治与武则天生了个皇子，为了给这个体弱多病的皇子祈福，就建造了西明寺。作为皇家寺院，当然要请一位德学兼备的高僧大德来住持。西明寺的第一任住持是玄奘大师，但不久玄奘因忙于翻译佛经，就辞职不干了。经过慎重选择，朝廷决定诏请道宣出山，担任西明寺的首座，此后一段时间，道宣律师就常驻长安西明寺。

唐高宗李治时期，在一些儒家官员的怂恿下，高宗曾经敕令僧人跪拜皇上和父母。为维护佛门的地位与僧人的尊严，道宣和玄奘携手，多次上书皇帝，带领全国佛教界团结一致共同与皇权周旋，逼迫朝廷最后举行了一次全国五百多位高级官员投票表决的会议，最后以反对者占多数的表决结果迫使高宗皇帝收回了敕令，护法成功。

道宣在西明寺时，有一次夜间行走，不小心从台阶上摔了下来，突然感觉被人扶住没有摔倒。他定睛一看，果然有一位少年在旁边扶着他。道宣就问：你是什么人，这么晚了还在这里？那少年说：我不是平常的凡夫俗子，是毗沙门天王的三太子那咤，侍护和尚您已经很久了。道宣说：贫道修行，没有什么事需要麻烦太子，太子威神自在，西天如果有什么可作的佛事，我愿意做。太子说：我有佛牙宝掌，已经供奉很多年了，我的头和眼睛都能舍给你，怎么敢不把佛牙宝掌供养给您呢。于是就把那佛牙宝掌授予了道宣，道宣将佛牙宝掌妥善保护供养。后来，道宣圆寂前，将佛牙宝掌秘密交给弟子文刚，让他带到崇圣寺东塔。到唐代宗大历二年(767)，皇上下诏给寺院说：据说你寺有大德道宣律师传授的释迦佛牙及肉舍利，请把它从右银台门送至我处，我要观礼。

7. 声震竺乾　筑坛授戒

道宣持律精研的声誉，远扬到西域、天竺等国。天竺的无畏三藏法师到东土来见到皇帝，皇帝问他：您不远万里而来，实在辛苦，希望在那里栖息？三藏法师说：我在印度时，经常听说长安西明寺的道宣律师秉持第一，我希望能和他住在一起，前往依止。皇帝准奏。道宣律师持戒严谨，捉到虱子后，不忍杀生，就用纸包好后，扔到地上。结果有一次无畏法师说对他说：你把虱子扔到地上，我听见它们被摔到地上的哭叫声了。

唐高宗乾封二年（667）二月八日，道宣七十二岁，皇帝下诏让他筑坛授戒。道宣就在终南山创筑戒坛。戒坛是指出家的沙弥必须在戒坛由戒师授三坛大戒，才能得到比丘戒的戒体。而戒坛的设立是否如法，直接关系到受戒僧众能否得到具足戒的戒体。自佛法从东汉时传入以来，直到唐代，中国南北方的佛教发展差距很大，南方佛教几百年来一直兴盛，从皇帝到平民百姓，都非常护持佛法。其中一个重要原因就是因为南方的戒坛多，常常有高僧大德传授比丘戒法，因此也就有很多出家比丘能够弘扬佛法。相对而言，北方佛法兴盛的时间不能持续，原因之一是北方戒坛少，而且往往不如法，僧众在持守戒律方面不够严格，甚至因僧众混滥还引起了几次灭佛的劫难。如果僧众不能如法受戒，就没有真正的出家人来弘扬佛法，因此戒坛非常重要。

道宣律师深知戒坛的重要性，又有皇帝的诏令支持，他就在长安终南山净业寺创筑戒坛，为僧众提供一个如法的受戒之所。由于终南山净业寺的戒坛修筑得非常如法殊胜，所以发生了很多感应的事迹，曾感召长眉尊者宾头卢罗汉现身，礼拜戒坛。此外，还感召了一位西域来的三果圣人，也到戒坛绕坛行道，他赞叹道宣说：自从佛陀入灭以来，像法时期，弘扬佛陀律藏教法的，只有您一人是最殊胜的。在传戒的同时，道宣祖师还撰写了一本著作，名为《戒坛图经》，这部著作的内容一方面是根据律部的内容概括而来，还有一方面是根据天人的感应传授。因为有天人来告诉他，佛陀时代的戒坛是如何建构的，道宣便参照天人的叙述写出这本书。

这个戒坛一经建立，全国十几个州的出家人都想在此求受三坛大戒，但是道宣律祖并未一次传授那么多人，他只是想将该戒坛作为以后传戒的一个范本，所以就在全国十几个州中，每一州选一位到两位精英，一共选了二十七人来此受三坛大戒，这是他唯一一次在净业寺传戒的活动，然后再让这二十七个人各自回本州筑坛授戒。

8. 神归兜率　名留后世

道宣律师筑坛授戒之后不久，有一位天神从庭前进来礼谒道宣，对他说：律师当生兜率天宫。并给他一包香，称是棘林香。百天之后，道宣安然坐化。时为乾封二年(667)十月三日，世寿七十二，僧腊五十二。道宣曾嘱托门人弟子把他葬在坛谷石室，其后建塔三座。道宣寂化，全国哀悼，唐高宗下旨，令绘画道宣律师的像，挂在寺院供奉，作为佛教界的楷模供大家瞻仰。再由塑匠韩伯通塑造道宣律师塑像，以追仰其道风。至懿宗咸通十年(870)，左右街僧令霄、玄畅等人上表，乞请皇帝追封谥号，当年十月下旨，谥号"澄照"，塔号"净光"。

道宣生前久居终南山，所以他创立的宗派被称为"南山律宗"。天宝元年(742)灵昌太守李邕，会昌元年(841)工部郎中严厚本，分别为道宣碑题颂。唐穆宗也曾专门下诏褒赞道宣："代有觉人，为如来使。龙鬼归降，天人奉事。声飞五天，辞惊万里。金乌西沉，佛日东举。稽首皈依，肇律宗主。"[1]在律宗后学中，道宣也赢得了极大的尊崇，宋代孤山智圆法师曾应兜率元羽择悟律师之请，作《南山祖师礼赞文》，之后誓溪仁岳法师担忧其所言事仪尚阙音韵，有所未便，又重新作之，后来天台真悟律师又兼两文而用之。宋允堪律师也述有《南山祖师礼赞文》，于是世间即有多本礼赞文传世。道宣在中国佛教史中的地位非常崇高，不仅中国僧众历来褒赞有加，在日本也赢得极高尊重。如日本僧人凝然就评价道宣说："大乘教理，穷尽玄旨，造《法华疏》弘敷一乘，开演涅盘弘生宗，讲《楞伽经》显唯识义，达摄大乘示圆通理，论穷《成实》，律以弘《四分》，纲纪偈教，住持遗法，立教开宗，出体法用。"[2]一代祖师，开宗立派，功在千秋，

---

[1] （明)释心泰：《佛法金汤编》卷七，明万历二十八年释如惺刻本。

[2] ［日］凝然：《律宗纲要》卷上，《大正藏》第74册。

流芳百世。

（三）道宣祖师的著述

道宣祖师一生功业勤奋，学识渊博，博览众经，著作等身。他曾经自称"余以暗昧，少参学府；优柔教义，咨质贤明，问道绝于儒文，钦德承于道立……居无常师，追千里如咫尺；唯法是务，跨关河如一苇。周流晋魏，披阅累于初闻；顾步江淮，缘构彰于道听"。[①]道宣祖师从二十七岁开始著书立说，一生广闻博录，勤于著述，所以他的著作种类繁多，卷疏浩繁，是中国佛教文献中最有史学价值的部分之一。

1. 开宗之作 南山五部

道宣的律学著作中被后世称为"南山三大部"是他的律学代表之作。"南山三大部"是指《四分律删繁补阙行事钞》《四分律含注戒本疏》和《四分律删补随机羯磨疏》。如果再加上《四分律拾毗尼义钞》和《四分律比丘尼钞》两部，就称为"南山五大部"，这几部著作是南山律宗的根本经典。

《四分律删繁补阙行事钞》，常简称为《行事钞》《南山钞》《终南事钞》等，是道宣最有名的律学著述。"补阙"，就是以其他经律论来补充《四分律》的阙义。道宣认为，当时适用戒律应当遵守以下的原则：首先以《四分律》为宗经，不能随意适用其他宗派的律文。当《四分律》中律文缺少时，可以引用其他律文作补充。如果《四分律》中有这种文义，但这方面的律文不明确，而其他广律的律文很明确，但是又被其他宗派废弃了，应当对五部大律综合分析，通会之后再引用，最终目的是将《四分律》的适用归引到大乘佛教上来。"删繁补阙"，就是"删其繁恶，补其遗漏，使制与教而相应，义共时而并合。""行事"，就是僧众的活动与行为，包括"众行""自行""共行"等三行。"众行"是管理僧团的制

---

① （唐）道宣：《关中创立戒坛图经》，《大正藏》第45册，第807页上。

度规范，"自行"是僧人个体自修时的行为规范，"共行"通行于以上两种情况。该书也是根据"三行"规定的内容而分为上中下三卷。"钞"是当时比较流行的一种文体，主要用来确定思想，抄略证文，以示严正，不可随意更改。由此可见，《行事钞》是一部以《四分律》为中心，通摄三藏精要，以实用为目的律学著作。道宣在这本书中，对于《四分律》的戒律条文与其他各律不尽一致之处，广泛引用经论以及其他各律典予以论证，同时结合中国实际情况加以完善。

《行事钞》以其博大精深的内容、宏观完整的体系奠定了南山律宗的理论基础，在南山律宗的形成发展过程中发挥了巨大作用。它也是道宣的第一部著作，准确表述了道宣的律学思想。《行事钞》不仅受到律师们的重视，也受到他宗派学人的称赞。正是本书的撰成，标志着南山律宗思想体系的基本形成，他之后的其他律学著述都是对本书思想的发挥和延伸。可以说，《行事钞》是南山律宗的标准教科书和无尽宝藏，律宗的历史也主要是围绕着这本著作展开的，之后的律学理论始终没有超出《行事钞》确定的基本原则和指引的方向。

《四分律含注戒本疏》略名为《戒本疏》或《戒疏》，是"南山三大部"之一。《戒疏》是道宣为自己的《四分律比丘含注戒本》所作的疏记。《四分律含注戒本》共三卷，成书于贞观四年(630)，是道宣为后秦时期佛陀耶舍译的《四分僧戒本》的注释。贞观八年(634)，道宣又为《四分律含注戒本》作《四分律含注戒本疏》四卷，永徽二年(651)重修，今本为八卷，见于《卍续藏》中。《戒本疏》在后世有众多注家，其中最著名的疏记为宋代元照律师的《四分律含注戒本疏行宗记》。

《四分律删补随机羯磨疏》又略称为《四分律羯磨疏》《羯磨疏》。《四分律删繁补阙羯磨》书成后，应旧知之请，道宣又在贞观二十二年(648)针对此羯磨中所提到的问题和未尽的事项进行了理论发挥和注疏，遂成《四分律删繁补阙羯磨疏》两卷，后又增修为四卷。该疏内容共分十篇，即卷上的集法缘成篇、诸界结解篇、诸戒受舍篇，卷下的衣药受净篇、诸说戒法篇、诸众安居篇、诸自恣法篇、诸衣分法篇、诸罪忏法篇、杂法住持篇。卷下最后面又附有《老病比丘畜杖络囊乞羯磨文》《著者后批》《十诵律受三十九夜羯磨文》《十诵律受残夜法》《僧只律二十七事讫羯磨文》等。现存的本子为八卷，见于《卍续藏》中。《羯磨疏》在后世也有很多注家，本疏最重要的意义在于道宣用唯识学的思想重新诠释了戒体理论。

《四分律拾毗尼义钞》又简称为《析义钞》或《集义钞》，原为三卷，后开为六卷，宋代之后就已经佚失了最后两卷，所以现在只能见到上、中四卷。这本钞撰写于贞观元年(627)，是道宣在作《行事钞》时对于历史上各个律学家所作的不适合新学比丘行事的解释，另作《拾毗尼义钞》收录成文，今见于《卍续藏》中。

《四分律比丘尼钞》又简称为《比丘尼钞》，是道宣在贞观十九年(645)撰写完成的著作。本书刚开始分为三卷，贞观二十二年(648)又增修为四卷，现存的本子为六卷，见于《卍续藏》中。

2. 撰述辑录　律仪法度

此外，道宣律师还撰写了各种小篇幅的律学文章，这些著作的体裁形式为撰、述、辑等，大都是涉及僧众日常行为的典仪或法度的文字，如《净心戒观法》二卷、《律相感通传》一卷、《教诫新学比丘行护律仪》一卷、《净心诫观法》二卷、《四分律含注戒本》三卷、《四分律删补随机羯磨》两卷、《戒坛图经》一卷、《鸣钟轨度》一卷、《沙门章服仪》一卷、《量处轻重仪》二卷、《释门归敬仪》二卷、《删定四分僧戒本》一卷。上述这些著作中，《删定四分僧戒本》一卷，是道宣在贞观二十一年(647)，在终南山丰德寺参校佛陀耶舍所译的《四分僧戒本》三卷删定而成，盛行于唐代至北宋宣和年间，南宋以后散佚，其他至今仍能见到。这些律学著述是佛教律学的外围研究作品，但是对当时持戒的实践活动具有重要的指导意义，是佛教律学的重要补充。

3. 僧传大家　佛史权威

道宣著述众多，除了律学著作外，他还以其高产量和高质量的史学著述赢得了中国佛教史学的一席之地，如由他撰写的《集古今佛道论衡》四卷、《广弘明集》三十卷、《道宣律师感通录》一卷、《集神州三宝感通录》三卷、《续高僧传》三十卷、《释氏略谱》一卷、《释迦方志》二卷等。其中最突出的佛教史著作有《续高僧传》《广弘明集》和《大唐内典录》等，这些著述已然成为中国佛教史学著作中的经典之作。

《续高僧传》或称《唐高僧传》，共三十卷。该传记述了从梁代初到唐贞观十九年(645)一百四十多年间共计四百九十一位佛教人物的传记。写正传三百三十一人，附见一百六十人。后来经过道宣的陆续增补，到唐麟德二年(665)为止，《续高僧传》共撰写了七百多位高僧的传记，不管是数量还是质量，该僧传都堪称经典，是中国佛教僧传史上的巅峰之作，也是中国佛教史的重要文献资料，它对我国官史有重要的补证作用。正如道宣在自序中所说，此书"或博咨先达，或取讯行人，或即目舒之，或讨仇集传。南北国史，附见徽音，郊郭碑碣，旌其懿德，皆撮其志行，举其器略"。[1]他不仅使用了大量的著作，引用了诸多碑铭，道宣还常常亲自采访人物，勘察史迹，因此，这本书读来不仅史料严谨，而且人物形象栩栩如生，各位传主跃然纸上。

这本书借鉴梁《高僧传》的体例，将传主也分为"十科"，但同时将梁《高僧传》每科后面的"赞曰"改为"论曰"，还改"神通"为"感通"，"亡身"为"遗身"，"诵经"为"读诵"，并增加"护法"一科，等等。与梁《高僧传》相比，《续高僧传》的表述更加准确，结构更为合理。道宣的《续高僧传》不仅对于中国佛教史的研究有重要意义，同时对于中国历史的研究也有着重要史料价值。

《广弘明集》共三十卷，也是道宣借鉴梁僧佑的《弘明集》体例而作。

---

① (唐)道宣：《续高僧传》卷一，《大正藏》第50册，第425页中。

"广弘明者，言其弘护法网，开明于有识也"①。但在体例安排上，《广弘明集》也对《弘明集》原有的体例上做了较多的改进，如《弘明集》只分卷不分篇，而《广弘明集》分卷，并根据文章的性质将其分类为归正、辩惑、佛德、法义、僧行、慈济、戒功、启福、悔罪、统归等十篇。除此之外，道宣还在每篇之前写一个小序，作为总括和说明，这些内容都已成为重要的佛教史学文献。僧祐在《弘明集》中全部选录编辑别人的文章，而不收集自己的文章，而道宣在《广弘明集》中不仅收录别人的文章，同时也收录自己撰写的叙述和辩论文章，有很强的时代感和参与感。

4. 目录经序　皆成经典

道宣撰写的《大唐内典录》是一部佛教文献目录著述，该书完成于唐麟德元年(664)，共十卷。该书收录范围从东汉末期至李唐初期，记录了佛教翻译者二百二十人，辑录佛教经典目录二千四百八十七部，涉及经卷八千四百七十六卷。该书的第一卷至第五卷为从后汉至唐初的佛教三藏目录。每代先有总论，再列书目，每个译本后面是著译者的生平。第六卷为大乘三藏目录，共收经目四百九拾八部。第七卷为小乘三藏，共收经目三百七拾二部。第八卷为唐代尚存的入藏翻译佛书。第九卷为历代众经举要转读录。第十卷主要是历代众经有目录但欠少文本的记录、历代道俗述作注解录、历代诸经支流陈化录、历代所出疑伪经论录、历代众经录目终始序、历代众经应感兴敬录等。

《大唐内典录》是中国佛教史上最早的一部综合性的佛教文献目录学著作，所以，他的目录学价值很高，因为它是综合前代各种撰述而成，所以内容全面，体例合理，撰写丰富详实。后来，道宣又补写《续大唐内典录》一卷，与前著壁联珠和，堪称经典。此外，道宣还撰写了《中天竺舍卫国只洹寺图经》一卷，《妙法莲华经弘传序》一篇。

道宣著述非常丰富，但后世佚失的也不少，到了北宋元照(1048—1116)

时，已经有许多篇章只能看到篇目，而原文都见不到了。主要包括《四分律注比丘尼戒本》二卷、《护三宝物仪》二卷、《教俗士设斋仪》一卷、《妙法莲华经苑》三十卷、《妙法莲华经音义》一卷、《众经律论音义叙致》一卷、《注时非时经》一卷、《释门护法仪》一卷、《护法住持仪》一卷、《佛法东渐图赞》二卷、《佛教东渐化迹》一卷、《圣迹见在图赞》一卷、《感应图录》一卷、《感通记》十卷、《付嘱仪》十卷、《后集高僧传》十卷、《高僧传音义》一卷、《高僧传钞》一卷、《祇洹寺图》二卷、《祇洹图经》一卷、《庐山远大师文集》十一卷、《支道林集》十卷、《南山文集》十卷、《西明寺录》三卷、《初撰西明寺记》一卷、《终南山化感寺制》一卷等。

（四）南山律宗的思想体系

1. 心法为体　教分化行

在律宗创立的过程中，虽然前有法砺律师，后有怀素律师都宣告开宗立派，但前者因其还没有完成作为宗派指导思想的律宗哲学体系而最终湮没无闻，后者则因其在建立哲学体系的过程中，过于拘泥于印度小乘佛教经院哲学而偏离了中国化的方向，最终也是不了了之。而开创"南山律宗"并成为中国佛教律宗之祖的道宣，不仅真正完成了中国佛教律宗的哲学体系建构，并以此为基础形成了一套完整的律宗判教理论体系，更为重要的是他准确地把握住了中国佛教戒律发展中大乘化和中国化的必然趋势，因此，南山律宗最终成为中国佛教律宗的主流是一种必然结果。

道宣祖师的律学思想体系主要包括六个层面的理论：一是在唯识学基础上建立了戒体为"心法"律学理论；二是通过"化教"和"行教"的判教思想对佛教教义做出了合理的科判分类；三是通过"四分通大乘"的解释，对《四分律》如何适应中国大乘佛教找到了途径；四是确立了"唯识通四位"的思想，使持戒与修行证果之间建立了逻辑关系；五是通过对律宗"四科"的重新诠释，为律学建构了系统的哲学体系；六是科判佛教为"三教"和"三宗"，又推演出"三观"，为律宗开创了新的修行方法。这种由抽象到具体，由理论到实践的律宗判教思想，不仅成为道宣律学思想的主体，也是中国律宗得以创建的理论基础和思想保障，在理论上宣告了南山宗的形成。

道宣律师以法相唯识理论为基础，建立了以"心法"为戒体的理论体系，即认为戒体在受戒的当下，熏习阿赖耶识种子，为"心法戒体论"或"种子戒体说"。这种理论与东塔怀素的"色法戒体论"和相部法砺的"非色非心法戒体论"均不相同。道宣在早期与法砺律师一样，也是持戒体"非心非色法"论点，后来他与玄奘法师经过多次交流后，才最后确定了自己的戒体为"心法"的抉择。怀素虽然是玄奘的弟子，但是他并没有从玄奘那里得到戒体为"心法"的启示，而坚持了小乘佛教的戒体"色法"论，可见他并未得到玄奘大师"万法唯心"的真传。

道宣律师据此"心法戒体"理论，将整个佛陀教法判为"化制二教"，也称"化行二教"。通俗地说，佛教所有的经典包括经、律、论三藏，与其相对应的是戒、定、慧三学。道宣创造性地将这些内容划分为两类：一类就是宣讲理事、因果、判断是非等内容，被称为"化教"，化教在经典上包括所有的"经藏"和"论藏"，因为这些经论说因果、讲因缘、明解脱、归涅盘，其理能通化道俗，开悟众生，所以叫做化教，即定和慧属于化教的内容；另一类是专门规定如何行作的被称为"行教"，经典包括所有的"律藏"，佛陀制定这些内容就是要以其来戒饬教内众生，以规范行为，成就教法，内容为《四分律》《五分律》《十诵律》和《僧祇律》等广律所讲解的戒学法门，所以又叫做"行教"。简单地讲，化教是解决"是什么"和"为什么"等问题，而行教则是解决"怎么做"的问题。

2. 四分通大乘　唯识通四位

在佛教历史上，《四分律》属于部派佛教时期上座部昙无德部的戒律，在后来兴起的大乘佛教来看，其自然属于小乘佛教的戒律。而中国佛教是以大乘佛教思想为主体的，如此一来，信仰大乘佛教的僧众对于来自小乘佛教的戒律，内心总会有排斥或轻慢之心，这是中国佛教律学多年来一直努力解决但又不得其要的一个问题。对于这一问题，道宣律师提出了"四分通大乘"的命题。而且，道宣律师对这个命题进行了全方位、多层次的深入论述，最后以融小入大的方式暂时解决了这一问题。

道宣首先批评了将大小乘佛教绝对割裂对立的片面观点。他认为大乘小乘都是佛陀随缘应机的一时方便，如果过于拘泥于大小乘之分，或以自己属大乘而排斥贬低小乘，这是错误的。所以道宣指出："原夫大小二乘，理无分隔对机，设药除病为先故"①，"大小两教，随相摄修，并在离著。岂唯对执?若存此计，与外不殊。"② 如果总是过于拘泥于大小乘之间的对立，那只会伤害各自的戒行。其次，道宣强调，《四分律》不仅仅只是通大乘，作为信仰大乘佛教的僧众所受持的"三聚净戒"中包括"摄律仪戒"、"摄善法戒"和"饶益有情戒"三个层次的戒律，只有持守好"摄律仪戒"，才能进一步受持"摄善法戒"和"饶益有情戒"，因此，作为摄律仪戒的《四分律》本身就是大乘戒律的组成部分。他说："若据大乘，戒分三品。律仪一戒，不异声闻。"③因此，道宣的律学思想是建立在毗尼属大乘，四分通大乘的信念之上。此外，道宣还指出，四分通大乘并不是说四分等于大乘，这从理论上说明了大乘菩萨行与持戒之间并不矛盾，而且能相互促进。总之，道宣对戒律的"摄小入大"的理论努力对于确立戒律的作用、加强以《四分律》为主导的戒律思想在中国僧众中的普及起到了重要作用。

"唯识通四位"的提出是道宣律师在戒体理论方面的一次重大突破。道宣律师对于戒体属性的判断，早期与法砺律师一样，是以《成实论》的理论为基础，因《成实论》是佛教从小乘向大乘过渡时期的经典，所以其

---

① （唐）道宣：《四分律删繁补阙行事钞》卷中，《大正藏》第40册，第40页中—50页中。
② （唐）道宣：《续高僧传》卷二十九，《大正藏》第50册，第620页下。
③ （唐）道宣：《四分律删繁补阙行事钞》卷中，《大正藏》第40册，第104页下。

对戒体的判断为"非色非心"，但这种判教思想使得很多律学理论问题不能得到彻底的解决。道宣一直没有放弃在这方面的探究，他大量学习了大乘教法中唯识地论派的著作，但仍然不能确定。玄奘回国后，道宣参与了玄奘的译场，翻译出了《瑜伽师地论》，在这个过程中，道宣也有很多机会与唯识宗祖师玄奘一起探究这个问题。此后不久，道宣的戒体理论最终决定以唯识学派的《摄大乘论》为理论依据，确定了他的戒体为"心法"的结论。所以，"唯识通四位"是道宣律师通过长期的研究和参学，最后在玄奘归国之后两人经过探讨得出的结论。唯识宗的"熏妄藏识"理论认为，尽管人心有染、净之别，但在获得戒体的可能性上是平等的。如此一来，染心成就戒体也是可能的，修此戒即可通达愿乐行地、见道、修道和究竟道，最后证得佛果，达于大圆镜智、深妙之觉位。这次理论认识上的升华，不仅使道宣从思想和方法上真正地超越《成实论》的理论水平而迈入大乘思想，也能更好地从理论上解决了戒体问题。这不仅是佛性思想在戒体理论上的推广，也更加确立了《四分律》在现实世界中的地位，即指出修行实践的意义在于每个人都能获得清净戒体，每个人都应当循戒而行，从而求得定慧之功，达于菩萨四位，趣于涅盘，究竟解脱。此后，道宣以大乘唯识圆教的思想来判释《四分律》，从而把律宗建立在真正的大乘根基之上。在这个融小于大、以深决浅的过程中，道宣将摄律仪融入三聚，化小法汇归大乘，使五八十具，都成为圆满顿证的大乘戒法。

3. 法体行相　律宗四科

律宗四科，是指"戒法""戒体""戒行""戒相"四科，这是传统律学中的一组概念，律祖道宣在研究戒律的过程中对一套律学术语进行了重新定义和诠释，并依此概念建立了南山律学理论体系。律宗四科是南山律宗最基本的理论架构和范式，后世律宗学人，必须借助这一套理论体系才能进一步开展律学研究。也正是道宣把所谓八万四千戒条作出了不同层面的分析，最后抽象出了戒法、戒体、戒行和戒相四个律学范畴新的含义，并赋予它们以深刻的思想性，把浩瀚繁杂的众多戒条纳入了纲举目张的理论框架之中，也从中厘清了蕴含其中的深言广义。这是道宣律师的理论创举，也是南山律宗的标志性理论体系。

戒法，即佛陀所制戒律或轨式法则，这是僧众的行为规范，各部广律、各种戒本都是以它为内容。我们通常所说的五戒、八戒、十戒、具足戒、三聚净戒、十重戒、四十八轻戒、比丘戒、比丘尼戒，或者说别解脱律仪、静律仪、无漏律仪、断律仪等都属于戒法。道宣强调，戒为无上菩提本，佛法以戒制僧，无戒佛法难立，所以道宣立此为"四科"之首。与传统上一样，道宣根据人们所持戒法的性质，将其分为"止持"和"作持"两类。"止持"就是禁止性规定，是不应当做的，比如禁止杀、盗、淫、妄、酒等恶行。"作持"是鼓励性规定，是应当做的，比如行善、护生、布施等善行。

戒体，是一个比较抽象但又非常重要的概念，道宣在做了各种解释之后，说了一句"今就正显直陈：能领之心相"，意思是戒体就是一种能领受戒法的心理状态。其本质是戒之体性，即有防非止恶作用的"无表"。道宣的"圆教戒体"思想不仅是其律学思想的核心，也是之后律学的基础。简单地说，戒体即是通过受戒仪式使受戒者所领纳的一种持守戒法的能力。表现在持守者的身、语、意等方面强烈的善心，或因定力而能止恶为善的能力，是一种无上至善行为的道德本体。因这种力量不可以目见，所以称无表。因道宣以《摄大乘论》的观点看待戒体，故主张戒体为"心法"。

戒行，是指受戒者内依自心的戒体外依戒法而表现出来的行为状态。道宣认为，受戒之后，知道戒法并不重要，重要的是戒必成行，此才为归。因为戒行是佛戒的根本目的，所以道宣重视戒行的地位和作用，不论是制戒、传戒、受戒都是为持戒而行。如若无行，戒法也就失去了意义。戒法之功正在于戒行，说法为行，制教为用，立教为行，诠行成教，无行则无教也。

戒相，意谓纳戒之后持戒时的心理状态。道宣表述为："威仪行成，随所施造，动则称法，美德光显，故名戒相。"①这只是说了持戒的戒相，而对犯戒的戒相没有提及，对此元照的解释为："如后释戒，三科束之：一所犯境，二成犯相，三开不犯，总为相矣。更以义求，亦为三别：一犯与不犯，二犯中有轻重不同，三有方便根本差别。统论其相，不出心境。"②由此可见，戒相是一个行为与心理相结合的复杂认定问题。因戒相思想已经通过其他三科而得以体现，并已经与它们融为一体，所以在《行事钞》中，道宣对其也只能寥寥数语。"律宗四科"是南山宗一家的独创提法，对此，相部宗与东塔宗都有着自己的分法，虽然名称各不相同，如法砺的"受戒法门"和"随戒法门"，但其内容仍然是戒法与戒行等问题。

4. 化含三教　修依三观

道宣律师根据自己的判教理论把所有佛教内容划分为"化教"和"行教"两类，然后又根据义理的浅深，把"化教"分别判作"性空教""相空教""唯识圆教"三个层次。把"制教"分别判作"实法宗""假名宗"和"圆教宗"三宗。"三教"和"三宗"是南山律宗独有的判教结果。性空教说的是诸法性空无我，此教广摄一切小乘教法；相空教说诸法本相是空，因为众生妄见为有，为破之而名其为相空教，此教摄一切大乘浅教；唯识圆教是以究竟法，见大乘深教之理，知万法唯识之圆理，此摄一切大乘深教。

道宣律师以化教"三教"科判为依据，确立实修层面的"南山三观"，即性空观、相空观和唯识观。性空观，其意能从因缘所生的世间和出世间一切诸法，观察到它的自性本空，皆无我、无我所，若求人求法，了不可得，这叫做"析色明空"。相空观，是在性空观的基础上，或能够观察到因缘所生一切诸法，外相似有，实自空无。但因为众生情执妄见，而产生种种差别相，不明"当体即空"。若能常以此理观照内心，即名为相空观。

① （唐）道宣：《四分律删繁补阙行事钞》卷中，《大正藏》第 40 册，第 104 页下。

② 《弘一大师全集》第三册，福建人民出版社 2010 年 10 月，第 52 页。

唯识观，就是若能够观察一切外尘、世间出世间诸法均为我识所成，本无实体，明白识有为非空，境无是非有之中道义，洞察诸法的圆融性，即是唯识观。唯识观是大乘最高法门，从性空观和相空观能知心外诸法、性相皆空，而从唯识观可知其空之缘由，实为诸法本识所成，所以又能观此为非空，这才是真正的大乘位阶。

5. 南山立宗　四分一统

隋唐时期，随着天下统一，国泰民安，中国佛教文化的发展已进入了一个高峰时期，持续数百年的律学研究在此期间也开花结果，前有法砺开创相部律宗，中有道宣立南山律宗，后有怀素立东塔律宗。前后两家虽然曾风行一时，但终究因为他们诸种因缘不具，尤其是在思想理论方面缺少创新与突破，最终湮没无闻，而南山律宗成为了中国佛教律宗的主体。此后一千多年，中国佛教戒律学寻根问祖，必称南山，创立南山律宗的道宣律师也就当仁不让地成为中国佛教律宗的创宗祖师。

道宣律师开创南山律宗的标志性事件之一是武德九年(626)《行事钞》的面世。《行事钞》撰写完成之后，开始盛行于京都长安地区，其影响又逐渐向南北方地区扩散，正如宋代赞宁所述，"贞观以来，三辅、江、淮、岷、蜀多传唱之"[①]。后来随着道宣的弟子文刚将《行事钞》传到南方后，南山律宗的思想基本上成为中国律学理论的中心和灵魂。尤其是在唐中后期，南山律宗不仅确立了自己在律学上的主导地位，而且在弘扬《四分律》的方面也走向了独行天下的局面。在中宗时代，道宣的徒孙道岸发现南方有些佛教寺院还在传播《十诵律》时，竟然上书皇帝，请求皇帝下令禁止南方继续传播《十诵律》，改为南山律宗弘传的《四分律》。中宗皇帝为了全国僧众在管理制度方面的统一，就下了圣旨，要求全国各地统一执行南山律宗。这件事不仅说明当时南山律宗在佛教戒律理论方面的自信和霸气，同时它的出现也符合当时国家大一统的政治需求，因此能够获得朝廷

① （宋）赞宁：《宋高僧传》卷十五，《大正藏》第50册，第801页上。

的支持。这次事件，标志着从《行事钞》面世以来，在南山律宗的努力下，终于使《四分律》在中国佛教界形成了一统天下的格局。

南山律宗的创立标志性事件之二就是南山戒坛的建立。道宣祖师不仅在律学理论上有巨大的突破和建树，而且非常重视戒律的实践问题。唐高宗乾封二年(667)二月八日，道宣在终南山净业寺创筑戒坛。为了强调这个戒坛的神圣性，他冒着被人误解的风险，说出了这个戒坛感召长眉尊者宾头卢罗汉现身，礼拜戒坛的神迹，而且在传戒的同时，还专门撰写了《戒坛图经》，并强调这部著作的内容一方面是根据律典而来，同时还有天人的感应授意。正是这个戒坛的神圣性，吸引了全国各地僧众都想在这受戒。但道宣祖师并没有广开戒坛，来者俱授，只是从全国十几个州中，选了二十七位精英代表来此受三坛大戒，这是他唯一一次在净业寺戒坛的传戒活动。然后让在此受戒的人以此戒坛为模范，在各州筑坛授戒。这次筑坛授戒活动，是道宣祖师最有代表性的一次传戒实践活动，也标志着南山律宗正式传戒活动的开始。

6. 门人蕃盛　南山独尊

道宣祖师创立南山律宗后，律宗在理论创新方面基本上告一段落，他的后世门人主要是以传播和弘扬南山律宗思想为己任。《宋高僧传》记载道宣祖师的弟子门人有一千多人，其中能在僧传中留名的就有十多位，但这些弟子能留名僧史主要是因为他们都有所著述。在《宋高僧传》中记载的有文纲、周秀、大慈、灵崿、道岸、名恪、融济、玄俨、志鸿等。他们广泛传播祖师学说，到了晚唐五代期间，南山律宗的影响继续扩大。其中文刚与周秀所传门人较为蕃盛，传承代数较多，分别被不同的系统奉为南山律宗二祖。

周秀，常被称为秀律师，在南山律宗中被奉为南山律宗第二祖。周秀自幼出家，刚开始拜蜀郡兴律师为师，所以自小精通律学。受具足戒后，又拜道宣为师，跟随道宣学律深造达十六年之久。他以智首的《四分律疏》

为依据，综合各家学说撰写成《行持钞记》而成一家之言，后来他主要在黄州与安州一带弘传《四分律》。

文纲(636—727)，俗姓孔，会稽人。十二岁时就受了具足戒，他主要是跟随京城的道成律师学习律藏，而且曾得到道宣律师的亲授。文纲二十五岁开始讲律，三十岁既登坛授戒。文刚一生主持著名寺院二十余所，曾刺血书写佛经六百卷，通过他受具足戒的有数千人，唐中宗皇帝对他执弟子礼。唐中宗景龙年中，文纲被诏请入乾陵宫，为二圣内尼讲《四分律》。先天元年(712)，文纲为唐睿宗授菩萨戒。文纲圆寂后，滑台太守李邕为他撰写碑铭，赞叹他"不忝怀素前，不惭宣师后"[①]。《释氏稽古略》《百丈清规证义记》等佛教文献中将文纲列为道宣之后的南山律宗第二祖师。文纲主要弟子有淮南的道岸、蜀川的神积、岐陇的慧颉，以及京兆的神慧、思义、绍觉、律藏、恒暹、崇业等五十余人。

灵崿，乾封年中曾经在西明寺亲自参加过道宣律师的讲席，但他一直没有固定的老师，也曾经跟随文纲、大慈等学律。灵崿一边听讲，一边将自己听到的整理成笔记，取名叫《行事钞记》，用来指导理解《行事钞》，这被认为是造义章疏《行事钞》的开端。大慈与灵崿又分别撰写了《轻重诀》，被当时人们援引，作为衡量违戒处罚轻重的参考，但这些著作后来都佚失不见了。

道澄律师，俗姓梁，京兆人，他父亲曾是中书舍人。道澄小时候出家前，就已经净瓶锡杖不离身边，这与佛教戒律要求一致，所以他被人称为"律沙弥"。受具足戒之后，他遍听南山律学。道澄曾在贞元二年(786)二月八日，给唐德宗授菩萨戒，贞元五年(789)，德宗皇帝又到他的寺院来请教修心法门，并且敕请他给宫廷的嫔妃授菩萨戒。

释道岸(654—717)，俗姓唐，颍川(河南许昌)的贵族后代，永嘉南度时被迫迁于光州。道岸早年曾游学江淮洙泗等地，专攻儒学多年，后来才

---

① (宋)赞宁：《宋高僧传》卷十四，《大正藏》第 50 册，第 791 页下。

接触研究百家，商攉三教。觉得只有佛学是根本大学问，就落发出家，洗心访道。他坚修律仪，深入禅慧，登座讲律。因为他高名在外，被当时的人们称为"大和尚"。道岸为文纲律师的高足，他对南山律学的最大贡献就是请皇帝下旨，禁止南方继续弘传《十诵律》而转向弘传《四分律》，使南山律宗盛于江淮一带。唐中宗曾经赞叹道岸说："戒珠皎洁，慧流清净，身局五篇，心融八定，学综真典，观通实性，维持法务，纲统僧政，律藏异兮传芳，象教因乎光盛。"①道岸是道宣之后南山律学的重要推动者，他在当时是全国最著名的律师，各州都有他的授戒弟子。在道岸的弟子中，最有名的还有扬州的鉴真律师。鉴真律师东渡日本，将中国佛教律宗传承带到了日本，成为日本律学之祖，他的肉身至今保存完好，被日本视为国宝。道岸在开元五年(717)灭度于会稽龙兴道场。

志鸿律师与道宣同籍同姓，湖州长城(浙江)人，俗姓钱，本名俨，生卒年不详。据说活了一百零八岁，被皇帝敕封为"长寿大师"。志鸿先跟随保茂苑道恒律师研习《行事钞》，后常与昙清、省躬诸师相互切磋。他因别人解释道宣祖师《行事钞》的著作都不全面，也不太准确，就广泛搜罗了四十多种撰述，进行对比分析，整理撰写成二十卷本的《四分律搜玄录》，华严四祖澄观还为本录作了序。

唐中期以后，经过道宣门人的不断努力，南山律宗的影响日益扩大，逐渐确立了自己在律学上的主导地位，从此以后，"天下言行事者，以南山为司南矣"②。道宣及其著述、思想不久即向周边各国传播。唐天宝末，鉴真东渡时将《行事钞》及《四分律钞批》等道宣及其后学的著作传入日本，随开日本律学之风，研究注疏甚多。加上其后又传入的《四分律行事钞资持记》，日本律学跃上一个新的台阶。1686年日僧慈光、瑞芳等将《行事钞》与宋僧元照的《四分律行事钞资持记》《四分律行事钞科》汇合，

① (宋)赞宁：《宋高僧传》卷十四，《大正藏》第50册，第793页中。
② (宋)赞宁：《宋高僧传》卷十六，《大正藏》第50册，第811页中。

中国佛教律宗的创立

题名《三籍合观》，分为四十二卷刊行流布。

南山律宗自创立之后，在中国佛教界掀起了律学高潮，使中国佛教界对戒律的重视程度空前绝后，此后南山律学绵延不断，逐渐深入到了中国佛教的深层之中，影响了整个东亚地区的佛教存在形态，成为中国汉传佛教的有机组成部分，直到现在仍为整个中国佛教界所崇奉。

五、中国佛教律宗的发展与传承

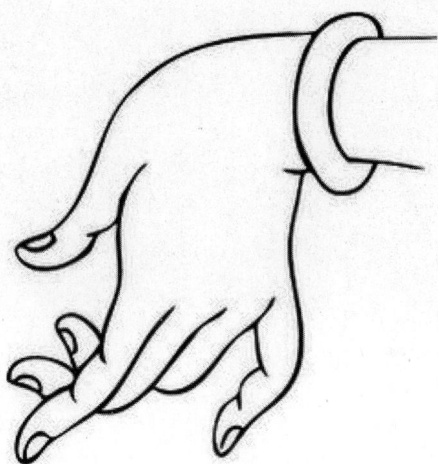

中国佛教律宗自创立之后发展到唐中后期达到了鼎盛时期，经过了五代时期局部地区的繁盛，到北宋时又经历了一段中兴之后的繁盛，此后的南宋、辽、金、元数代三百多年，一路下滑，几近湮灭。但到了明清民国时期，却又重获生机，出现了一段时间的复兴局面。

（一）五代至宋的律宗中兴

1. 五代十国时期的守成

自道宣创立南山律宗以后，尤其是在唐代中后期，他撰写的《行事钞》成为中国佛教律学最好的理论和实践指导教科书。随着《行事钞》被道宣的弟子门人传播到南方，中国南北方佛教律学基本上都是围绕着《行事钞》展开的。这一段时期的中国律学可以说是南山律宗一家独大，南山律宗的发展达到了顶峰，《四分律》也因此得以在全国传播与普及。道宣的门人道岸在江淮地区曾发现该地依然弘传《十诵律》，就直接上书中宗皇帝，要求禁止这些地方弘传《十诵律》，而以弘传《四分律》和推广《行事钞》来代替，江南真正开始弘传南山律宗由此开始。这件事情反映了当时南山律宗的权威性已经获得了佛教界和朝廷的一致公认。

自公元 907 年朱温篡唐建立后梁，到公元 960 年赵匡胤建立大宋政权，中国又经历了半个多世纪的战乱年代。在此期间，北方地区政权更替频繁，社会极其动荡，佛教文化的传播也受到了很大的破坏，尤其中间还经历了后周世宗对佛教的限制，使北方佛教惨淡境况更是雪上加霜，这也使得原本在北方盛行的佛教律宗遭受了毁灭性的打击。因此，在五代时期北方的佛教律宗的传播活动基本上处于停滞状态。与北方相对的南方十六国属于封建割据状态，政治环境相对而言较为平稳安定，又因南方贵族官僚中信仰佛教的人较多，佛教发展获得了诸如吴越王钱氏家族的大力支持，很多南山律宗的传人也逐渐向南方迁移，最终汇聚了大批的律学人才，促使南方的吴越国逐渐成为律宗的传播中心。

　　五代十国期间，在南方弘传南山律宗的律师较多，其中影响最大的当属法宝大师的弟子门人。法宝大师，原名释玄畅，是唐朝末年南山律宗的著名律师，因为仰慕道宣律师而拜西明寺惠正律师为师，后来遇上"武宗灭佛"，他受大家的推举代表佛教界上表朝廷，反对国家的佛教政策。唐懿宗非常器重他，经常请他入宫谈论佛法，赐给他紫衣，并赐他法号为"法宝"，此后人们都叫他"法宝大师"。法宝大师的弟子主要有慧则、元表，以及他们的再传弟子希觉、景宵、赞宁等。

　　释慧则(835—908)俗姓糜，江苏吴郡昆山人，在唐大中末年于西明寺出家，拜法宝大师为师，曾经入选为候补大德。中和二年(882)来到南方，先到法云寺，后驻锡天台山国清寺。钱宁元年(894)到明州阿育王寺，曾经受武肃钱王的邀请在越州开坛授戒。慧则一生通读《大藏经》三遍，讲解南山《行事钞》七十多遍，撰写《塔记》一卷，讲解《行事钞》的《集要记》十二卷。他的弟子中最有名的就是希觉律师，希觉律师的弟子中最有名的就是撰写《宋高僧传》的赞宁律师。

　　元表也是法宝大师的弟子，早年曾跟随法宝大师学习南山律学，后来到越州专门弘讲南山律学经典《行事钞》，在当时影响很大，被人称为"鉴水阇黎"。元表的著述主要有《义记》(又名《鉴水》)五卷。元表的弟子很多，其中最有名的是景宵和清福，景宵的弟子当中又有守言，守言又传元解，这是南山律宗法脉中弘传最长的一支，到宋代依然旺盛。

　　五代十国时期的律宗虽然因继了唐代律宗繁盛的遗脉，在南方保持了较为稳定的发展和繁盛状态，但其主要还是继承和传播南山律宗的宗旨，在理论方面没有更大的突破和发展，基本上处于守成状态。

2. 北宋时期的律宗中兴

　　北宋时期也是我国历史上文化大发展的重要时期，虽然其与唐代之间相隔五十多年的战乱时间，但其很多文化还是因继了隋唐时期的遗脉，律宗经过五代十国战乱的破坏，到北宋时期已出现了衰落之相，但在北宋各个佛教律师的努力下，又出现了一段中兴景象。

公元 960 年，赵匡胤建立了大宋王朝，并逐渐统一了全国，结束了中国近半个世纪的分裂与战乱，此后中国又进入了一段较为安定平稳的时期。此时的中国佛教经过数十年战乱的破坏，面临着重建和整合的局面，在中国佛教史上是一个新的历史转折点。

宋代的皇帝采取与后周完全不同的佛教政策，对佛教的发展非常支持，使得经过战乱和周世宗限佛之后的佛教获得了再次发展的重要契机。建隆元年(960)，宋太祖下令停止毁坏寺院的行为，并度童僧八千人。又在开宝二年(969)下诏天下僧众上表选拔和参加各种考试，对其中能考满分的僧人赐紫衣以示奖励。宋太宗太平兴国年间，两次度僧十七万多人，这是历史上少见的度僧规模。在国家的大力支持下，经过几十年的恢复和发展，宋代的佛教出现了繁荣昌盛的局面，佛教的各个宗派都有很大发展，禅宗、天台、华严、净土、律宗等宗派都是人才济济，名僧辈出。

在宋代佛教文化发展过程中，明显地出现了融合趋势，一方面是佛教内部各个宗派之间的融合，如禅宗与净土宗的融合、律宗与净土宗的融合等；另一方面是佛教文化与儒家文化和道家文化的融合趋势也逐渐显现了出来，佛教通过吸收儒家和道家文化使其更加本土化，而道家和儒家文化也借用佛教文化中的有利因素提升自身的理论水平。在律宗方面，主要表现为律宗出现了与净土宗结合的倾向，如温州的圆辩律师道琛每月设立净土系念道场，很受人们的欢迎，参加活动的人很多。律师赞宁也撰写了《结社法集文》来纪念净土宗祖师庐山慧远大师。另外，宋代律宗的思想也出现了明显的儒家化倾向，很多律师常将佛教的"五戒"与儒家的"五常"伦理思想进行对比融合讲解。这些做法也赢得了儒家学人和社会的赞同，为佛教的发展赢得了更大空间。

随着宋代佛教的逐渐兴盛，当时任职为右街僧录的广化大师真绍按照律宗祖师道宣撰写的《关中创立戒坛图经》的内容，筑造了石材戒坛。大中祥符三年(1010)，宋真宗专为此戒坛赐名"奉先甘露戒坛"，同时，真宗下诏天下各寺院广设戒坛，全国共设置戒坛七十多座。在朝廷的大力支持和佛教界的共同努力下，律宗在宋代又获得了旺盛的生命力，佛教律师人才队伍也得到了壮大和发展。北宋时期，律宗名师辈出，他们为律宗思想和文化的传播发挥了重要作用，其中对宋代佛教影响较大，为律宗作出巨大贡献的当属北宋初期的赞宁、允堪和北宋中期的元照等律学大家。

1) 学问僧官释赞宁

赞宁是希觉的弟子，是晚唐西明寺律师法宝大师的第三代徒孙。根据僧传推知，当年法宝传慧则，慧则传希觉，希觉传赞宁。希觉的弟子很多，其中赞宁和文益最为有名。文益后来成为禅宗中"法眼宗"的创宗初祖，而赞宁则作为律师也成为著名的佛教史学家。

赞宁，俗姓高，吴兴德清(今属浙江)人。后唐天成年间，在杭州祥符寺出家为僧。清泰初年(934)入天台山国清寺受具足戒，精研三藏。后常住灵隐寺，跟随律学大师希觉专门学习南山律。他在与人谈论时，才华横溢，口才过人，被当时人们誉称"律虎"。有一个叫安鸿渐的儒生，文词隽敏，尤其喜欢作讽刺诗。有一次，安鸿渐碰见赞宁和几个僧人前后相随而行，安鸿渐就指着他们说了一句："郑都官不爱之徒，时时作队。"这句话是借用郑谷诗中"爱僧不爱紫衣僧"之句来讽刺赞宁他们，赞宁当即回了安鸿渐一句："秦始皇未坑之辈，往往成群。"这副儒生与僧人之间的随机妙对，赢得了人们的称赞。赞宁博闻强记，擅长诗文，除了学习佛教内学之外，他还兼善儒家、道家和诸子百家之学。

随着赞宁的声望日增，他被吴越王钱俶所敬重，并被任命为两浙僧统，赐予"明义示文大师"的称号。太平兴国三年(978)，吴越王钱俶降宋，已经六十多岁的赞宁护送阿育王寺的释迦牟尼真身舍利来到汴京(今河南开封)，宋太宗在滋福殿接见了赞宁。后来，宋太宗多次接见赞宁，赐予他紫衣和"通慧大师"的称号，并将其纳入翰林院。兴国六年(981)，宋太宗任命赞宁担任右街副僧录。第二年，赞宁奉诏回杭州编纂《大宋高僧传》。《大宋高僧传》完成后，赞宁受到了宋太宗的褒奖。此后，赞宁在淳化元年(990)担任左街讲经首座，第二年担任史馆编修，至道元年(995)掌管京城洛阳境内的佛教事务，咸平元年(998)加右街僧录，第二年升迁为左街僧录。咸平四年(1001)，赞宁圆寂，葬于钱塘龙井坞。南宋崇宁四年(1105)，宋徽宗追赐谥号"圆明大师"。

赞宁一生著述颇丰，而且他的著述涉及教内和教外两个方面，这在僧史中比较少见。根据后人整理归类，他的佛教类著述共约一百五十卷，教外著述共约五十卷，而且他的教外著述能受到教外文人的一致好评，实属不易。但是在他的著述中，对后世影响最大的当属《大宋僧史略》和《大宋高僧传》两部。《大宋僧史略》共三卷，是在太平兴国三年(976)奉诏而作，该书主要记载了中国历代佛教事务、典章制度的起源和沿革，还对佛教中与世俗相关的一些事实也做了记载，这些都是研究我国佛教史不可多得的宝贵史料。该书编成后，宋真宗就敕令编入大藏经。《大宋高僧传》是赞宁在太平兴国七年(982)奉敕编修的僧传，前后历时七年方才完工，全书共三十卷。该书刚刚编修完成，就被敕令编入大藏经，后来历代修藏，都有收入，而且在清代被编入了《四库全书》，可见历史对它的认可程度很高。

2) 北宋律匠释允堪

允堪(1003—1061)，钱塘(今浙江杭州)人。允堪自幼出家，刚开始学习各个宗派的内容，后来师从慧思专门学习南山律。宋仁宗时期，允堪律师先后在杭州大昭庆寺、苏州开元寺、秀州精严寺等寺庙建立戒坛，传授戒法，弘传南山律。允堪的著述主要有《行事钞会正记》、《戒疏发挥记》等。允堪与元照为同时代人，虽然允堪比元照大四十多岁，但他们之间还曾经讨论过戒律问题，因允堪与元照在绕佛方向、衣制长短等律学认识上的不一致而各执一家，被当时分为"资持派"和"会正派"。允堪于宋嘉祐六年(1061)圆寂于昭庆寺，号"真悟圆智大律师"。允堪在理论和修行上坚持弘扬南山律宗，是北宋时期南山律宗中兴的高僧之一。因允堪在世时是南方著名的律师，对北宋时期的律宗有较大影响，所以福聚和日本的凝然律师等将其列为元照之前的南山律宗法脉传人之一。

3) 中兴律祖释元照

释元照，字湛然，俗姓唐，浙江余杭人。元照在幼年时期曾跟随钱塘祥符寺慧鉴律师为童行（沙弥候补人选）。宋治平二年（1065），十八岁的元照参加国家度僧考试，因为他能通背《妙法莲华经》而得剃度。宋熙宁元年（1068），元照和同学择瑛跟随神悟处谦（1011—1075）学习天台教观，同时博究各个宗派。后来在他师父的指点下，他决心以弘传戒律为主。

中兴律宗之祖元照律师

宋元丰八年（1085）十二月，高丽国僧统义天和尚率领弟子来中国求法，当时的主客学士（接待外宾的官名）杨杰陪伴义天一行到杭州，曾在西湖灵芝寺拜请元照律师开示律仪。当时元照正在讲《四分律删补羯磨疏》，就给他们演说了律宗纲要，并给他们一行人授了菩萨戒。义天还请得了元照所著的律学著作，带回高丽国印刷流通。后来，元照律师读了天台宗的《净土十疑论》，就归心于净土法门，并依照善导大师所说一意专持阿弥陀佛名号，发愿领众同修念佛。此外，他还编撰了《净业礼忏仪》，以自修持。再后来，元照看到当时禅宗弟子轻视戒律和念佛，就在宋绍圣三年（1096）翻刻了唐代的《慈愍三藏文集》（即慧日著《往生净土集》），倡导依经律修持。他因此遭到禅宗僧众攻击，被指控伪造了《慈愍三藏文集》。元照无奈，就上书朝廷陈述了自己的观点，并将《慈愍三藏文集》的古本附在自己的上书中，以证明该书古已有之，并非自己伪造，这件事情才算解决。

宋绍圣五年（1098）二月，元照在明州（今浙江宁波）开元寺修筑戒坛，依律传戒。政和六年（1116）九月一日，元照示寂，时年六十九岁，葬于灵芝寺西北角。南宋高宗绍兴十一年（1141），谥号"大智律师"，一般称他为"灵芝律师"。

元照律师特别强调比丘受持净戒的必要性，批评那些不屑于持戒的人说："出家之人，若禅若教，以至房居，所习虽殊，未有不登坛受戒者。世多偏学，见学律者薄为小乘，见持戒者斥为执相；而不观己身，削发染衣，复不思自心，登坛纳具。且受而不持，虽受何益。"①元照认为入道归心，须有始有终。有始即须受戒，专志奉持，一切时中，不可暂忘。他主张戒律和净土并重，他常对门徒说："生弘律范，死归安养，平生所得，唯二法门。"②他的往生观又属于他力本愿的范畴。他说末法时代，自身缺乏道力，唯有净土法门才是修行的径路。因为净土法门全借助于弥陀佛的本誓愿力和光明摄取力，只要具备信、愿、行三法，就能往生。所以他出家后几十年间，以奉持戒律，专修净土念佛为不二法门。元照一生因为以弘传南山律为业，并且培养了大批的律师人才，被认定为南山律宗的中兴之祖，后世称他为律宗的中兴大师。

元照一生笔耕不辍，著述等身。他的著述在律学方面主要有解释南山三大部的《四分律行事钞资持记》四十二卷、《四分律羯磨疏济缘记》二十二卷、《四分律含注戒本疏行宗记》二十一卷，净土方面有《观无量寿佛经义疏》三卷、《阿弥陀经义疏》一卷，杂著《芝园集》二卷、《补续芝园集》一卷、《芝苑遗编》三卷，他还撰写了《法住记》、《报恩记》、《应法记》、《佛制比丘六物图》、《道具赋》等各一卷，并删定《比丘尼戒本》，共计著书一百多卷。

自从道宣所著《行事钞》面世后，自唐至宋，撰写注解著作的有六十多人，但其中以允堪的《会正记》和元照的《资持记》两本书最为有名。允堪在庆历间(1041—1048)住持钱塘西湖菩提寺，撰写《会正记》，注释道宣的《行事钞》。后来元照律师出山，两人因绕佛左右、衣制短长等问

---

① （宋）元照：《芝园遗编》，《大正藏》第 59 册，第 643 页中。
② （宋）志磐：《佛祖统纪》，《大正藏》第 49 册，第 279 页中。

题发生了争论，元照律师就自己撰写了《资持记》。于是，在宋代解释《行事钞》的主要是《会正记》和《资持记》，当时律宗学者因之分为会正派和资持派。但后代律学传人专弘《资持记》，推为南山律宗正统，允堪的《会正记》就逐渐不再流传了。

元照倡导著书、造像、讲学、传戒，他自己也积极从事于多方面的弘法活动，在当时享有很高的声望。苏东坡就受他的影响，为了给母亲和亡妻超度，还专门画了弥陀佛像供养于佛寺中。元照在传戒方面，撰有《受戒方便》、《授大乘菩萨戒仪》、《剃发仪式》等文①，是今日研究北宋时代传戒仪式的重要史料。

元照的弟子门人见于史传的有用钦、戒度、行诜、慧亨、道言、宗利、思敏等，而传持他的律宗法脉的为智交。

用钦曾跟随元照学律，并专修净土法门，著有《白莲记》四卷。释戒度，号拙庵，居四明龙山，跟随元照学《四分律》，晚年专修净土，撰述《正观记》三卷，注释了元照的《观经疏》等。其他的行诜、慧亨、道言、宗利、思敏等人也都修习念佛法门。智交的事迹不详，但他的弟子中有准一，准一的门下又出法政，法政门下出如庵了宏和石鼓法久，如庵了宏门下出铁翁守一，法久门下出上翁妙莲，这些人到南宋时期还传承着元照的律系。铁翁守一著有《律宗会元》和《终南家业》等著作，上翁妙莲著有《篷折直辨》和《篷折箴》各二卷，都是有关律学的著作。通过他们的著作，能够追溯到律宗的传承情况。

南宋庆元五年(1199)，日本僧人俊芿来到南宋朝，在四明景福寺跟随如庵了宏学律三年后，对大小乘戒律都已通达。不久之后，日本僧人净业来到宋朝，在铁翁守一处受戒，并跟随铁翁守一学习律学，铁翁守一专门为他撰写了《重受戒文》。再后来，日本的真照又来到宋朝，在开庆元年(1259)跟随上翁妙莲和他的弟子学习戒法。俊芿回国时，请回许多律宗典

---

① （宋)元照：《芝园遗编》，《大正藏》第59册，第643页中。

籍和道宣、灵芝的画像各一幅，在日本京都大弘律法，成为日本律宗泉涌寺派的开山祖师。净业等人也在日本京都的戒光寺、西林寺、东林寺等传播元照一系的南山律学。

元照在中国佛教律学史上被认为是继道宣之后最重要的律宗传人，他是宋代南山律宗的中兴之人。正是由于他的影响，使得南山律宗不仅在当时获得了强大的生命力，通过他的门人使得南山律宗再次在日本得到盛弘，而且他对南山律宗的后世发展也产生了重要影响，所以他被认为是南山律宗的中兴之祖。

（二）明清律学的复兴

汉传佛教律宗在非汉族政权统治下是不受重视的，所以在辽、金、夏、元等朝代，佛教律宗经历了从衰败到几近湮没的历史过程。在汉族政权明朝建立后，佛教律宗又奇迹般地复兴发展起来，这次复兴一直持续到满族建立清政权的前期，之后又逐渐衰落。

1. 辽、金、元时期的律宗

辽、金、元都是我国北方少数民族建立的政权，他们整体上对佛教采取了接受和支持态度，但由于民族特性和文化隔阂等原因，他们治下的佛教文化与中原汉地的佛教文化还是有很大的不同，这就使得汉传佛教中的律宗在这几种政权统治的区域和时间段并不是很流行。但是有佛教的地方就需要佛教戒律来束缚佛教僧众，所以汉地的佛教戒律学还是对他们形成了或大或小的影响。

辽国从公元916年建国，到1125年被金国攻灭，前后共历经二百一十年，比中原地区的北宋时间还长。作为我国东北地区存在的一个政权，其与佛教有密切的关系。整体来看，辽国还是比较支持佛教发展的，在《辽史》中有大量资料记载了皇家"饭僧"几十万人的壮举，而且也有皇帝去佛寺拜佛的各种资料记载。在《辽史》中可以看到，辽国的皇帝对僧人受戒还是比较支持的，如辽道宗曾经下旨"九月己卯，诏诸路勿禁僧徒开坛。"[①]对于佛教戒律执守方面的情况，史书上的记载并不多。相关僧传中记载辽国律师的也比较少，其中最有名的律师当属《辽史》中提到的法钧律师，记载虽然比较简略，但能看出来辽道宗对他还是非常器重的，曾赐予他"紫方袍师"的称号。后来让他给宫中后妃受戒，又加封他为"崇禄大夫司空"和"传戒大师"的称号，法钧号称领戒弟子五百多万。法钧圆寂后，有他的弟子裕窥接替了他的封号和传戒工作，但是他们奉持哪派传承以及弘传的是哪部戒律都不是特别清楚。不过，在辽国为数不多的律学撰述中，还是能看到与南山律宗相关的著作的，如奉福寺澄圆著有《四分律删繁补阙行事钞详集记》十四卷。这说明在辽国佛教界也曾受到了南山律宗的影响，但并未形成规模和传承系统。

金国是我国东北地区的女真族政权，其存在时间为从 1115 年到 1234 年，前后存在了近一百二十年，其与南宋政权几乎全程陪伴，金朝鼎盛时期统治的疆域，包括今天的中国大陆淮河北部、秦岭东北大部分地区和俄罗斯联邦的远东地区。金国对佛教的政策是扶持与管理并重，但从金代的佛教史料来看，虽然讲到了普贤大师、悟敏等传戒的法事，但并未提到律宗，也未见到与律宗相关的律学著作，由此可以推断，律宗在金国区域内并未得到弘传。

元代是我国蒙古族建立的政权，从 1271 年忽必烈定国号大元，迁都大都(今北京)开始到 1368 年朱元璋称帝结束，前后共历 98 年。就整个元朝政权而言，历代皇帝都崇信佛教，给予了佛教非常大的支持，但是从具体内容来说，元朝时期统治者阶层主要信仰藏传佛教，所以汉传佛教主要是在民间流传。在辽、金、南宋时期，汉传佛教律宗本来就已经非常衰败了，到了元代由于民族政策将人分为四等，最高等的是蒙古贵族，最低等的是南方汉族人，被称为南人，这就使得蒙古贵族所信奉的藏传佛教成为主流

---

　① （元)脱脱：《辽史》卷二十四，中华书局，1974 年版，第 284 页。

佛教，而作为被压迫的汉族人所信奉的汉传佛教自然被边缘化，再加上辽、金和南宋时期佛教律宗的衰落，到了元代自然就更加衰败不堪。虽然如此，但由于南山律宗在南方多年的传播形成的深厚积淀，使得南山律宗虽然传承不再兴旺明晰，但总还是有一些传人在努力继承和维系着律宗的法脉，比如从相关僧传中可以看到像性澄、妙文、法闻、德谦、惠汶等法师在努力维系着律宗的遗脉余息。而且，他们也只是在学习经法之外兼带习律传戒，由此可见律宗到了元代基本上气息全无了。

2. 复兴律祖释如馨

如馨（1540—1615），江苏省溧水县人，俗姓杨，他十一岁时，因父母先后去世而感觉世事无常。二十岁时，如馨投奔摄山栖霞寺素庵和尚出家。由于当时谈佛论道的人多，而宣讲戒律的人少，他就决心专弘戒律，以报佛恩。后来在读《华严经》中的"菩萨住处品"受启发而立誓要从文殊菩萨处受戒，便决定北上五台山拜文殊道场，传说他在五台山遇到一位老婆婆，传授他一袭袈裟，并告知自己就是文殊菩萨。自此之后，如馨悟出了五篇三聚的心地法门，一切律藏经典了然于胸。

万历十二年（1584），如馨常住在南京城西马鞍山古林庵。此后，如馨便在南京灵谷寺、栖霞寺、甘露寺、灵隐寺等各处弘传戒律，一时名声大振。万历四十一年（1613），古林庵得明神宗赐如馨法师以紫衣、锡杖及钵，并赐寺名为"振古香林寺"，又叫古林寺，因此他所传的法系就被称为"古林派"。嘉靖四十五年（1566）政府禁止全国一切戒坛传戒，万历四十二年（1614），神宗诏请如馨在五台山永明寺开建戒坛，传授千僧大戒。神宗还让礼司内臣张然代自己受菩萨戒。又赐如馨"万寿戒坛"匾额和"慧云律师"的称号。自此之后，南北戒坛久禁不行的状况就改变了，明朝政府允许佛教寺院重新开坛传戒。如馨以此为契机，大弘南山律宗，多次在江浙大寺开坛授戒。此后，如馨与其门下弟子以古林寺为基地，弘扬戒律，从而形成了律宗古林派。如馨曾撰有《经律戒相布萨仪轨》一卷，该书内容浅显，简洁实用，对后世中国寺院管理和修行有重要影响。如馨的弘律使得本已衰落的律学得以延续，戒法得以传承，明末律学得以重建，在律宗史上起到了承先启后、重建律宗法系的作用，同时也促进了佛教整体的复兴，影响深远，直至今日。

如馨门下弟子众多，得到他的法要传承的就有性相、性海、性正、性藏、性清、性祇、性福、性昙、性馨、性礼、性璞、寂光等十二位。后来这些弟子都成为佛教界的栋梁之才，各自在不同地方弘传律法。其中贡献和影响最大的是寂光，因为他又开创了南山律宗的"千华派"一系，影响深远。

3. 宝华初祖释寂光

寂光是律宗千华派创始人，是明末清初律宗复兴的重要人物之一。寂光(1580—1645)，广陵(现江苏江都)人，俗姓钱，字三昧，后世称其"三昧寂光"。寂光二十一岁出家，先随从雪浪修习贤首教义，接着四处参访大德，紫柏、云栖都对他非常器重。后来在如馨律师座前受具足戒，并拜如馨为师，学习律学，从此精研毗尼。在如馨律师中兴律宗的过程中，他极力助成，如馨律师当年在五台山建龙华大会时，擢升寂光为副座，帮助他教授律法。此后，他曾经一度在五台山的小天台闭关修行。

从五台山出关后，寂光决定游方参请，曾经游历衡山，后来登庐山时，受江州信众延请，住持庐山东林寺。他到寺院后，从没有种过莲花的池子里却自行长出了白莲花，这正好应验了庐山慧远大师再来的预言。寂光又在塔龛中得到一尊晋朝陶侃所供奉的文殊菩萨金像，憨山老人亲眼目睹了这件事，还为此专门刻了一块石碑作纪念。寂光在东林寺住了六年，主要是阐扬净土，弘宣《梵网经》，东林寺一时学者云集。后来，有人请寂光到扬州重建石塔寺，挖地时又得到一尊舍利小金塔，还有一块断碑，断碑上面有苏东坡居士写的"石塔得三昧"的句子。寂光律师曾在金陵大报恩寺讲戒，后受金陵人邀请，常住南京宝华寺。这座寺是当年梁武帝时期宝志和尚的道场，还有妙峰在山顶立的铜殿。寂光入住宝华山后，开千华大社，学者又从四方云集宝华山，寺院因此而重兴，遂使宝华山成为我国传戒重镇。

崇祯十六年(1643)，寂光奉诏主修南京报恩寺。清顺治二年(1645)寂光奉诏在金陵开坛授戒，朝廷赐紫衣、白金，敕令文武百官迎请入寺，被尊为"国师"。同年六月四日，寂光在宝华山端坐圆寂，世寿六十六，封号为"净智律师"。寂光所著《梵网直解》一书被收入清代《大藏经》。《十六观经忏法》一书也印行于世。寂光的嗣法弟子有香雪戒润、见月读体二人，他们后来都成为一代弘戒名家，其中见月读体撰辑的《传戒正范》是后世及现代传戒的范本。

4. 清代律祖释读体

释读体(1601—1679 年)，号见月，是明末清初重兴律宗的巨匠，世称见月律师。读体俗姓许，明万历二十九年(1601)三月三日生于云南楚雄。十四岁时，不幸双亲相继而逝，其伯父怜之恩育教诲。读体擅长绘画，因为喜欢画观音像，被称为小吴道子。他先信奉道教，后来有位老僧送他一部《华严经》，当他阅读到《世主妙严品》时，翻然有悟，就决心舍道入佛。崇祯五年(1632)，三十二岁的读体跟随宝洪山亮如法师剃度，法名读体。

读体从崇祯六年(1633)起，遍礼寂光律师重修的各个祖庭，后听说寂光律师在五台传戒，就北上参礼。但他这时因为太穷而无法置办受戒时必需的衣钵，就没有受戒。崇祯十年(1637)四月，他才在镇江海潮庵从寂光处受了具足

律宗复兴巨匠见月读体

戒。从此以后，他随侍寂光四处传戒，并开始阅读律藏，受到了大家的推崇。崇祯十二年（1639），寂光应请入南京宝华山，擢升他为监院，并为僧众讲戒。清顺治二年（1645），寂光将要示寂，把自己的衣钵戒本传授给了读体，嘱咐他继任法席。此后，读体住持宝华山三十余年，重建殿阁，筑石戒坛，定制每年春冬传戒、结夏安居等制度，很快使得寺规整肃，成为各方寺院的模范。他在管理事务的间隙抽空撰写著述，对于近世律学的重兴发挥了重要作用。

顺治三年（1646），清兵借口"华山通贼"，派兵围寺，捕去许多僧人。读体以至诚无畏的精神从容应付，使宝华山转危为安。他圆寂前几年，应弟子所请，曾自撰《一梦漫言》，追述了他行脚时经历过的各种事情和他一生为法奋斗的历史。康熙十八年（1679）正月二十二日，读体示寂于宝华山，时年七十九岁。御史李模为他撰写了《见月大师塔铭》，方咸享、尤侗等各撰《见月和尚传》，都非常推崇他。

读体的著述有《毗尼止持会集》十六卷、《毗尼作持续释》十五卷、《传戒正范》四卷、《毗尼日用切要》一卷、《沙弥尼律仪要略》一卷，以上五种撰述均收于《卍续藏》，前三种撰述在乾隆二年由福聚奏请入藏。此外，还有《薙度正范》、《僧行规则》、《三归，五、八戒正范》、《黑白布萨》、《出幽冥戒》、《大乘玄义》、《药师忏法》等各一卷。读体弘戒数十年，受戒弟子有几万人，他的法嗣弟子也有几十人。《南山宗统》卷五记载他的法嗣有定庵德基、宜洁书玉等六十八人。自此之后，宝华系的传承一直有所延续，但其影响却难以超越前代，到清代末年，南山律宗经过明清的复兴，再次陷入沉寂无闻状态。直到民国时期的弘一律师横空出世，才让人们听到一些有关南山律宗的消息。

（三）民国律祖弘一大师

民国时期是中国历史上前所未有的一次社会大转型的特殊历史时段，

持续两千多年的封建宗法制度彻底土崩瓦解，中华民族面临着一次重新构建社会政治、经济和文化的新局面。作为传统文化的组成部分，中国佛教也不可避免地面临社会新旧交替过程中的种种难题。其中最紧要和最直接的问题，就是佛教组织管理制度和僧众戒律制度的继承和改革问题，如民国时期作为佛教界领袖的太虚大师，呼吁最多的也是佛教制度的革新问题。在此期间，本已衰落而难觅踪影的佛教律宗却因为弘一大师的出现又一次复活并展现在人们面前。所以，弘一法师的出现是一个奇迹般的历史事件，他传奇的一生却为中国佛教律宗发展史添上了浓墨重彩的一笔。自此之后，几成绝响，南山律宗等待着下一个复兴者的诞生。

1. 富家子弟　著名青年才俊

弘一法师(1880—1942)，俗名李叔同，幼名成蹊，学名文涛，字叔同，剃度出家后，法号弘一，世称弘一法师。

弘一法师的祖父李锐，原籍浙江平湖，后迁居到天津，经营盐业与银钱业。父亲李世珍，清同治四年进士，曾经官任吏部主事，后辞官继承父业成为津门巨富。李叔同生于天津河北区故居李宅。李叔同的父母笃信佛教，所以他幼年时就受到了佛教的熏染。据说，他降生之日，有喜鹊口衔松枝送至产房内，大家都认为这是佛赐祥瑞。后来，李叔同将这根松枝携带在身边，终生不离。李叔同小时候常在家与三弟一起学僧人作法。六七岁时，李叔同开始读书，并学习日常礼仪。

李叔同五岁时父病逝，八岁时拜常云庄先生为师，攻读儒家经典，同时学习书法、金石等技艺，不久就以书法闻名于家乡。光绪二十一年(1895)，李叔同考入了城西北文昌宫旁边的辅仁书院，在此学习八股文，他的文章常常名列前茅。后来跟随天津名士赵幼梅学诗词，兼习辞赋、八股，喜欢读唐五代诗词，尤其爱读王维的诗。又跟随津门书印名家唐静岩学篆书及治印，并与津门同辈名士交游。光绪二十三年(1897)，十八岁的李叔同奉母亲之命，娶茶商之女俞氏为妻。

光绪二十四年(1898)，李叔同因同情和支持"戊戌变法"被朝廷通缉，被迫离开天津，迁居上海。当年十月加入"城南文社"，曾以《拟宋玉小言赋》名列文社月会第一。光绪二十五年(1899)，李叔同迁居好友许幻园家的"城南草堂"，与袁希濂、许幻园、蔡小香、张小楼结金兰之谊，号称"天涯五友"。光绪二十六年(1900)，他出版了《李庐诗钟》、《李庐印谱》等著作，并与画家任伯年等设立"上海书画公会"，每周出书画报一份。光绪二十九年(1903)，李叔同与许幻园、黄炎培等人在上海成立"沪学会"，开办补习班，举行演说会，提倡婚姻自主等新思想。在此期间他创作了新戏《文野婚姻》的剧本，写了大量诗歌，还谱写了《祖国歌》等广为流传的歌曲，他的艺术才华如同天上的新月，放射出夺目的光芒。他还经常粉墨登场，客串参加演出京剧《八蜡庙》、《白水滩》、《黄天霸》等，在戏剧界广为人知，并以"李广平"的笔名翻译了《法学门径书》以及《国际私法》两本书，由上海开明书店相继出版，这些书是我国最早被翻译成汉文的西方法学著作。

清光绪三十一年(1905)，由李叔同编辑出版的《国学唱歌集》被当时的中小学取为教材，他创作的歌曲内容广泛，形式多样：一是爱国歌曲，如《祖国歌》、《我的国》、《哀祖国》、《大中华》等；二是抒情歌曲，如《幽居》、《春游》、《早秋》、《西湖》、《送别》等；三是哲理歌曲，如《落花》、《悲秋》、《晚钟》、《月》等。李叔同的歌曲大多曲调优美，歌词琅琅，易于上口，因此传布很广，影响极大。

2. 留学日本　引领文艺先驱

光绪三十一年(1905)，母亲王氏病逝，李叔同携眷护柩回天津安葬。安顿好家眷之后，二十六岁的李叔同决定东渡日本留学。在日本期间，他与当时日本文化界的名流多有往来，也曾为《醒狮》杂志撰写《图画修得法》与《水彩画法说略》等文章。光绪三十二年(1906)，李叔同考入东京美术学校油画科，并与同学曾延年等组织了中国历史上第一个话剧团体"春柳社",组织演出由世界名著改编的话剧《茶花女》、《黑奴吁天录》、《新蝶梦》等,李叔同饰演茶花女等角色,深受好评。这是中国话剧实践的第一步,李叔同因此成为中国话剧运动的创始人之一。光绪三十四年(1908)他退出了话剧团"春柳社",专心致志于绘画和音乐。

宣统二年(1910)三月,李叔同毕业于东京美术学校,担任直隶高等工业学堂图画教员。在日本留学期间,李叔同与一位日本美术模特产生感情,后来他与这位日本妻子一同回到了中国。1911年,清朝统治结束,进入民国时期。1912年春,李叔同从天津来到上海,在杨白民任校长的城东女学任教,授文学和音乐课。同年加入了"南社",被聘为《太平洋报》的主笔,并编辑广告及文艺副刊。与此同时,他还与柳亚子创办文美会,主编《文美杂志》。当年秋,《太平洋报》停刊,他应经亨颐之聘赴杭州,在浙江两级师范学校任音乐、图画课教师。1914年,他加入西泠印社,课后集合友生组织"乐石社",从事金石研究与创作。

出家前的弘一法师

1915年,李叔同应校长江谦聘请,兼任南京高等师范学校图画音乐教员,在假日倡立金石书画组织"宁社",借用佛寺陈列古书、字画、金石。当年夏天,曾赴日本避暑,秋天回国,先后作诗词《早秋》、《悲秋》、《送别》等脍炙人口的著名词曲,传唱至今。

3. 叔同出家 弘一律师现身

1916年,李叔同看到一本日本杂志介绍用"断食"来修养身心的方法,就想试一下入山断食养生。当年冬天，他去杭州虎跑定慧寺，试验坚持断食十七天，并写有《断食日志》，详细记录了这一过程。入山前，作词曰："一花一叶，孤芳致洁。昏波不染，成就慧业。"返回学校后，他开始坚持素食。当时，受佛学大家马一浮的熏陶，他对佛教开始渐有所悟。1918年春节期间，李叔同在虎跑定慧寺度过，并拜了悟和尚为师，做了佛教俗家弟子，取名演音，号弘一。当年农历七月十三日，他再入虎跑定慧寺，正式剃度出家，九月又入灵隐寺受比丘戒。当年三十九岁。因为当时的李叔同已经是中国文化界大师级的风云人物，所以他的出家在当时社会上引起了巨大的轰动，举世瞩目，议论纷纷。

弘一法师刚出家的前几年，一边研究佛学，一边在各个寺院参加实修活动。1919年夏，居住虎跑定慧寺，秋天到灵隐寺，专门从事佛学研究。自此之后，他就逐渐将佛教律学作为自己研究的主要方向，到1921年6月，撰写完成了《四分律比丘戒相表记》的初稿。1924年5月，弘一法师到普陀山拜印光大师为师，并赞叹印光大师："大德如印光法师者，三百年来，一人而已。"此后返回温州，继续整理《四分律》。

1926年春，弘一自温州至杭州，居招贤寺，从事《华严疏钞》之厘会、修补与校点。夏丏尊、丰子恺曾自沪至杭专程拜访。夏初，与弘伞法师同赴庐山，参加金光明法会。路经上海时曾与弟子丰子恺等访旧居城南草堂等处，后返回杭州。

4. 弘法护生 律宗大师渐成

1927年秋，弘一法师主持了他的书画弟子丰子恺皈依三宝的仪式，并与丰子恺共同商定编写《护生画集》的计划。当年春天，丰子恺等人编《中文名歌五十曲》出版，书中收录弘一在俗时编写的歌曲十三首。丰子恺在序言中说："李先生有深大的心灵，又兼备文才与乐才。据我们所知，中国作曲作歌的只有李先生一人。"

1928年，弘一法师与丰子恺、李圆净具体商议编写《护生画集》。为了不影响修行，弘一法师一直没有接手固定的寺院作为自己的道场。当年冬天，弘一的俗家弟子刘质平、夏丏尊、丰子恺、经亨颐等共同集资在白马湖修建了"晚晴山房"，以供弘一法师居住。自此之后，这里就成为了弘一法师最常用的住处。1929 年，弘一受邀到厦门南普陀寺，参与闽南佛学院的教育管理。当年十月，他与太虚法师在小雪峰寺一起过春节，并一起创作出了著名的《三宝歌》。当年二月，他们共同编写的《护生画集》第一份由上海开明书店出版。全书五十幅护生画都由弘一法师配诗并题写。弘一在该书跋中说："我依画意，为白话诗；意在导俗，不尚文词。普愿众生，承斯功德；同发菩提，往生乐国。"并且强调："盖以艺术作方便，人道主义为宗趣。" 1930 年秋天，弘一赴慈溪金仙寺讲律两次。当时人们称弘一法师为孤云野鹤，弘法四方。

5. 舍弃有部　专弘南山律宗

1931 年二月，弘一法师从温州到宁波，然后又奔赴白马湖横塘镇法界寺。他发愿弃舍有部律，专弘南山律学，从此之后，弘一法师由新律家变为南山律家。1932 年年底，到厦门边岩(即万寿岩)，在妙释寺讲《人生之最后》。第二年，又在妙释寺讲《改过经验谈》，在万寿岩开讲《随机羯磨》，重编蕅益大师警训为《寒笳集》。之后，在开元寺圈点《南山律钞记》，在承天寺讲《常随佛学》。

1934 年二月，弘一法师到厦门南普陀寺讲律，协助常惺院长整顿闽南佛学院。弘一见学僧纪律松弛，认定机缘未熟，提倡先办佛教养正院。这一年，为见月律师的自传《一梦漫言》做了跋，并绘制了宝华山《见月律师行脚略图》。冬季，又到万寿岩讲《阿弥陀经》，并编著《弥陀经义疏撷录》。1935 年正月在万寿岩撰写了《净宗问辨》，然后到泉州开元寺讲解《一梦漫言》。后来应泉州承天寺之请，在戒期中讲《律学要略》。1936 年春，弘一法师卧病草庵，数月方愈。在此期间由他撰写的《清凉歌集》由上海开明书店出版发行。第二年初，久病初愈的弘一又奔赴南普陀寺讲

《随机羯磨》，在佛教养正院讲《南闽十年之梦影》，还为厦门市第一届运动大会作会歌，五月应邀至青岛讲律。

此后数年，弘一法师不停奔波于各大寺院之间，为僧众讲法弘律，与此同时，撰述不息，先后又撰写了《南山律在家备览略篇》、《律钞宗要随讲别录》等书。直到 1942 年十月圆寂，方才安歇。十月二日，弘一法师身体发烧，渐示微疾。十月七日，弘一叫妙莲法师到他卧室中写遗嘱，十日下午，他写下了"悲欣交集"四个字，交给妙莲法师。十三日晚上，弘一法师安详而逝。

出家后的弘一法师

弘一法师对佛学的贡献主要体现在他对南山律宗的研究与弘扬上。弘一法师为振兴律学，不畏艰难，深入研修，潜心戒律，著书说法，实践躬行。为弘扬律学，弘一法师穷研《四分律》，花了四年时间著成《四分律比丘戒相表记》，这本书和他晚年所撰的《南山律在家备览略篇》合为精心撰述的两大律学名著。弘一法师一生严守律宗戒律，悲天悯人，生前每次在坐藤椅之前总是先摇一下，以免藏身其中的小虫被压死，其临终时曾要求弟子在龛脚垫上四碗水，以免蚂蚁爬上尸身不小心被烧死，其善心可见一斑。

6. 一代宗师　僧俗两界共赞

弘一律师出家前是我国新文化运动的前驱，近代史上著名的艺术家、教育家、思想家和革新家。作为中国新文化运动的早期启蒙者，他一生在音乐、戏剧、美术、诗词、篆刻、金石、书法、教育、哲学、法学等诸多文化领域中都有较高的建树，在中国近百年文化发展史中，弘一法师李叔同是学术界公认的通才和奇才，作为中国新文化运动的先驱者，他最早将西方油画、钢琴、话剧等引入国内，且以擅书法、工诗词、通丹青、达音律、精金石、善演艺而驰名于世，并先后培养了一大批优秀艺术人才，著名画家丰子恺、音乐家刘质平等文化名人都出自他的门下。

弘一法师在皈依佛门之后，经过认真参悟和抉择，既没有选择洒脱自如的禅宗，也没有选择轻松自在的净

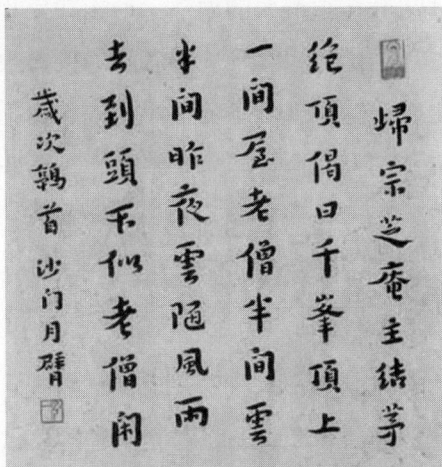

弘一法师书法

土宗，而是选择了艰涩严谨的律宗作为自己终生的修行道路。自此之后，他一洗铅华，笃志苦行，坚持弘传南山律宗法脉，成为世人景仰的一代佛教律学大师，最后他被佛教律宗奉为第十一代世祖。他传奇的一生为我国近代文化、艺术、教育、宗教领域贡献了多个第一，堪称卓越的文艺先驱、佛学大师。也正是因为弘一法师的出现，才使得沉寂多年的南山律宗的法脉在民国时期得以再现光辉。自弘一法师之后，中国社会又经历了巨大的变迁，中国佛教也经历了劫后重生的新局面，佛教律学和南山律宗也在期待着新时代的律宗大师来继承和发扬流传千年的律宗传承。

（四）律宗的法脉传承谱系

中国佛教律宗以四分律学为基础而创立于唐代，在创立宗派的过程中，虽然相部律宗和东塔律宗也有所贡献，但这两家都只传了数代之后，因他们的传承后继乏人而逐渐湮灭，最终以南山律宗为律宗的正统。

作为一个宗教宗派，为了自身的持续传播和发展，就需要尽量保持其法脉传承在内容上的纯正和形式上的合法，因此，很多宗教派别都有记录

165

其法脉传承谱系的做法，南山律宗也不例外。但因为传到后世很多代时，久远的历史积淀形成的各种原因，会导致谱系的混乱和不确定，所以，南山律宗也呈现出了各种不同的传承谱系。但其中最主要的原因是历代整理谱系的人取舍不一而导致的。

1. 历史上的各种祖师谱系说

宋代中兴律宗的元照律师曾作《南山律宗祖承图录》，首先，他确定了南山上九祖。元照认为道宣是南山律宗的创始人，但他的传承出于智首，智首以上分别是法聪、道覆、慧光、道云、道洪，依次相承。法聪最早传《四分律》，而之前有昙摩迦罗(法时)依《四分戒本》授戒，而《四分律》又出自昙无德(法正)部。所以元照所排的律宗谱系是：以传《四分律》的昙无德为始祖，往下依次为二祖昙摩迦罗、三祖法聪、四祖道覆、五祖慧光、六祖道云、七祖道洪、八祖智首、九祖道宣，一共九人。

上述九祖中，道云律师门下共出二派，除了道洪外，另有一弟子洪遵。洪遵传洪渊，洪渊传日光寺法砺，法砺创立了"相部律宗"。法砺传道成，道成门下有满意、怀素两大弟子。怀素后来创立新说，自成一派，形成"东塔律宗"。满意则继续弘传法砺的"相部律"，满意同时也是"南山律宗"道宣的弟子。后来满意传大亮，大亮再传昙一。昙一讲《四分律》共三十五遍，同时弘传相部、南山二宗，并对道宣《行事钞》及法砺《四分律疏》的异同加以考究，写成《发正义记》，阐扬义理，宣说二部的差别，使南山律宗更加彰显于后世。荆溪湛然、清凉澄观都曾跟随昙一习律。也是因为这个缘故，清代的福聚把满意、大亮、昙一均列为南山律宗的法脉传人。

宋代的志磐在《佛祖统纪》卷二十九中采用了这种排列方法，然后再加上十祖允堪和十一祖元照二人作为南山律宗传承，后附允堪和元照二人略传。志磐的律宗法脉图序就是：初祖昙无德(法正)、二祖昙柯迦罗(法时)、三祖法聪、四祖道覆、五祖慧光、六祖道云、七祖道洪、八祖智首、九祖道宣、十祖允堪、十一祖元照。这种排列方法基本上就是在元照排列的基础上再加两位，其中一位是允堪，另一位就是元照自己。志磐的这种排列方法存在两个方面的问题：一是从唐代道宣祖师圆寂的公元 667 年到宋代允堪圆寂的公元 1061 年，中间相隔近四百年的时间，期间却没有列举法脉传承人，这明显不符合法脉传承的常理。此外，对于元照作为一代传承人应该没有争议，但对于允堪排在元照前面作为一代祖师，元照则未必认可。因为元照与允堪之间没有直接的师承关系，而且双方因对绕佛方向、衣制长短等细节问题上的不一致而各执一家，才分为"资持派"和"会正派"两个派别。二是元照排列祖师谱系时只排到了南山道宣，并没有将已经圆寂的允堪纳入律宗祖师谱系当中，因此，如果元照在世，未必认可志磐的这种谱系排列。

宋代有日本僧人俊芿、真照来华学习戒律，真照后跟随石林行居学习，在《俊芿真照传》中有一副律宗传承谱系图，该谱系图应该来自真照的师父石林行居，还是比较可信的。该图谱系为：初祖昙无德尊者—二祖昙柯迦罗—三祖北台法聪—四祖云中道覆—五祖大觉慧光—六祖高齐道云—七祖河北道洪—八祖弘福智首—九祖南山道宣—周秀—苏州道恒—扬州省躬—慧（惠）正—法宝（玄畅）—元表—景宵—守言—元解—法荣—处恒—择悟—允堪—元照大智—开元智交—东堂准一—竹溪法政—石鼓法久—如庵了宏—上翁妙莲—石林行居。

行居之后进入元代，南山律宗衰微，后继乏人，传承不明。这幅传承谱系图虽然无法考证其中每个人相互之间都有直接的师承关系，但是他们都是南山律宗传播过程中出现的佼佼者，基本上都是每个历史阶段的代表性传人，所以这幅法脉传承图还是值得参考的。

此外，清代福聚所著《南山宗统》中，前面即依元照所立九祖次第，分别为始祖昙无德、二祖昙摩迦罗、三祖法聪、四祖道覆、五祖慧光、六祖道云、七祖道洪，八祖智首、九祖道宣，于道宣下续文纲、满意、大亮、昙一、辩一、道澄、澄楚、允堪至灵芝元照，定为中国律宗十六祖。该法脉传承谱系相比宋志磐的似乎更为完善一些，但是在道宣之后的几位传人上却有较大差别。其中将文纲作为道宣之后的第二代传人似乎可以，因为道宣在世时也非常重视文纲，但之后的满意、大亮和昙一是"相部律"和"南山律"兼修的，尤其是满意和文纲之间不是师徒关系，而是师兄弟关系，所以将满意排在文纲后面作为南山律宗的法脉传承似乎不妥。

2. 律宗祖师谱系概观

就以上几种南山律宗的传承谱系图对比分析来看，来自日本的《俊芿真照传》中这幅谱系图似乎更加靠谱一些，如果将这幅图再续上之后历代弘传南山律宗的重要传人，则可以列为下图：

初祖昙无德尊者—二祖昙摩迦罗—三祖北台法聪—四祖云中道覆—五祖大觉慧光—六祖高齐道云—七祖河北道洪—八祖弘福智首—九祖南山道宣—周秀—苏州道恒—扬州省躬—慧（惠）正—法宝（玄畅）—元表—景霄—守言—元解—法荣—处恒—择悟—允堪—元照大智—开元智交—东堂准一—竹溪法政—石鼓法久—如庵了宏—上翁妙莲—石林行居—四明省悟—古心如馨—三昧寂光—见月读体—弘一法师。

以上法脉传承谱系图只能大概反映佛教律宗一千多年来的传播路径，可能有很多为律宗发展作出过重要贡献但没有进入谱系图中，谱系之中的很多人之间不一定有前后直接的传承关系，但是只要他们所传之法能够继承和体现南山律宗的思想自然属于律宗的传人。此外，谱系图之中的律师也只是某个历史时期众多南山律宗法脉的代表，但不一定每个人都能够被列为祖师，所以律宗的祖师排序就会因排列者的选择不同而不同。

六、律宗祖庭净业寺

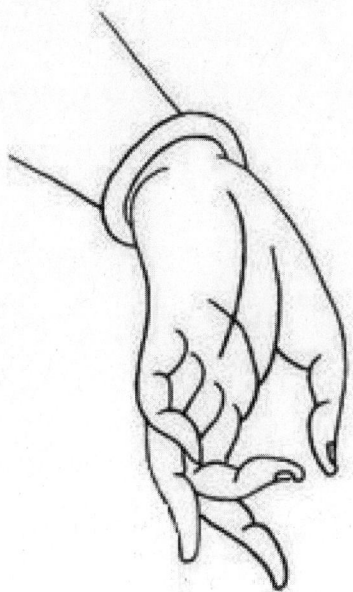

佛教的祖庭一般是指祖师生前修行、弘法和逝后埋葬的寺院，因为一个祖师一生可能会在不同的寺院修行和弘法，因此一个宗派可能就会有几个寺院被称为祖庭。道宣作为律宗的祖师，在他的一生中，在不同的寺院剃度、生活、受戒、学戒、修行、写作、弘法、传戒和逝后供奉，这些寺院都与道宣祖师有着殊胜的缘分和重要关联。道宣剃度和生活是在日严寺，受戒和学戒是在庄严寺(即今天的木塔寺)，在崇义寺和白泉寺有过短暂停留，曾经住持过西明寺多年，光顾较多的是丰德寺。所以，今天依然存在的丰德寺、木塔寺可视为律宗的祖庭，除此之外，就是道宣祖师修行、写作、弘法、传戒和寂后舍利供奉的净业寺。在这些寺院中，对于道宣祖师来说，净业寺既是他生前和身后的归宿之所，也是道宣创立戒坛，弘扬南山律宗思想的重要基地，所以净业寺后来被尊为南山律宗的第一祖庭。

由于律宗是一个历史的概念，并经历了长期的发展与不断的传播，所以在后世的发展与传播中也形成了一些具有里程碑意义的祖师，如成为日本律宗祖师的鉴真、明末清初中兴律宗尤其是著作《传戒正范》并成为后世及现代传戒范本的见月、近代律宗复兴之祖的弘一等，这些高僧也都被奉为律宗祖师，他们驻锡过的寺院也具有了祖庭的角色。例如，鉴真受戒的寺院唐实际寺，其遗址今天已经发掘，出土了大量文物，并在原址上修建了建筑物，具有了祖庭的标志性意义。鉴真长期驻锡的江苏扬州大明寺，也因为这一身份而受到海内外的高度重视。见月驻锡过的寺院江苏镇江隆昌寺更有"律宗第一名山"的美誉。至于弘一大师驻锡过的福建泉州开元寺，也在其原本深厚的历史底蕴中增添了律宗中兴的文化元素。

(一) 与道宣祖师有缘的其他寺院

在道宣祖师的一生中，曾经有几个佛教寺院与他有很深缘分，其中有他剃度出家并生活十三年的日严寺，有他受戒学戒五年的大庄严寺，由他担任首座的西明寺，还有他经常光顾的丰德寺，这些寺院在隋唐时期都属于举世闻名的寺院，遗憾的是除了丰德寺目前尚存之外，其他寺院都已经消失在历史之中，下面根据相关史料对它们略作介绍。

1. 剃度出家的日严寺

日严寺是隋代大兴城（即唐时长安城）著名寺院之一，位于大兴城东南隅的青龙坊，是隋代极负盛名的佛寺。日严寺是隋朝平定南陈之后晋王杨广建造的，寺内的僧人大多是从南方征请来的学问僧，在当时京城众多寺院之中，唯此一例。当年隋朝攻灭南陈之后，陈朝的很多文物典籍被运送到隋京城大兴城，其中包括很多佛教文物，如舍利、佛像等，这些佛教宝物大多珍藏在日严寺。当时，杨广从南方诏请常住日严寺的南方高僧有五十多位，每位高僧大德可以带三到五人作弟子，另外再加上其他北方的僧人，则日严寺常住的僧人应在二百人以上，其中大部分是从江南北上有学问的僧人。这些南方学问僧都有义学专长，久负盛名，是全国佛教界中的代表性人物。因此，日严寺曾经是隋代南北方佛教文化汇聚交流的一个重要寺院。但日严寺的存在只是昙花一现，存留时间很短，从建造到废弃仅约三十年。王亚荣先生《日严寺考》①一文认为，日严寺的建造时间应当在隋文帝的开皇十二年（592）至十七年（597）之间，废弃的时间是高祖武德七年（624）。

道宣的父亲钱申曾经是南陈的官宦，南陈被隋朝攻灭后，这些南陈的官僚贵族就被俘虏迁徙到隋朝的都城大兴城。因为都是南陈北上而来，道宣的家人与日严寺的南方僧人都比较亲近，道宣小时候就常跟随父亲去日严寺与这里的高僧大德们见面。到了十五岁，道宣跟随来自南方的高僧智頵剃度出家，此后就一直住在日严寺跟随智頵学习佛法。后来，道宣又跟随智首大师在大庄严寺（即禅定寺）学习戒律，但他的常住寺院还是日严寺。唐武德七年，朝廷下令废弃日严寺，道宣和智頵法师奉命移住到长寿坊桂

---

① 王亚荣：《日严寺考》，中华佛学学报第 12 期，中华佛学研究所发行，1999 年 7 月，第 191—203 页。

阳公主为驸马所造的崇义寺。不久，道宣就离开了崇义寺，去终南山白泉寺隐居修行。

道宣从十五岁出家到二十七岁离开，在日严寺前后共生活了十三年。离开日严寺的当年，道宣已经开始撰写南山律宗的经典之作《四分律删繁补阙行事钞》。可以说，就是在日严寺的十三年期间，道宣由一个懵懂少年蜕变为一代宗师，因此日严寺曾是道宣成长过程非常重要的一座寺院。日严寺被废弃后，被改作他用而逐渐消失了，最后只存在于各种史料之中。

2. 受戒学律的大庄严寺

据史料记载，大庄严寺是智首律师弘讲《四分律》的地方，道宣是在这里由智首律师授具足戒。在受戒之前，道宣为了确定能否得戒，就头顶空函，虔诚绕佛塔顶礼佛菩萨，祈请示现。七日之后，道宣得到感应舍利降于空函之中，他就信心满怀地受了大戒。受戒之后，道宣又跟随智首大师在这里学习律学五年。由此而言，道宣在大庄严寺不仅得到了具足戒体，也收获了律学，因此，庄严寺对于道宣而言，也是他一生中最重要的寺院之一。

大庄严寺是隋唐长安城内著名寺院之一，始建于隋仁寿三年(603)，是隋文帝为了给去世的妻子文献皇后独孤伽罗超度祈福而建的，刚开始取名禅定寺。这座寺的规模非常宏大，占大兴城西南部的永阳坊与和平坊两个坊的东半部，占地面积九百多亩。寺内有一座高约一百米的木塔。寺院的设计者是设计建造大兴城的建筑大师宇文恺。隋大业三年(607)，隋炀帝杨广为去世的隋文帝在禅定寺的西边又建了一座完全一样的寺院，起名大禅定寺。这样在长安城西南角附近就有两座一模一样的宏伟寺院。唐武德元年(618)，李渊根据隋文帝的法名叫"总持"，独孤皇后的法名叫"庄严"所以改二寺名字为"大总持寺"和"大庄严寺"。后来，大总持寺逐渐毁坏并湮没了，但大庄严寺却一直延续存留了一千多年。据史料记载，作为皇家寺院的大庄严寺，不仅规模宏大，殿宇壮丽，而且寺内营饰华丽，寺院墙壁上多绘有名家壁画，万象纷呈，璀璨夺目，一时誉满京都，是当时京城佛寺之最。唐武德初年，朝廷遴选高僧大德入住大庄严寺，智首律师也曾经在寺内主持寺务。后来智首向唐高祖李渊请求开讲律学获准，就在这里开始弘传四分律学，道宣又在这里跟随智首学习律学。

大庄严寺内林木丛茂，风景宜人，是京师黎民士庶游览避暑的好去处。尤其是在总持寺和庄严寺内巍然屹立的两座木塔，已经成为隋唐长安城西南隅的标志性建筑，也成为人们登高远眺的游乐胜地。唐景龙年间，中宗曾于九月九日重阳节时，在寺塔上开筵席，大宴群臣，并与群臣唱和吟诵，留下了脍炙人口的诗篇。大庄严寺内珍藏着从乌踵国取回来的佛牙舍利，每年定期举行供养佛牙的盛会，这时长安城内的豪门贵族、僧俗士庶争相到寺院随喜，顶礼膜拜，发愿布施，鼓乐喧天。

大庄严寺在长安城内的诸多佛寺中，一直处于十分突出的地位。不但受到广大僧侣信徒的尊崇，也得到唐朝廷的重视，寺院的住持、上座等高层均由唐朝廷遴选任命。唐朝廷常在寺内举行各种法事斋会，每遇诞辰忌日等，皇帝也会到寺院来礼拜游览。在唐武宗会昌禁佛时期，京城内的佛教寺院大多遭到禁毁，但仍明令保留慈恩寺、荐福寺、西明寺和庄严寺四座寺院，由此亦可见其在京城诸佛寺中的突出地位。

木塔寺（原为唐代大庄严寺）遗址

唐末战乱，兵火连天，唐长安城遭到毁灭性的破坏，大庄严寺也不能幸免。宋元时期，大庄严寺得以重建而稍具规模。但元末兵火中，屹立了七八百年的庄严寺木塔也遭焚毁。明代又对庄严寺重建恢复，但又在明末战乱中废毁殆尽。清初康熙三十八年(1699)陕西巡抚鄂海等主持修建了殿宇，重塑了佛像，又建立了五楹大殿，使大庄严寺稍具规模。清同治年间再遭兵乱毁坏，之后就再没有进一步修复，但一直还有僧人住寺修行，直到1958年之后。文化大革命期间，庄严寺僧人被转移其他寺院，宗教活动停止。目前，庄严寺遗址被开辟为木塔寺公园，公园内还有寺院遗留下来的砖砌三门的中间门洞，寺址北端有雕花青砖砌筑的窑洞式殿堂一窟，殿堂内供有佛像，仍有僧人居住，当地一些佛教信徒也常来这里烧香礼拜。

3. 住持弘律的西明寺

西明寺是唐代长安城最重要的皇家寺院之一，是唐代御造经藏的国立寺院，位于延康坊西南隅右街(今西安市白庙村一带)。西明寺与大庄严寺、慈恩寺、荐福寺并称长安城中皇家寺院的"两街四寺"。据《唐两京城坊考》记载，西明寺最早是隋代尚书令、越国公杨素的宅第。隋炀帝时期，杨素的儿子杨玄谋反被诛杀，府宅没收。到了唐代李渊时期，这所宅院被赐给万春公主作府邸。唐贞观年间中，李世民把这个府宅又赐给了他的儿子濮恭王李泰。李泰死后，朝廷就将其立为官寺。

西明寺是仿照天竺祇园精舍建筑的唐代名刹，气象万千，蔚为大观。寺院建成之前，先预选了一百五十位准备出家的童子，在这一天由玄奘法师亲自主持剃度。寺院落成之日，唐高宗亲自参加了典礼，据苏颋、道宣等人的描述，西明寺的落成典礼可谓盛极一时。释道宣在《集古今佛道论衡》卷四《上以西明寺成召僧道士人内论义事一条》中描述了寺院落成典礼前后的情景："显庆二年六月十二日，西明寺成，道俗云合，幢盖严华，明晨良日，将欲入寺，箫鼓振地，香华乱空。自北城之达南寺，十余里中，街衢阗。至十三日清旦，帝御安福门上。郡公僚佐，备列于下。内出绣像长幡，高广惊于视听，从于大街，沿路南往，并皆御览，事讫方还。"随后武则天又布施了青泥珠，章怀太子李贤铸造万斤铜钟。唐武宗会昌灭佛时，下令长安"每街留寺两所，寺留僧三十人。上都左街留慈恩、荐福，右街留西明、庄严。"西明寺因其皇家寺院的性质被保留了下来。唐宣宗即位后，西明寺曾经改名为福寿寺。

唐代的长安是整个东亚地区的佛教文化中心，而西明寺则是长安的佛教文化中心之一。西明寺有房舍四千多间，日常还承担着皇室的礼仪祷告活动，寺中高僧辈出。从印度取经回国后名声显赫的玄奘法师担任了西明寺的首任上座，后来玄奘辞任首座之职去铜川玉华宫翻译《大般若经》，就由道宣律师接任西明寺的第二任首座。玄奘后来成为中国佛教法相唯识宗的祖师，而道宣后来成为律宗的祖师。此外，还有怀恽、道世、慧琳、圆测、良秀、乘恩、林复、自觉、顺贞等高僧大德都在西明寺弘传佛教，一时高僧云集，法匠辈出。

长安在唐代是世界各国佛教徒汇集交流的中心，世界各地的僧尼听说长安佛法隆盛，无不慕名而至。有从印度来华传教的高僧，也有从日本、朝鲜等国来华学习的僧人。来自朝鲜的留学僧神昉、圆测、胜庄等人先后协助玄奘、义净译经，其中圆测是西明寺五十大德之一，他后来成为法相唯识宗西明系的开创者。在长安的外国僧人中，数量最多的是日本僧人。空海当年抵达长安后，就居住在西明寺，后来回国时，将很多佛经、佛像、佛舍利和密乘法物带回日本，创立了日本密宗。此外，日本还仿照长安西明寺在奈良建造了大安寺。

西明寺也是唐代重要的翻译佛经的道场，很多佛教经典都是在西明寺翻译出来的，尤其是义净法师从印度回国后，在西明寺翻译了大量的一切有部的戒律经典。因西明寺是当时钻研佛学的名寺，藏经丰富。高宗显庆年间诏令西明寺写经一部，收藏在西明寺菩提院东阁，号称"一切经"即"西明藏"，这部经藏是唐代最早也是最丰富的佛教典藏，此后陆续译出的新经，经官定颁行天下后，也要补入西明藏，这是中国汉传佛教《大藏经》的最早雏形。

西明寺作为当时东方佛教文化研究中心，其首座是当时中国佛教文化最高水平的象征和代表，须由朝廷慎重遴选之后任命。西明寺的第一任首座是玄奘大师，玄奘大师不久就离任，第二任首座就是道宣祖师，据赞宁《宋高僧传》卷十四《唐京兆西明寺道宣传》记载："及西明寺初就，诏宣充上座，三藏奘师至止，诏与翻译。"由此可见，玄奘法师因为他特殊的经历，当时在佛教界的地位和影响无人能及，而道宣律师在中国佛教界的声誉和影响紧随其后。道宣在西明寺既要管理大量的事务，还要弘讲四分律学。此外，他还抽空撰写了诸如《法门文记》《广弘明集》《续高僧传》《三宝录》《羯磨戒疏行事钞义钞》等二百二十多卷的不朽佛学史著。

西明寺毁于唐后历代战乱之中，数百年之后已无踪影。1958 年中国社会科学院考古研究所西安唐城工作队对西明寺遗址部分区域进行了抢救性发掘，最后确定所发掘部分为西明寺最东侧，发现一殿址，宽五十二米，深三十三米，是一座宽九间、深六间的大殿。这还只是一座偏殿，由此可以推知主殿的规模更加宏伟壮丽。

4. 经常光顾的丰德寺

丰德寺是道宣生前经常光顾的一座寺院，道宣的一部分著作就是在丰德寺撰写的，所以丰德寺也是南山律宗的一个重要基地。

丰德寺的建立时间，应该是隋代。创建寺院的是一位叫智藏的僧人。据道宣撰写的《续高僧传》记载，智藏，俗家姓魏，华州郑县(今陕西华县)人。西魏时期，十三岁的智藏从蔼法师出家，住在长安陟岵寺(大兴善寺的前身)。后来因周武宗灭佛，他就在终南山丰谷东面找了一个地方躲藏起来继续修行，这个地方就是后来丰德寺所在。六年后隋朝建立，智藏又返回了大兴善寺。开皇三年(583)，智藏离开京城，再次隐居到他曾经隐居修行的终南山，这次智藏法师是决定终老于此了。

后来隋文帝令大将军杨广征召智藏法师到京师居住，但智藏婉言谢绝。"帝叹讶久之，乃遣内史舍人虞世基，宣勅慰问，并施香油熏炉及三衣什

律宗祖庭净业寺

177

物等，仍诏所住为丰德寺焉。"①即隋文帝敬重智藏法师，就赐智藏法师所住的地方为丰德寺，这应该是丰德寺获得正式寺名的开始。智藏法师苦修头陀行，一天傍晚，智藏在长安西郊的柏林墓地修行，隋文帝刚好路过看见，赞叹不已，就与所行官人施舍衣物等一百多件。智藏就将这些衣物置换成钱，用来修建丰德寺，简陋的隐居茅棚就变成了雄伟壮观、美轮美奂的寺院。智藏在丰德寺经常讲法，影响越来越大。

唐朝建立后，朝廷再次征请智藏回到京城担任僧官，管理僧务。年老之时，智藏最终还是回到了丰德寺，武德八年(625)，智藏法师在丰德寺圆寂，享年八十五岁。智藏圆寂后，葬于丰德寺。

道宣最早在白泉寺隐居过半年时间，然后就去了丰德寺。丰德寺是著名高僧智藏法师一手创建的，而且智藏法师当时还在世，是丰德寺的住持。因丰德寺有非常丰富的藏书，道宣与智藏之间有交往，所以才会经常去丰德寺挂单，并在这里撰写完成了他的部分著述，如《新删定四分僧戒本》序记载："余以贞观二十一有年(647年)仲冬，于终南山丰德寺删定戒本。"此外，道宣明确记述《四分律搜玄录》是在丰德寺撰写的。道宣到丰德寺后，得到护法神的指引，找到了离丰德寺不远的净业寺，之后，道宣法师就有了属于自己栖身之所的净业寺，但他后来还是经常光顾丰德寺，而且还把自己的师父智颙法师也葬在丰德寺，说明道宣对丰德寺有着非常深厚的感情。

唐代以后，丰德寺曾经是弘扬南山律宗的重要基地，但后来随着律学南移，丰德寺就逐渐归于冷清。五代以后，丰德寺逐渐成为禅宗寺院，虽然繁华不再，但寺院一直维持着基本的存在。一直到新中国成立后，丰德寺殿房都还齐整，有一位常住僧人。1960年经政府调整，丰德寺由比丘尼住寺。文化大革命期间，寺院遭到了严重的破坏。1986年以后又有尼僧集资整修，丰德寺又逐渐恢复了宗教活动。

① (唐)道宣：《续高僧传》卷二十一，《大正藏》第50册，第610页中。

（二）历史上的净业寺

净业寺在道宣入住之前是一座无籍籍名的小寺，道宣入住之后因成为南山律宗祖庭而闻名天下，后来虽历经千年风雨，但在无数僧众的努力维护下，依然保存到了现在。

1. 道宣何时入住净业寺

净业寺位居西安市长安区终南山沣峪内，山路沿着沣峪河谷进入终南山，行至约三公里处，峰回路转，山谷成为东西走向，两边的山势也呈东西方向展开。这里有一处山形，犹如展翅的凤凰，所以又被称为凤凰山。律宗祖庭净业寺就坐落在凤凰山上，这里东邻青华山遥呼相应，南对观音山隔河相望，是一个偏僻幽静的胜地。

净业寺，创建于南北朝时期的可能性较大，最晚创建于隋代佛教大兴时期，在隋文帝和隋炀帝的鼓励下，当时京城中名寺林立。同时，近邻城南的终南山中也修建了很多寺院，但净业寺当时只是一座普通的小庙宇，后来因为律宗始祖道宣的入住与经营，才使得净业寺成为名声显赫的律宗祖庭。

道宣祖师开创了中国南山律宗，世称"南山律祖"。道宣一生钻研《四分律》，集律宗之大成，于各地讲说无数，著作等身，为当时佛教学者所必读。他著述的"南山五大部"为后世治律指南，为区分佛、道，著有《古今佛道论衡》《广弘明集》及其他经录、史传、资料集等著作，共二百二十多卷，都是研究佛教史学的珍贵文献。道宣祖师奉敕于净业寺首创戒坛，标示轨范，成为后世建筑戒坛的法式，使律学发展成为中国佛教八大宗派之中的律宗，在中国佛教史上大放异彩，道宣也被尊为中国汉传佛教律宗的创宗之祖。直至今日，中国的出家戒律仍奉《四分律》为圭臬，以南山律学为正宗。

在道宣的一生中，驻锡参学的寺院众多，但净业寺却是其中最为特殊的一个，因为道宣祖师在创建律宗的过程中，他的修行、著述、传戒等活动大多在净业寺完成，并且留下了天人应供台、祖师洞和道宣塔等圣迹。因是之故，净业寺被佛教界共同尊奉为律宗的祖庭。

下面我们来探究一下道宣入住净业寺的因缘和时间。

赵朴初先生题写的"律宗祖庭"

道宣生于隋文帝开皇十七年(597)，隋炀帝大业八年(612)，十五岁的道宣剃度出家。大业十二年(616)，道宣在智首大师座下受具足戒，在依止智首律师受具足戒之前，道宣顶戴宝函，绕塔行道，感舍利降函，才进受具戒。此后，跟随智首律师学习律学，但是他听讲《四分律》一遍之后，就不想再学了，准备去习禅。他的剃度师智頵得知后，对他严厉地呵斥说："夫适遘自迩，因微知章，修舍有时，功愿须满，未宜即去律也。"命令他要听讲二十遍律之后，才准许他入山修禅。自此之后，道宣跟随智首学习律学，一直到唐武德七年(624)，唐高祖李渊下诏沙汰寺僧，道宣律师与他师父智頵所居日严寺被废，道宣即入终南山。这一年道宣二十七岁，他前后跟随智首学习了近十年四分律学，律学思想已经基本成熟，于是便隐居终南山开始撰写《四分律删繁补阙行事钞》一书。

道宣刚开始是住在终南山一个叫仿掌之谷的地方，根据《宋高僧传》的描述：道宣"晦迹于终南仿掌之谷，所居乏水。神人指之，穿地尺余，其泉迸涌，时号为白泉寺。猛兽驯伏，每有所依。名华芬芳，奇草蔓延。随末徙崇义精舍，载迁丰德寺"。"晦迹"也就是隐居躲避人的意思。由此可以推断仿掌之谷是一个人迹罕至，猛兽出没的隐蔽之所。而且那地方没有水，人几乎无法生存，才会有神人指引取水之事。因为有了泉水之后，才被人们称为白泉寺。根据僧传中描述的"猛兽驯伏每有所依，名华芬芳奇草蔓延"周围环境来看，道宣在仿掌之谷的时间应该是在春或夏季，这样的地方，到了冬天就更难生存了。然后才有"随末徙崇义精舍，载迁丰德寺"。即当年冬天道宣就回到崇义寺去了，第二年又搬到了丰德寺。因为隋文帝曾经为丰德寺赐过寺名，又经过智藏法师多年的营造，丰德寺在当时是一个比较有名的大寺院。

道宣来到丰德寺的这一年是武德八年(625)年，在此期间，道宣正在撰写《行事钞》，他既需要偏僻幽静的环境，又需要基本的生活保障，所以才会有一年三次迁徙的经历。作为名寺的丰德寺虽然能保障生活需求，但未必是一个幽静之所，这才会有后面继续换地方的事情发生。在丰德寺不久，"尝因独坐，护法神告曰：彼清官村故净业寺，地当宝势，道可习成。闻斯卜焉。焚功德香，行般舟定"[①]。就在这时，护法神告诉他，净业寺是一个可以成就道业的宝地。根据后面的"闻斯卜焉。焚功德香，行般舟定"描述来看，他立刻决定去净业寺了，因净业寺距离丰德寺只有几里路的距离，很快就到达。从净业寺被护法神称为"故净业寺"来推断，这个地方应该是个老寺庙，偏僻幽静，是道宣祖师撰写《行事钞》的理想之所，所以他开始在净业寺"焚功德香，行般舟定"。第二年，即武德九年(626)，他完成了《四分律删繁补阙行事钞》三卷的撰写，阐发了他为律学开宗的见解。从以上各方面的情况来推断，道宣祖师应该是在武德九年到的净业寺，当年他二十九岁。

2. 诗人贾岛与净业寺

律宗祖庭净业寺虽地处终南山中，但因偏僻幽静，景色优美，且离都城长安较近，所以成为了很多佛教信众的朝圣之所，同时也吸引了很多文人墨客前来参访观光。其中唐代著名诗人贾岛与白居易都留下了曾与净业寺结缘的史迹。

---

① (宋)赞宁：《宋高僧传》卷十四，《大正藏》第50册第790页。

贾岛(779—843)，字浪先(亦作阆先)，范阳(今河北省涿州市)人，中国唐朝著名诗人。贾岛曾经做过和尚，法号无本，是著名的"苦吟派"诗人，著名的诗词典故"推敲"一事就是出自贾岛与韩愈之间。传说贾岛当时还是个和尚，骑在驴背上苦思"鸟宿池边树，僧敲月下门"两句，反复斟酌用"推"字好还是用"敲"字好，以至冲撞了地方长官韩愈的仪仗队，韩愈知道原委后，不仅没有怪罪贾岛，而且还收贾岛做了他的文学弟子。不仅如此，在韩愈的劝导下，贾岛还俗开始参加科举，但累举不中。唐文宗的时候又被排挤，贬做长江(今四川蓬溪县)主簿。唐武宗会昌年初，由普州司仓参军改任司户，未任病逝。贾岛一生命运不济，仕途不畅，最终只做了个小官，但在文学界却是有很高的地位。大文豪韩愈对他评价很高，曾给他专门写《赠贾岛》诗一首："孟郊死葬北邙山，从此风云得暂闲。天恐文章浑断绝，更生贾岛著人间。"

贾岛有一位好友叫李廓，也是唐代一位著名的文学家，他的诗词中比较有名的就是《长安少年行》。李廓是吏部侍郎同平章事李程之子，所以也是一位官宦子弟，后来他官累刑部侍郎、颍州刺史。贾岛与李廓关系很好，当时贾岛已经还俗，李廓被罢免了户县令，心情不好，两人就一起来到净业寺拜佛散心，当天晚上就在净业寺同住了一宿，后来就写了一首《净业寺与前鄠县李廓少府同宿》："来从城上峰，京寺暮相逢。往往语复默，微微雨洒松。家贫初罢吏，年长畏闻蛩。前日犹拘束，披衣起晓钟。" 这首诗其实主要还是描写了自己的内心状态。李廓虽然刚被免官，心情郁闷，但他毕竟是高官之子，不存在"家贫"的情况。而贾岛这时已经四十多岁了，在仕途上一直不得志，所以就会生出"家贫初罢吏，年长畏闻蛩"的惶恐之感。这首诗虽然没有直接描写当时的净业寺，但也是《全唐诗》中仅有的一首以净业寺为题目的唐诗，还是间接地反映了当时净业寺的基本境况。

3. 白居易的衣冠冢

白居易（772—846），字乐天，号香山居士，又号醉吟先生，祖籍太原，到其曾祖父时迁居下邽，生于河南新郑，是唐代伟大的现实主义诗人，唐代三大诗人之一。白居易与元稹共同倡导新乐府运动，世称"元白"，又与刘禹锡并称"刘白"。白居易有"诗魔"和"诗王"之称，官至翰林学士、左赞善大夫，有《白氏长庆集》传世，代表诗作有《长恨歌》《卖炭翁》《琵琶行》等。

白居易的衣冠冢位于净业寺东北山坡的和尚塔坟的东边，名叫衣冠冢，其实是一个按佛教风俗搭建成的和尚坟，坟依东北边山坡，西南面向净业寺，外边是用石条搭成的门洞，里边有一席之地，门洞里还有一个小门洞，被用砖石封砌。坟墓前面用石头修砌了两米多高、三四十平方大小的一块平台，因这里地势较高，站在平台向西南望去，净业寺尽归眼底。目前净业寺还保存有白居易衣冠冢的两块石碑，这两块石碑不同于一般的墓碑，而是一副对联碑，上联为"孔孟启愚明心性"，下联为"天地容我老山林"。这副对联的内容很符合白居易一生的经历，而且文风简明通俗又不失高远之义，应该是为白居易专门定制。

净业寺东院的这座白居易衣冠冢在历史上就一直存在，但是什么因缘这里有了白居易衣冠冢，却很少有资料记载。曾经流传过一个与此相关的传说：白居易有一位老友无儿无女，这位老友生前请求白居易在他死后帮助处理后事，并且要求白居易给他写一篇碑文，他死后所有的遗产由白居易处理。这位老友去世后，白居易就依照他生前的遗愿帮他处理了后事，并帮他撰写了墓碑，之后白居易就将这位老友的全部家产捐献给了净业寺。由于这份遗产非常丰厚，使净业寺的殿堂得到了一次很好的维护修理。寺院为了感谢白居易，专门为白居易辟一间静室，供他静坐修行。白居易去世后，净业寺就在寺院东边为他修建了衣冠冢，以示纪念。这个虽然只是个传说故事，但根据白居易当时的情况来看，这种事也并非不可能。

晚年的白居易，始终坚持佛家居士生活，这在他的一首《移家入新宅》的诗中表现得特别清楚："日出起盥栉，振衣入道场。寂然无他念，但对一炉香。日高始就食，食亦非膏粱。精粗随所有，亦足饱充肠。日午脱衣簪，燕息窗下床。清风飒然至，可以致羲皇。自西引枕履，散步游林塘。或饮茶一盏，或吟诗一章。日入多不食，有时惟命觞。何以遣闲夜，一曲秋霓裳。一日分五时，作息率有常。自喜老复健，不厌闲中忙。是非一以贯，身世交相忘。若问此何许，此是无何乡。"此外，现存于户县草堂寺鸠摩罗什舍利塔院的《逍遥园大草堂栖禅寺宗派图》（元代岁壬辰正十二年四月望日草堂许村大觉寺在城狮子院住持沙门志通等重录上石）中列始祖为"姚秦三藏鸠摩罗什"，二祖为"大唐圭峰定慧禅师"，右边四人是"玄温和尚，元德法师，裴休相，刘禹锡"，而左边四人则是"玄铰法师，太恭法师，郑余庆，白居易"。由此可知，白居易是定慧禅师的皈依弟子。对于一位虔诚的佛教居士，净业寺能为他修建衣冠冢，其中必然有重大因缘，至于具体的事情，现已无考，只能以此传说聊作谈资。

4. 全真教主王重阳与净业寺

王重阳（1112—1170），陕西咸阳人，原名中孚，字允卿。入道后，改名王嚞，字知明，号重阳子。王重阳曾中武举，后赋闲在家。金正隆四年（1159），王重阳声称在甘河镇遇到钟离权和吕洞宾二位仙人，给他传授了仙道。从此之后他就改儒为道，一直在终南山修道。金世宗大定七年（1167），修道成功的王重阳去山东传教，先后在文登、宁海、福山、登州、莱州等地建立三教七宝会、三教金莲会、三教三光会、三教玉华会、三教平等会，传道说法。在这期间，先后接收了马钰、谭处端、刘处玄、丘处机、王处一、郝大通、孙不二等七人为徒，创立全真道教。全真道教后来成为中国道教中影响最大的道教派别，时至今日，全真道教依然是中国道教的主流。

王重阳，早年在终南山修炼时，也曾在净业寺有过停留，后来还专门写过一首《题净业寺月桂》的诗："谁将月桂土中栽，争忍凡尘取次开。折得一枝携在手，却将仙种赴蓬莱。"因为当时王重阳正在终南山修炼金丹大道，同时也在酝酿开创全新的道教宗派的计划，所以当他来到律宗祖庭时，必然会对道宣祖师当年开宗创派的做法深感钦佩和赞赏，所以才会借净业寺的"月桂"来表达这种心情。同时也预示自己将来会向道宣祖师一样，将折一枝"月桂仙种"去蓬莱栽种。

5. 明清以后的净业寺

净业寺在唐代因道宣律师宏律而极其兴盛，唐以后，净业寺的发展历史就不是很明晰了，但从各种零星的塔铭墓碑等文献资料来看，此后的净业寺虽然辉煌不再，但寺院一直延续存在，不时有所维修。民国时期陕西佛教居士界的知名人士康寄遥所写的《陕西佛事记略》中记载信息较为全面。到明代正统二年（1437），当时的住持云秀法师主持修葺过净业寺。明天顺四年（1460 年），净业寺住持本泉法师、丰德寺住持惠海出资重修净业寺。嘉靖三十四年（1555 年），关中地震，道宣净光塔倾倒。隆庆元年（1567），寺僧又重修寺庙。但直到清康熙二十年（1681 年），寺僧严安禅师才又重建道宝塔，其塔铭写有"宣公严公本来惟一，日面月面超然入室"的字样。之后在康熙五十二年（1713），诸山长老以及各个寺庙的住持共同出资，重修道宣律师塔。嘉庆十八年（1813），净业寺住持际桂法师重修过庙宇。道光十二年（1832），净业寺监院明川重修净业寺，并置田地，并树立规约碑记。

以上有些信息，从净业寺幸存的一块断碑中可以得到些许印证，这块碑在文化大革命期间被从中砸断，所以断开处有些字迹无法辨认，只能存略，碑文如下：

……传者在德。历览天下名山胜迹，未有不因人而传者也。净业寺者，唐宣律祖师之……由及所译经论，载在卧碑，无容赘述。盖师菩萨人也，承悲愿来续佛慧命，故所赒之……替者，德重愿深也。明万历间有住持者，仍其旧制。迄今数百年来，大殿摧残，火房倾地……莫继矣。康熙四十五年，有禅师讳性空号印月，华川李氏人也。见此地环山拱翠，沣水流……焚修，本方檀信，远迩善人，及婆罗门□利居士，仰其道风，咸皆亲敬。于康熙三十四年募……补葺，修献殿三楹，草创廊房数间，前碑记已言之矣。奈不数十年而正殿渐觉颓败，两……母对众曰：是山乃律祖贻刹，屡代招提，虽兴废不一，而大功未成，愚意欲中兴，愧才不建……闻师之言，同欲倾心捐助，协力重修。及叩募十方，随缘布施，首崇大殿五楹，次及左右禅堂……寮等，又献殿两旁建楼四间，正殿后箍砌白衣菩萨石洞一间，悬角小亭一座，今皆□以未获……金碧辉煌，画彩鲜亮，曲径通幽，花香满院，离之尘环精舍，斯又别一洞天也。不惟净业生色，且令……水效灵，神人共庆矣。总计四十余年，数千金，虽皆十方之力，而师之功德亦伟哉。□律祖……上人继之于后，既绍其功，人绍其德，斯于谓善。继善述丕显丕承者也。净业不坠，上人……功德不坠，则几施布金粟之檀信，与报劳运力之工匠，其福功德勋可并净业永垂不朽矣……垂永久。予虽不敏，爰述其始末，笔诸召而记之。

知县邑人王建湛撰文佺树恒书丹

……午八月下浣之吉 山下各村首事人等仝立富邑石工盖永业

杨子严镌

1921年，福建僧人智海来到净业寺，他看到净业寺破败，就到南洋化缘，在寺东山谷修建茅棚68间，供僧人禅修，并置地若干。据康寄遥居士讲，智海曾邀请当时在慈恩学院讲唯识学的丘希明居士，到净业寺研讨唯识义理一段时期。

1949年后，智海回福建。1950年代，智真和尚管理净业寺，并改净业寺为十方丛林，当时寺内以及茅棚常住僧人五六十名，每年结七净修，净业寺及其东沟茅棚成为远近闻名的修行道场，成为西安地区最大的丛林。直到1960年前后，净业寺有常住僧人五十多名，东沟一带小茅棚十八处，经常有人在此静修。当时寺里除了一位沙弥较为年轻外，其余都是中年以上的成年人，大家自己耕种，勉强维持生活。后来组织为农业生产合作社，但粮食仍然比较困难，如某年收入粮食仅足供四个月食用，全年缺粮一万六千多斤，需要向政府粮站请购。1952 年，寺内僧众生活困难，政府照顾人民币二十七元，之后每年略有增加，1953 年照顾三十元，1954 年照顾六十元，1955 年照顾一百元，1956 年照顾一百元。净业寺处于山林之中，寺僧有植树造林的传统，50 年代的僧众造林共计栗子林六十亩，苹果树二百棵，核桃树三百棵，葡萄一百五十架，柿子树五百多棵。当时还给信众传沙弥居士戒，智真法师希望能复兴律宗道场[1]。可是一切美好的愿望都被"文化大革命"打碎，僧人被迫接受改造，寺庙一蹶不振。

改革开放后，政府落实政策，净业寺交给僧人管理，政府出资修缮了寺庙，少林寺僧人永心发心住山，住持道场，四方集资，重修了山路、天王殿、大雄宝殿、祖师殿等，使得破败不堪的净业寺有所恢复。

（三）净业寺的现状

1. 净业寺的整体布局

净业寺在终南山沣峪之中的凤凰山，沣峪河在这里将终南山分割成南北对峙的两座山峰，河谷北边是凤凰山，南边是观音山。两座山隔着沣峪河谷遥遥相对。在凤凰山与沣峪河谷之间夹着一条公路，这条公路是从陕西西安通往重庆万县的一条国道——西万公路。净业寺就是坐落在凤凰山坡高处的一块山台地上。后来，随着寺院建筑的不断增添，逐渐形成了现在的格局。

当前的净业寺，由散隐于山间林中的山门、老寺院、选佛场、祖师塔和东沟闭关房五个部分构成，这五个部分自下而上散落在陡峭的凤凰山上，犹如铺陈在山坡上的一幅水墨画卷。进入净业寺的山门，游人便是进入了这幅天然的山水画卷之中。在这里，寺就是山，山就是寺，寺隐于山岩之间，山显于佛殿之前，水乳交融，互相映衬。净业寺的山门紧临山脚下的公路，从山门沿着林间小路向上行走数里就到了老寺院，这里是净业寺的

---

[1] 王亚荣：《陕西中国汉传佛教祖庭研究》，陕西人民出版社，2006 年 7 月，第 200 页。

主体，传统的净业寺主要就是这部分。穿过老寺院继续上山，就到达了后山选佛场，这是净业寺近年来新修建的，也是目前净业寺中体量最大的建筑。从禅堂继续攀到山顶，就到达了道宣祖师塔。在这里向南望，整个凤凰山一览无余，向北望，则西安市尽收眼底。此外，翻过净业寺院东边的山梁，在沟底有一些闭关房，这也是净业寺的一部分。

2. 不一般的山门

净业寺的山门是建在紧临西万公路边上的一个小山口上。因为在陡峭的山崖和公路之间只有一块几十平方米大小的豁口，所以净业寺的山门设计也只能因山取势，直截了当。山门为仿唐式建筑，以花岗岩砌就，朴素庄严，雄浑大器。从公路边上看净业寺的山门，就像一座古代的关隘城楼。拾级而上，横亘在面前的是一堵石条砌成的石墙，上面刻有赵朴初先生手书的"依最正觉"四个字。在石墙上面有飞檐建筑，刻有南怀瑾先生题写的"净业寺"三个字。但沿着石墙边上的台阶上去后才发现山门和前面的石墙之间还有一块平地，只是站在下面仰望时，视觉上二者重合，形成了关隘城楼之感。净业寺的山门是由我国工程院院士、著名建筑设计家张锦秋教授设计的，张锦秋是梁思成先生的弟子，心怀古意，西安许多著名建筑都是出自她手。张教授为了设计净业寺的山门，曾多次实地勘察考究，用心颇多。山门上清秀隽永的"净业寺"的三个字是由著名佛学大师南怀瑾先生题写的。一座山门，两位大师都为之用心着墨，也是因缘殊胜。据寺院中参与山门建设的工作人员回忆说，山门建好后还发生过一件神奇的事情。2003 年夏天，山门修建的主体工程基本完工，有天夜里下了一场大暴雨，第二天早晨，大家发现山门的院子中间突然多出一块大如磨盘的巨石，静静地横卧在院子当中。大家经过仔细观察才发现这块石头是从山上几百米高的山崖上滚落下来的。但神奇的是这块巨石滚落下来时，从仅能通过的一处豁口钻进了院子，却对新修的山门及周围建筑没有造成丝毫损坏。遗憾的是当时没有将这块石头留下来，而是破成石材用于建筑了。此外，一般的寺院从山门进入之后，就很快能到达寺庙的各个殿堂，但进了净业寺的山门，还需要走上好几里地的山路，才能见到庙宇殿堂。

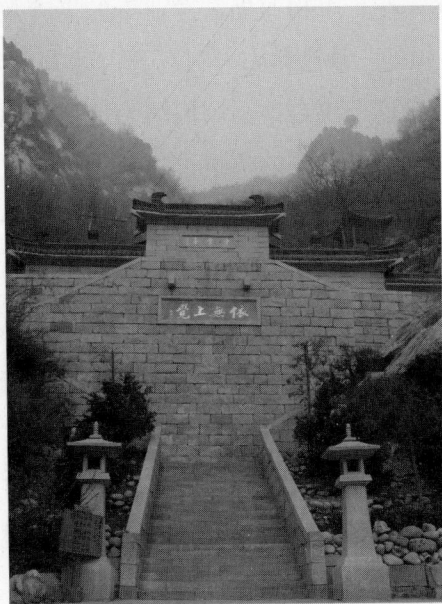
净业寺山门

2004年5月，净业寺举行了盛大的山门竣工典礼和佛像开光仪式，海内外高僧大德及千余名信众参加了这次活动，笔者本人也正好参加了那次山门开光仪式。当时寺院邀请了终南山的果林老法师、嵩山少林寺的永信方丈、台湾的传孝长老等高僧大德一起为观世音菩萨像开光。当僧众念诵开光经咒后，随着本如法师高喊一声"开！"的瞬间，晴朗的天空突然袭来一股大风，那股风从山门院子东边的树梢上压过来，当时很多树都被压弯了腰，风在山门院子上空旋了一圈就吹走了。当时山下、山门小广场及山腰间人山人海，挤得水泄不通。在场的千余人共同见证了这一不可思议的奇特现象。大风拂过，人们顿时掌声雷动，呼声四起。

走进山门，迎面而来的是一尊南传佛教风格的铜铸释迦牟尼佛像。抬头向上看，一尊汉白玉观世音菩萨站像十分醒目而庄重。观音身后有一天然石洞，洞中供奉一座藏传佛教风格的文殊菩萨像，洞内的文殊菩萨，盘坐在莲台上，手持象征智慧的宝剑，身体向右方微倾，文殊菩萨的头上挽着五个发髻，象征佛的五种智慧。这三尊佛菩萨像分别代表着南传、汉传和藏传三大语系的佛教文化。

再抬头向更远的地方看，眼前就是垂立的山，隐约能看见上山的小路和在树林之间的一些建筑，但山顶的殿宇是看不见的。一进入山门就算是进入寺庙了，一路向上爬路过的景点就是在参观寺庙，可以说路过的都是净业寺，也可以说整座山才是净业寺。

3. 自然分布的殿堂

沿着曲折的山路再往上走三四里路，在一个拐弯处，净业寺的老寺院就会呈现在眼前。这是凤凰山上较为平坦的一块台地，方圆有五亩地大小，这里又名后庵山，净业寺的老寺院就建在这一块台地上。但因为这块台地是由三块高低不同的小台地连接而成的，所以寺院的建筑也只能因地制宜的布局。寺院所在台地东西两边都是悬崖峭壁，所以在前面砌一堵墙，要上后山只能从寺院穿过。

1) 小塔林

在寺院前面有一块二十多平方米的小台地，有四个小塔并排而立，形成了一个小塔林。其中两个是现代立的，两个是古代立的，最靠右边的一个年代最为久远，是清康熙年间的，塔题名为"普同"。从字迹辨认该塔是康熙五十二年，当山住持比丘"性空"等所立，"长邑儒学增广生员梁宗浩拜书"。另外还有一个题为"圆明寂照"，是清雍正年间所建，名为"印月寿塔"，从依稀可辨的字中可以看到，该塔的主人法名"印月"，俗姓李，关中华郡人氏，雍正六年圆寂。

2) 天王殿

寺院东西两边有小偏门，正门位置为天王殿。天王殿为四柱三开间的明清式建筑，殿前两尊石狮子虽然因年代久远而眉目不清，但其古朴雄浑的气势依然可见。殿门上悬挂木匾一方，上书"以法护法"四字，两边的对联为："回首依依酒绿灯红歌舞繁华大梦场中谁识我，到此歇歇风清月白梵呗空灵高峰顶上唤迷徒。"天王殿中塑像有四大天王和弥勒菩萨，后门供奉韦陀护法。

净业寺天王殿中的弥勒菩萨造像与其他寺院有较大不同，据净业寺住持本如法师介绍，这尊弥勒佛像的头部是在缅甸塑造的，是被人从佛像上盗取后盗卖出来的，被南怀瑾先生购买回来后就供奉在这里了。这尊弥勒佛的身体是后来补塑的。在弥勒佛身后，悬挂着一方"龙华三会"的牌匾。在《阿含经》中记载，佛祖曾经预言，未来人的寿命达到八万岁时，将有弥勒佛出世，为众生说法，是未来佛。又根据《弥勒下生经》记载，弥勒菩萨经五十六亿七千万年的修行之后，将于第十之灭劫，继承释迦佛的佛位，在"穰结转轮圣王国"华林园的一棵龙华树下成佛。届时诸天等众生将向弥勒佛头面礼足，合掌请求说法，弥勒佛将三转法轮，为广大众生说法。这就是有名的"弥勒三会"，也叫"龙华三会"。

弥勒佛是未来的佛，在为成佛之前应该被称为弥勒菩萨，但因他是释迦牟尼佛祖亲自预言的未来佛，所以大家就尊称他为弥勒佛。据佛经讲，弥勒佛现在居住在兜率天，将要上升为佛的菩萨都要居住于此。我们现在最常见的大肚弥勒形象来自于我国五代时期的一位布袋和尚。据史料记载，在我国五代时期有一位和尚，他身体肥胖，经常肩上搭一布口袋，他极为珍惜粮食，看见五谷掉地上，便随手捡入布袋中，用以施舍穷人，人称"布袋和尚"。布袋和尚经常会显现各种神通，度化凡人，嘴里常常念叨"弥勒"二字。他圆寂后，大家认为他是弥勒佛的化身。此后中国人塑造弥勒佛像时，就以他的形象为准。而且后人根据他独特的形象，编造出许多妙趣横生、饱含深意的故事和楹联。

这里的四天王也是独具特色，站在弥勒佛的左前侧的是南方增长天王，这里的增长天王手握定风珠，与别的寺庙中增长天王手握宝剑不太一致。广目天王站立在增长天王后面，手里面拿的是一支利箭，与一般寺庙中广目天王手中是一条蛇不一致。右前侧站立的是东方持国天王，此庙里持国天王手擒降魔杵，与一般寺院中持国天王怀里抱着琵琶也不一致。只有多闻天王手里一般拿的是宝伞，这个与其他寺庙的天王像基本一致。此外，本寺的四个天王背后都有象征着摧毁一切力量的火轮，这在其他寺院很少见到。

3）大雄宝殿

穿过天王殿，正对面就是大雄宝殿。大雄宝殿是每个寺院的核心建筑。

"大雄"是佛的另外一种尊称，顾名思义，大雄宝殿就是佛殿。在不同寺院，大雄宝殿中供奉的佛像往往略有差异，大多数寺院都供奉释迦牟尼佛，或者在释迦牟尼佛的两边配上西方的阿弥陀佛和东方的药师佛，就称为"横三世佛"；或者在释迦牟尼佛像两边配上过去佛、燃灯佛和未来佛弥勒佛，称为"竖三世佛"。此外，有些修净土法门的寺院在大雄宝殿只供奉阿弥陀佛，有些修密宗的寺院供奉大日如来等。

净业寺殿堂俯瞰

　　净业寺的大雄宝殿从匾额到供奉的佛像都非常有特点。首先，大雄宝殿的匾额是"华藏世界"，殿中供奉的是"华严三圣"和观音、地藏两位大菩萨。华严三圣指的是毗卢遮那佛，左为管智慧的文殊菩萨，右为管理德的普贤菩萨，这三尊一佛二菩萨俗称"华严三圣"。作为华藏世界教主和本体的毗卢遮那佛，与他的得力助手文殊、普贤二位菩萨组成这一庞大世界的最高主宰，即"华严三圣"。与一般"华严三圣"位置不同的是这里的文殊是在佛的右侧手拿经书，而普贤在佛的左侧手拿如意。文殊像的右侧是观音像，普贤像的左侧是地藏像。

4) 其他殿堂

大殿的左边是客堂，右边是药师殿，这样四个殿堂就形成了寺内一块半开放的小四合院。药师殿供养的是东方净琉璃世界的教主药师佛，这位在成佛前发下十二大愿行菩萨道的佛陀，在佛教世界里具有很高的地位，他的塑像代表性的标志就是左手捧着的那个拯救世人于苦厄病痛中的药壶了，右手结施无畏印，佛陀慈眉善目，温和可亲，仪态庄严。

在穿过小四合院东北角，就进入了更高一处平台地上，从这块平台的东北方向上山可通往选佛殿，从西北方向上山可到达祖师洞和天人应供台。平台的正北面是两层楼房建筑，上层为僧寮，下层为南山律宗文化展览馆。平台的东边是坐东朝西的五观堂，五观堂是僧人吃饭的地方，是寺庙的食堂，也叫斋堂，佛家讲究僧人吃饭前要做五种观想，主要是当思今日有无持戒、诵经、坐禅等修行，当思饭食来之不易，不能对饭食挑剔，所谓一粥一饭当思来之不易，一针一线恒念物力维艰。不能要了太多又吃不完，因为那是贪心太胜的表现，佛教最忌贪嗔痴。如果法师讲法时听众人数较多，也常常会在五观堂里，因为那里地方宽敞，桌凳齐全。净业寺的五观堂，靠山背崖，宽敞开阔，可容一百多人同时用餐。五观堂前有小桥依依，水流潺潺。由此北上，可达选佛场。

4. 寺院中的圣迹

1) 祖师洞

祖师洞在净业寺后院靠山的石崖下面，洞口小而肚大，洞深五六米，洞内面积约十五六个平方米，现洞内供奉道宣祖师汉白玉坐像一尊，高约一米二三，神情肃穆，体态安详。据说道宣祖师当年初到净业寺，就是在这个石洞中修行，所以后来称其为祖师洞。

道宣祖师洞

《佛祖统记》卷五十三记载："唐高宗时期，道宣律师曾于净业寺建石戒坛，为岳渎沙门再受具戒。" 唐高宗乾封二年(667)二月八日，道宣七十二岁，在终南山净业寺创筑戒坛。道宣律师深知戒坛的重要性，所以就在长安终南山净业寺筑建戒坛，为僧众提供一个如法的受戒之所。由于终南山净业寺的戒坛修筑的非常如法殊胜，所以发生了很多感应的事迹，曾感召长眉尊者宾头卢罗汉现身，礼拜戒坛；还曾感应一位梵僧，西域来的三果圣人，也到戒坛绕坛、赞叹、行道，他还赞叹说，自从佛陀入灭以来，像法时期，弘扬佛陀律藏教法的，只有您一人是最殊胜的。在传戒的同时，道宣祖师还撰写了一本著作，名为《戒坛图经》，这部著作的内容一方面是根据律部的内容概括而来，还有一方面是根据天人的感应。因为有天人来告诉他，佛陀时代的戒坛是如何建构的，律祖便参照天人的叙述写出这本书。这个戒坛一建立，全国十几州的出家人都想求受三坛大戒，但是道宣律祖并未传授那么多人，他只是想将戒坛作为以后传戒的一个典范，所以就在全国十几个州中，每一州选一位到两位精英，一共选了二十七人来此受三坛大戒，这是他唯一一次在净业寺传戒的过程。

净业寺方等戒坛

现在仍保留着道宣当年撰写的《大唐雍州长安县清官乡净业寺戒坛之铭》，其文如下：

"原夫戒坛之兴，其来久矣，肇于只树之始，流渐淮海之阴，开佛化之羽仪，扇仁风於寰宇。遂得定慧攸托，非戒无以成基，业行是依，必律仪方能堪济。其德既广，非恒地之所任持；其绩既高，岂常务而能构克。故使于僧院内别置戒场，又于场中增基列陛，阶除四布，坛塔高严，幽明之所监护，凡圣于焉景仰。集僧作业，经三灾而莫亏；登降受行，历万古而长鹜。是则慈化弘远，诚资戒德之功。烦惑廓消，咸假场坛之力。统其绩也，岂不盛哉。若不式树旌铭，将何启其津径。略述所缘。"[1]

这段文字的大概意思是：戒坛的兴起，由来已久。肇始于古印度祇园精舍，渐渐传到中国。将佛教传遍天下，为环宇带来仁慈。佛教所倡导的

① （唐）道宣：《关中创立戒坛图经》，《大正藏》第45册，第807页。

律宗祖庭净业寺

禅定与智慧，没有戒律都无法成就，僧人信众修行，只有如法行持戒律才能成功。戒坛这么重要，不是清净的地方不能够建立，所以我在净业寺内建立戒场，又在戒场中建立戒坛。戒塔高严，有神人护持，凡圣都需敬仰。规范僧人们的行为，让他们登上戒坛接受约束，是保证他们成就的基础，也是长久以来的传统。这样，佛教慈悲教化天下，都要依靠戒律的约束；众生烦恼的破除，都要依靠戒坛的力量。这么说来，戒坛能不重要吗？不给戒坛树立铭文，怎么能让大家认识它呢，所以我略微讲述作铭的缘由。

净业寺戒坛后来逐渐湮没不见，现有净业寺本如法师发心光大律宗祖庭，恢复戒坛，经过多年的努力，终于在净业寺祖师洞前，按照传统的戒坛规制，修筑了戒坛。

3) 天人应供台

"天人应供台"是净业寺最著名的地方，位于寺院西北的悬崖峭壁上面，此处有山石突伸出一个天然的小平台，平台下便是万丈深渊。台后岩壁高一米多处有一个人工开凿的石座，恰好仅容一人打坐。这个座位坐北朝南，面对虚空，这便是道宣祖师当年禅坐修行，接受天人供养的地方。

道宣作为律宗大师一生谨守戒律，穿的衣服全部是由纾麻所织成的，每天只吃一顿饭，并且是过午不食，每餐只吃一些菽豆之类的食物，出门时锡杖从不离身，唯恐伤及脚下众生，禅坐端正庄严，不倚靠任何东西。由于他持戒精严，所以得到天神感应的事情非常多。他在这里打坐时，经常有天人给他送饭供养他，而且他还与天人讨论戒律问题，使得他对自己著作中不准确的地方得到矫正，也解决了许多律学研究上悬而未解的疑难问题。但他也因此被东塔怀素等律师指责触犯佛门重戒——妄语戒，理由便是凡人怎能与天人沟通。

5. 后山选佛场

从五观堂旁边的小路寻山而上，有几处新建的亭阁木桥，古朴典雅，尤其能引起人注意的是这些木桥因山势而建，而且最大限度的考虑了山上树木的生长。有些桥面中间专门为树木的生长凿开圆孔，感觉树是从桥面上长出来的，可见建造者的用心细微之处。不远处就可隐约的看见几处建筑，就是新建的选佛殿。选佛殿坐落于后山南坡密林之中，它的位置正好处在寺院和道宣祖师塔之间，是罕见的双层八脊大殿。整个选佛殿因势借形，错落有致，辅以连廊、山亭、站台，自成建筑小景。站台之上，飞檐斜挑，松涛阵阵。极目远眺，终南诸峰，一览无余。这里环境清幽，风景怡人，人间难得，是禅修的绝佳去处。近年来，净业寺经常在这里举办佛教文化主题的夏令营等各种佛教修行活动。

净业寺后山选佛场一角

选佛场源自禅宗丹霞禅师的故事。据记载唐代天然禅师原名州丹霞，刚开始学习四书五经，准备前往长安应试，路上碰到一个禅僧，对他说选官不如"选佛"，"今江西马大师出世，是选佛之场，仁者可往"。丹霞改变初衷，前去拜见马祖，但马祖又令他前往南岳找一位叫石头的禅师拜师学佛，丹霞在佛堂做了三年杂役，有一天石头大师告诉众僧说："来日铲佛殿前草。"大家都准备了铁锹铲草，惟有丹霞洗干净头发跪于大师的身前，大师看到丹霞了然一笑，为他剃发出家。后来石头禅师给他讲戒律，但丹霞捂着耳朵就跑出去了，直奔江西，再次拜见马祖，还没见到马祖之前，便去僧堂里面，骑坐在圣僧塑像的脖颈上等候。僧众见此极为震惊，赶紧报告给了马祖，马祖进来一看，只说了一句："我子天然。"丹霞听后，赶紧下来向马祖道谢，所赐法号即为"天然"。明觉禅师有佛偈：选佛选官应在我，难兄难弟不唯他。汀华岸草芳菲日，远远清风争奈何。

对于净业寺选佛场的地址，代表海航一直参与净业寺建设的马永庆老师有一篇《缘结净业寺》的文章中还讲述了一段有趣的故事：

据说刚开始选佛场的选址最早是本如法师和王总选定的，在古井往上边的白居易衣冠冢左侧。后本如法师拿了一张净业寺的地形地貌图纸去见南怀瑾老师，南老审视良久，后用笔在一处画了个圈，言道："就建这里吧！二三十年之间这里会出高僧。"之后本如法师和我带着技术人员按图索址，当找到画圈的地址时，大伙大吃一惊。在这基本是石山密林的凤凰山上，唯有这块地方是一片正好可建筑一处选佛场且较为平缓的黄土地。没有巨石，不见树林，只是杂草丛生，以前是净业寺的高粱地。站在这里向左向右观望，各有一处不大不小的微微凸起的山峰，形如钟鼓。向前观望，层峦叠翠，近处是天台山，远处是紫阁峰，视野开阔，非常壮观。①

2009年五月，在选佛场落成装修启用之时，净业寺在这里举行一次准提菩萨开光法会，本如法师代表净业寺撰疏并宣读，疏文中叙述并表达了对护持和支持净业寺建设的各方的谢忱之义，今录疏文如下：

终南山净业寺准提菩萨开光文疏

天上天下无如佛　　十方世界亦无比

世间所有我尽见　　一切无有如佛者

恭闻大觉世尊　始王华严之界　圆音妙法　遍周帝网之区　称其性演重重无尽之门　就其根　开种种有限之义

---

① 石迦：《净业寺》，《长安佛教》2010年4月号，第47页。

净业古刹　始建于隋　兴盛于唐　严淨毗尼　宏范三界　南山一宗
法派长流　绍隆佛种　继佛家业　南山道宣　功德巍巍

今山含瑞气　水带恩光　戒香普熏　定慧清澄　因缘圣俱　显密圆融
密言玄妙　统五步之真　显字渊冲　贯十宗之旨　应根派异　泾渭双流
会旨源同　清浊共湿

然而去圣时邈　群生见差　或密显偏修　或有空别立　或学声字　迷
神咒之本宗　或滞名言　昧佛经之正意　虽有观之心照性　然多背正趋邪
各计断常　竞封人法　弘性弘相　商参互起于多端宗律宗禅　水火交腾于
异义　遂使滔滔性海　罕挹波澜　灿灿义天难窥光彩

衲因宿缘师教　寒栖南山之巅　幸蒙钳锤　深沐法乳深恩　昔祖庭兴
衰　几经沧桑　今日重光　始于准提威神之力　感海航陈峰居士得南公怀
瑾老师之示　于二〇〇〇年夏日赶赴南山　朝拜大士　蒙我佛垂慈　所求
如愿　遂发心重振祖庭　丕振宗风　复有王健居士朝叩祖庭　感烈日晴空
忽降甘霖于一隅　寺耀七色顿呈祥瑞于十方　遂发大誓愿　与海航同仁
历经精勤　屡排艰难　与建山门　五观堂　禅堂并捐唐大中元年之大佛顶
胜陀罗尼经幢　至使龙天欢喜护法畅怀

九年后陈峰居士赴归南山　睹香火兴盛　梵宇重光　寺僧安居　道风
远播　身心畅然　忆及往事　可谓过去只是寻常事　如今思来倍有情　虽
已悟江山似锦　万化如寄　仍坐水月道场　行空花佛事　感恩准提大士及
南公老师　遂虔请准提圣像　供于南山之间　普令法界众生　忏其前愆
修心净业　同登极乐彼岸　共入毗卢性海

盖本觉显照　具大神通　炎火变于青莲　苦海易于甘露　是准提大士
与护法诸真　皆其自心现相　获福宁有量乎

然无上菩提　匪从他求　佛性本具　应当直下承担

时值政通人和　国运昌盛　净业寺僧众与海航集团同仁　谨择吉日良
辰　云集海众于南山祖庭　为七俱胝准提大士　四臂观音　龙天护法点灵

199

开光

惟愿　知幻即离　觉而不迷　直趣真如　同圆种智

仰仗　十方三世一切诸佛菩萨　护法龙天菩萨摩诃萨　垂慈加佑普令一切众生　速成佛道

海航集团　事业腾达　平安吉祥

云集海众　身心康宁　家庭和睦　事业成就　福慧俱足　一切如意

净业祖庭　工程顺利　寺宁僧安　道场清净　正法久住

虔祈　中华与盛　大国泱泱　风调雨顺　国泰民安

瘟疫不侵　兵戈永息　祖国大统　世界和平

终南山净业寺本如　圆照率两序大众　敬疏

己丑年五月初一日

6. 道宣祖师塔

道宣祖师塔位于净业寺后山顶，是南山律宗创宗之祖道宣律师的舍利塔，始建于唐乾封二年(667)，后来屡毁屡建。道宣律师筑坛授戒不久之后，有一位天神从庭前进来礼谒道宣，对他说，律师当生兜率天宫，并给他一苞香，称是棘林香。百天之后，道宣安然坐化。时为乾封二年(667)十月三日，世寿七十二，僧腊五十二。他曾嘱托门人弟子把他葬在坛谷石室，其后建塔三座。道宣寂化，全国哀悼，唐高宗下旨，令绘画道宣律师的像，挂在各个寺院，作为佛教界的楷模。再由塑匠韩伯通塑造道宣律师塑像，以追仰其道风。至懿宗咸通十年(870)，左右街僧令霄、玄畅等人上表，乞请皇帝追封谥号，当年十月下旨，谥号"澄照"，塔号"净光"。据净业寺现有碑铭记载，明嘉靖三十四年(1555)，关中地震，道宣净光塔倾倒，一直到清康熙二十年(1681)，寺僧严安禅师才又重建道宣祖师塔，其塔铭写有"宣公严公本来惟一，日面月面超然入室"的字样。后来在康熙五十二年(1713)，诸山长老也即各个寺庙的住持共同出资，重修道宣律师塔。文化大革命期间，道宣祖师塔被彻底拆毁，1983 年，当地政府出资修复至今。

净业寺道宣祖师塔

7. 东沟闭关房

东沟在净业寺东侧山谷中，这里林壑幽静，流水潺潺，空气清新，天籁声声，是净业寺传统的静修之所，天下闻名，历史上最多时有一百余座茅棚，数百名僧人专修。现沟内零散分布着六栋砖瓦房。顺山沟而下，洗肠池附近又有三座房屋和茅棚。

东沟又名洗肠沟，这个名字中背后还有一个有趣的故事。传说当年牛头禅师想度化道宣祖师，就来到道宣祖师打坐的地方，当着道宣的面吃肉喝酒。道宣祖师因为持戒精严，所以当时每天有天人来供养他，他对牛头禅师的做法极其反感，但也没说什么。奇怪的是牛头禅师来后就没有天人给道宣祖师送吃的了。过了两天，牛头禅师看道宣祖师也不搭理他，就自行离开了。这时天人来给道宣祖师送供养，道宣祖师问他为什么前两天没来。天人说前两天你这里坐着一位大菩萨，他的光芒照射的我眼睛都睁不开，不敢靠近。道宣这才知道牛头禅师的厉害，就急忙去追赶。追到东沟，发现牛头禅师在池子里清洗自己的肠子。道宣就询问缘由，牛头禅师说我为了度化你故意吃肉喝酒，把肠子都污染了，现在掏出来洗一洗。道宣对牛头禅师更加钦佩，就向他请教禅法。

这个故事出自禅宗，律宗的僧人认为是禅宗僧人为了抬高自己而杜撰的，因为道宣对禅宗僧人的做法是多有批评的。而且他在《续高僧传》中还写了牛头法融的传记，其中并未提及此事，但这个故事却经常被人讲起。

（四）本如法师与净业寺

1. 净业寺本如法师

本如法师，福建厦门人，毕业于厦门大学，中医药学博士。本如法师1988年由厦门南普陀寺住持妙湛法师剃度出家，后曾得到国学大师南怀瑾先生的调教和指点，2005年，本如法师又得临济宗第四十四代法脉传人本焕禅师传法，渐顿同修，万法圆融，为临济宗第四十五代法脉传人。

净业寺本如法师

本如法师善根深厚，佛缘殊胜，自小与厦门南普陀寺的妙湛法师亲近。未剃度前，因本如法师自幼酷爱绘画，妙湛法师就让他跟随福建著名画家张晓寒和杨夏林两位老师学画山水，这两位老师都是毕业于重庆国立艺术专科学校的国画大家，杨夏林老师的画以其功力精湛厚重而见长，而张晓寒老师的画以其意境高远超拔而著称。再因张晓寒老师年轻时曾有过出家为僧的经历，所以他与本如法师相处得特别默契，相互之间也多了一份亲近感，晓寒老师也经常会用画理阐述佛理，用画境比兴禅境，并嘱咐本如法师抄读《高僧山居诗》等，这对本如法师后来的出家有一定的影响。本如法师在两位老师的精心指导下，再加上他本人的勤勉不辍，在绘画方面很快就登堂入室了。后来本如法师虽然并不以绘画为业，但书法与绘画却成了他宣明佛理，弘扬教法的一大方便，真可谓功不唐捐。

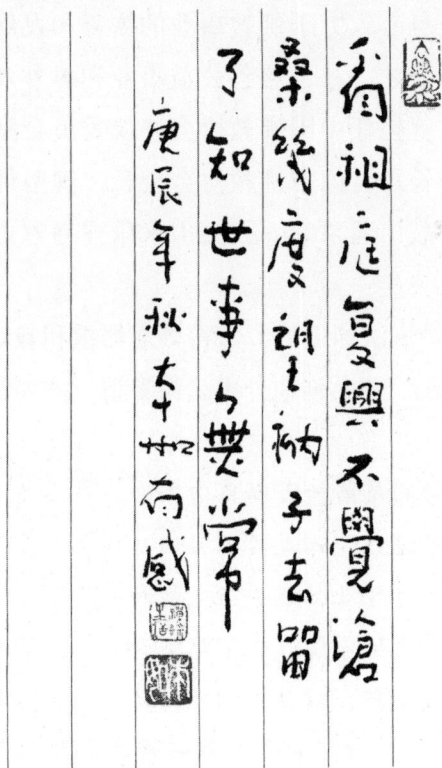

本如法师的书法作品

1988年，本如法师由妙湛法师在南普陀寺剃度为僧。妙湛法师，法名续林，俗姓褚，名永康，辽宁省东港市（原东沟县）人。妙湛法师出生于1910年，1933年结业于安康师范学校，曾任小学教员、教长。1937年"七七"事变后，被日本侵略者认为有反满抗日的嫌疑而遭到逮捕。出狱后他看破红尘，于1939年在辽宁省凤城县通远堡双泉寺剃度出家，然后在北京拈花寺全朗法师座下受具足戒。得戒后，妙湛法师即前往青岛湛山寺佛教学校，依倓虚大师学习天台教观。1942年春，前往江苏扬州高旻寺，在禅门宗匠来果座下参禅多年，其教宗天台，行在禅宗。1957年，妙湛法师到达厦门南普陀寺，因其深谙佛理，戒行庄严，第二年便受僧众推举成为监院。在1966年至1976年的十年"文革"期间，南普陀寺一度停止宗教活动，妙湛被安排为小卖部主任，直到1979年才恢复监院职务。之后，妙湛法师全身心致力于佛教事业的恢复和发展，在弘扬佛教、兴办佛教教育、培养僧才、社会慈善公益事业和对外友好交往等方面做了大量的工作。生前曾担任中国佛教协会咨议委员会副主席，福建省佛教协会会长、名誉会长，厦门市佛教协会会长，闽南佛学院和福建佛学院院长，南普陀寺、鼓山涌泉寺、武夷山永乐禅寺方丈，在海内外佛教界享有盛誉。

本如法师师从妙湛法师之后，深得妙老器重和栽培。刚出家后，为了让本如法师一了夙愿，便允许他外出云游参请。本如法师在一次对众开示时讲了当时的情景：

我刚出家时的目的是第一可以自由画画，第二可以跑遍祖国的山水，能读懂王维山水画的意蕴，三是可以自由自在无人管束。我给一位朋友谈这个，说否则我们大学毕业只能去当老师和美工了，那位朋友一听也跟我一起出家了。出家了到佛学院我也不愿意受管束，那时候佛学院里的体制也很守旧。师父一看不行，就让我到处转转吧。我当时的目标是天山，我带着水晶童话般的梦想来到天山，结果一看都是冰雪覆盖。后来我1988年就来到了终南山，在祖师洞住了一年，那时候感觉一盘腿时间过得很快，一会儿就该吃饭了，一会儿又盘腿坐，感觉很快活。后来师父(湛如老和尚)让我回去帮他，我走的时候说了一句："十年若不死，卷土再重来"，真是因缘不可思议，十年后我真的又来了终南山。

后来，本如法师由终南山回到南普陀寺，担任妙湛老和尚的侍者，除研习佛学外，还协助妙老复兴重建厦门金鸡亭普光寺，兴建厦门紫竹林寺，并在厦门大学攻读中医学，最后在台湾传孝法师的支持下，攻读了中医学博士学位。此外，本如师还师从陈万义先生研习太极拳，在涉及众多领域的学习之余，还不忘抽空拿起画笔，泼墨作画。

在妙湛法师的鼓励和支持下，本如法师参照台湾慈济功德会的成功经验，于1994年12月10日成立了中国大陆第一个佛教慈善基金会——厦门南普陀寺慈善基金会，由妙湛法师亲任会长，本如法师任秘书长，具体负责整个基金会的运转。基金会下设立了弘法部、慈善部、财物部、流通处、宣传部、佛经赠送处、办公室等部门机构，开展了一系列的扶贫助学、敬老救急的弘法利生善举，并远赴四川、云南等地助学赈灾。后来，他又筹划并成立了南普陀寺慈善事业基金会义诊院，为生活在社会最底层的民众义诊施药等活动。博得了社会各界的一片赞誉，为佛教利益社会的实践树立了楷模。

1997年年底，本如法师在他"十年若不死，卷土再重来"的愿力感召下，真的卷土重来净业寺了，并被陕西省佛协委托住持管理净业寺。自此之后，本如法师在净业寺便开始了他修复祖庭、精研戒律、弘法利生的生活。这些年来，本如法师为了净业寺的发展，可谓殚精竭虑，面对各种违缘，他却如郑板桥《咏竹》诗所言："咬定青山不放松，立根原在破岩中。千磨万击还坚劲，任尔东西南北风。"对此，本如法师曾经在他的一次开示中说：

我们佛教律宗的祖师，近代的弘一法师，最后的十年几乎都是在闽南度过的,他曾经在厦门、鼓浪屿、泉州、南安、永春等地闭关。他曾书写黄蘗禅师的诗句:"不是一番寒彻骨,怎得梅花扑鼻香"。弘一法师的一生由绚烂之极归于平淡,出家后弘扬戒律。他说"誓捨身命,弘护南山四分律教,久住神州。"他称自己为"南山孤臣"。我自从看到他写的这副对联,增强我住终南山的信念。

在本如法师近二十年的努力下,律宗祖庭净业寺一改唐代之后千年来的颓废之气,正在发生着前所未有的巨大变化。近些年来,净业寺的修建规模和体量,已经远远超越了历史上任何时期净业寺,这将为律宗祖庭进一步弘法利生和发扬律宗文化打下了良好的物质基础,净业寺也正在逐渐成为终南山名寺古刹当中最为闪亮的祖庭之一。

2. 净业寺修建缘起

本如法师初到净业寺时,寺院中的房屋殿堂还是十年前他见到的样子,虽然经过前面几任住持的努力和维修,略微有所好转,但经过数十年的风雨,依然比以前显得更加老旧破败,一派萧条之气。本如法师下定决心重修净业寺,重振律宗祖庭气象。虽然当时手中没有钱,但他坚信有祖师爷的护佑和支持,他一定能完成历史交给他的这项重任,于是他一边规划寺院未来的发展蓝图,着手设计相关建筑的规划图,一边着手筹措资金,并于2001年向社会发出了募捐修庙的公告。公告原文如下:

终南山古刹净业寺修建募化缘启

终南山净业寺,位于长安沣峪后岸山,建于隋兴于唐,唐时道宣律师得菩萨"地当宝势,道可习成"之示。于此穷研经戒,精修禅定,著述被后人称为《南山三大部》,并在此筑坛传戒,广弘戒律,奠定了中土律学基础,促进了佛教中国化的进程。由于道宣律师持戒精严,感天王护法,天人送供。圆寂后,唐高宗下令天下寺院画道宣像供养,并在净业寺建舍利塔,敕号"净业"。唐穆宗诏赞曰"代有完人,为如来使。龙鬼归降,天神奉事。声飞五天,辞警万古。金乌西沉,佛日东举。稽首皈依,肇律宗祖。"

时人誉师为护法菩萨，净业寺被称为中国佛教律宗祖庭。

净业寺历尽沧桑，几经兴废，"文革"间寺毁，僧众星散，残垣断壁。一九八三年宗教政策落实后，净业寺被国务院定为全国首批开放的佛教寺院。

现任住持本如法师率众承佛家业，续佛慧灯，仰祖师之高风，穆先辈之德范。发心住山，重兴祖庭，再振道风。历数载努力，初具规模，僧众云集，用功办道。今经多方筹措，拟修葺寺院，修复戒坛、山门、南山宝塔、闭关静修圣地，敬塑法、化、报三身佛、药王菩萨、四大天王、伽蓝菩萨。特向十方善信倡缘募化，唯愿大家发心乐助，滴水成河，聚砂成丘，齐心合力，共同圆满此殊圣功德。

乐助人民币二百元者，刊碑流芳，余者予以公德回向。

敬祈：大众身心康宁，福慧具增。

佛历二五四五年八月十三日

公元二零零一年十月一日

终南山净业寺启

因净业寺地势偏僻，又荒疏多年，游客较少，所以公告贴出多天后并未募集到多少资金。本如法师觉得净业寺虽是千年古刹，但当前寺院中存留的历史遗迹已经不多了。据《宋高僧传》中说，净业寺院内有一口古井，是当年皈依道宣祖师的老龙吐过龙涎的，之后还发生过很多奇迹。2001年12月14日，本如法师率领众僧下决心重新清理这口古井，当挖到近三米时，井水突然上喷，就在这时，在强烈的阳光折射下，寺院顿时呈现七彩之色，不一会儿，晴朗的天空飞来祥云一朵，瞬间飘下了雪花。井中泉涌，天空飞雪，这是吉祥的瑞兆，本如法师就笑着随口对大家说："近日必有贵人上山。"

12月15日，海航集团的王健先生参访净业寺，本如法师应机向王健简单介绍了净业寺的历史沿革及他对净业寺未来发展的初步想法。本如法师讲，首要的是建山门，设计已由著名设计师张锦秋女士完成，他正在化缘筹钱。大家看过设计效果图后，王健当即表示钱由他负责，并且说还要捐建选佛场。当时在场的人都很震惊，本如法师对此也是非常惊喜，因为这是需要一大笔资金的，他正为山门建设缺钱而发愁，没想到有人会一次捐这么多。此外，海航还派他们集团的马永庆先生来协助本如法师完成这些工作，这一切如有神助。

净业寺的重建过程充满了艰辛和曲折，遇到了很多人的干扰和刁难，多次被迫停工。在这个过程中，原来洒脱不羁的本如法师也不得不到处求人说情，好在也得到了社会各个方面的关心和支持。历时数年，净业寺的重建初具规模，完成的主要项目有五观堂、山门、选佛场。最先完成的建设项目是山门，其他项目在众多的信众共同发心、捐钱捐物、出工出力的情况下陆续完成。2004 年 5 月 15 日，净业寺举行了规模宏大的山门竣工仪式暨佛像开光典礼，同时还举办了第二届终南山佛教文化研讨会。

关于净业寺重修，当时为陕西省社科院宗教研究所所长的王亚荣先生专门写了一篇《净业寺重修记》：

千年祖庭，屡经风雨。时遇盛世，枯槐逢春。妙湛长老、常明长老、传孝法师及十方大德，极力倡修。迄 2001 年 12 月，海航集团王健先生来此巡礼，屡感瑞云氤氲，古井扬波，遂发心倡领，首捐善款百八十万元，全面大修。仁者布金，海内外善信欢呼踊跃，竟施财物。省市区政府，亦尽力协助。聚沙成塔，集腋成裘，经像器物，不可胜数，复得善款百余万元焉。地灵人杰，众缘悉备。于是，群策群力，集思广益，募工庀匠，记功藏事。冬不避严寒凛冽，夏无畏炎热酷暑，审曲裁直，飞索遥架山巅，随方授矩，轨道接衔通途。由近及远，由下至上，斩荆棘，修山路，移顽石，平基础，先后续建五观堂一座，新建山门一座、山亭五座、选佛场一座、回廊两处。其余修葺，随处可见。以山门、大殿、选佛场三处建筑群为主，延绵连缀，总计达两千余平方米。至此，法像庄严，殿堂整肃，祖庭面貌，焕然一新矣。

时至今日，净业寺的建设还在继续进行中，看到今日净业寺的建筑规模和呈现出来的一派繁荣景象，再想想十几年前净业寺一派萧条衰败的景象真是不可思议。净业寺位于陡峭的高山之上，在这里开展如此规模的建设，其难度是超乎想象的，但这些都已经完美地呈现于世人面前，这是祖庭净业寺千年之后遇到了这样一个时代，也等到了能发心实干的本如法师和各位善信大德，众缘和合，才有了今天的净业寺。

3. 终南山佛教文化研究所

为了进一步发扬长安及终南山佛教文化，本如法师于 2002 年发起创办了终南山佛教文化研究所，该研究所是以整理、挖掘、开发、弘扬传播长安及终南山佛教文化为宗旨的非营利性社会团体，由本如担任所长。利用这样一个文化研究和交流平台，本如法师组织举办了终南山佛教文化有关的研讨会、禅修、雅集笔会、茶会等佛教文化活动数十次。2006 年，终南山佛教研究所创办了自己的所刊《长安佛教》，该刊物全面系统介绍长安以及终南山佛教文化，由于该期刊设计新颖、内容翔实、图文并茂、文章发布权威、在相关政府部门和信众中取得了非常广泛的影响，陕西省佛教界的大德常明老和尚还为本刊特意题写了刊名，并且为该刊物的创刊号写了《刊首语》

长安是周、秦、汉、唐等十一个朝代建都的地方，素有"秦中自古帝王州"之称，是世界著名的文化圣地。汉末佛教传入，与中国传统文化逐渐相互融合，至隋唐时已是宗派林立，祖师辈出了，有"长安三千金世界，终南百万玉楼台"之说。先后形成的大兴善寺、大荐福寺、大慈恩寺三大译场，为佛教的经典翻译做出了巨大的贡献。逐渐形成了律宗、净土宗、三论宗、华严宗、唯识宗、密宗等宗派林立的繁荣景象。鸠摩罗什、道宣、善导、杜顺、玄奘、窥基等佛门领袖相继辈出，使佛教与中国文化十分紧密的相互融合，形成了佛教中国化的历程，与日本、韩国等的相互交流不仅加强了睦邻友好也使中国文化得到了传播和发展。长安城南的终南山，林深茂密，沟壑幽深历来禅房林立，兰若遍布。唐代著名诗人常建《题破山寺后禅院》中写到"清晨入古寺，初日照高林。曲径通幽处，禅房花木深。"正写的是终南古寺的意境。自古至今终南山一直保持着佛教住山修行的传统，有"天下修道，终南为冠"之说。

今逢盛世，国家昌盛，物埠民康，也是佛教发挥其积极作用的时候。我们不但要追忆长安佛教辉煌的历史，更要面对当代社会，宣传佛教文化，净化人心，利益众生，为社会的繁荣进步多做贡献，希望《长安佛教》能成为大众了解佛教文化，了解长安丰富的历史，打开走向净化心灵的一个窗口。

有一段时间，本如法师要闭关修行，为了使佛教研究所和的研究工作不受影响，在入关之前他还专门嘱托专人来负责这些事情。《长安佛教》的出刊，不仅填补了长安作为佛教重镇而没有权威文化刊物的空白，也为进一步研究、开发终南山佛教文化资源建立了一个重要的交流平台。该刊物出版以来，深受寺院、信众的喜爱，常常有人登门索刊。由于刊载的图文精美翔实，其文章和图片也被其他刊物转载，在佛教信众心目中具有很大影响。编辑部也因此结缘了一批年轻的佛学爱好者，为终南山佛教文化研究所注入了新鲜活力。

4. 终南山佛子夏令营

佛寺夏令营最早在台湾盛行，中国大陆最早是从 1993 年河北柏林寺净慧老和尚的"生活禅"夏令营开始。自 2000 年以来，全国各大寺院纷纷效仿。但是，每年设计不同的主题、十多年来坚持不懈在不同寺院举办佛教文化夏令营的，在全国并不多见。20 世纪 90 年代以后，全国各地佛教寺院逐渐对外开放，但是人们对佛教的教义、寺院的规矩、僧侣的特性等问题一无所知，所以提起佛教人们就只有想象中的鬼神、青灯黄卷、跪拜佛菩萨等一些混乱而模糊的概念。对于佛教而言，需要一个与社会沟通的窗口和方式。如何与社会接轨的问题就摆到了佛教面前，佛教文化夏令营便在这种需求下应运而生。于是，由终南山佛教协会主办、终南山各禅寺轮流承办的夏令营横空出世了，而且影响越来越大。因为终南山自古以来高僧辈出，缁素云集，有"天下修道，终南为冠"之说，无论佛教还是道教，都把终南山视为修行圣地。所以来自天南地北的营员，大多是奔"终南山"三个字而来。

净业寺首次承办的佛子夏令营

陕西的佛教夏令营最早是由兴教寺的常明老和尚发起，由终南山佛教协会主办。第一届终南山佛子夏令营是在兴教寺举办的，主题是"朝圣之旅"，即拜谒各大宗派祖庭，此后的每一届终南山佛教文化夏令营都有不同的主题。本如法师对这种为社会提供服务的活动非常支持和用心，净业寺自接手举办第二届佛子夏令营开始，就成为终南山佛子夏令营主要承办者，到现在为止已经承办过七期终南山佛子夏令营。在每一次承办夏令营过程中，本如法师都非常重视，会将自己所拥有的各种文化资源都奉献给营员，比如他会邀请他最崇敬的法师来给大家开示传法，还会邀请自己太极拳老师来给大家传授太极拳等。每次参加夏令营的营员来自全国各地，从他们懵懵懂懂地进入净业寺，到满怀依依不舍之情离开净业寺时，这里已经成为他们心中的一方圣地。

后　记

　　自从开始进行宗教学研究以后，我就将佛教戒律制度问题作为自己的研究方向。在早期，我重点关注和研究佛门清规问题，但发现清规的根源依然在佛教戒律方面，所以最近几年就将注意力逐渐转移到佛教戒律本身。

　　西北大学的李利安教授是我的硕士生导师，对我的学术研究情况一直很关心，经常给予鼓励和指导。李教授认为目前很多对佛教文化感兴趣的人虽然知道中国佛教有八大宗派，但对这八大宗派到底说了什么、为什么能成为一个宗派等问题并不清楚。作为佛学研究者，我们有责任为社会大众提供相关的文化知识。尤其值此佛教文化复兴的势头方兴未艾，国家又大力提倡发扬优秀传统文化，提高中华民族文化自信之际，更是需要我们积极参与其中。在诸多因缘的促成下，李教授决定组织编写这套《中国汉传佛教八大宗派及其祖庭》丛书，让我来负责《以戒为师——律宗及其祖庭》的撰写，而这正好符合我的研究方向。

　　接受撰写任务后，我就开始整理资料，梳理思路。在此期间，王建光和王亚荣二位老师的著作给了我很多启发和帮助。此外，我多次到律宗相关的寺院进行了实地考察和调研，获得了很多重要的一手资料。在撰写过程中，得到了很多人的鼓励和支持：李利安教授为本书设计了基本的框架，并多次对写作过程中存在的困难和问题及时给予了帮助和指导；西安电子科技大学出版社总编阔永红老师也非常关心，除了全力支持之外，还有令人不得不勇往直前的激励与鼓舞；策划编辑高樱老师多次提出了中肯的意见和建议。

净业寺的本如法师在我撰写本书过程中给予了很大的支持和鼓励，在净业寺为我提供了一个非常好的写作环境。我在净业寺戒坛下面的讲堂中进行写作。那里非常安静，坐在讲堂落地玻璃窗前，常常能看见近处树上几只啄食果子的鸟儿上下翻飞，远处一座座烟云萦绕的山头，犹如一幅巨大的水墨画悬挂眼前。每当遇到难题时，我就在戒坛旁边的道宣祖师洞前默默祈祷，祈请祖师给予我智慧和力量，在追忆和赞叹先贤的古今贯通当中，我往往能够获得很多灵感。在此期间净业寺的吴雅红和李伟二位居士对我非常关照，终南山佛协秘书长心一居士和陶松老师为我提供了有关净业寺的重要资料和信息，在此一并感谢，同时感谢在此过程中给予我鼓励和支持的每一个人。

我家小区门口有一条无名小路，前两年被命名为"庄严巷"，后来才知道我们现在的居所就是隋唐时期大庄严寺所在地，道宣祖师当年就是在这里跟随智首大师学习了六年戒律，之后开创了佛教律宗。如今，地是人非物亦非，诸行无常，诸法无我，每想至此，感慨万千。惟愿本书所论述的千年往事和律学底蕴能够契合历史真相，能够印证祖师之心，能够传递当今之美和未来之愿。

李继武

2016 年 9 月 16 日于西安庄严巷

以戒为师——律宗及其祖庭